商学双書 2

マクロ経済学

嶋村紘輝 編著
Shimamura Hiroki

Macroeconomics

成文堂

はじめに

　本書の目的は，マクロ経済学の学習をとおして，現代社会における経済の仕組みや機能，さまざまな経済行動や経済現象を理解することにある。そのため，これからマクロ経済学を本格的に学ぼうとしている読者を主な対象にして，マクロ経済に起こる諸問題やマクロ経済学の基礎的な概念・理論を，わかりやすく正確に説明する。

　具体的にいうと，GDPとはなにか，物価水準はいかに測定されるのか，一国の経済活動水準はどのように決定されるのか，なぜ景気は変動するのか，消費や投資の主な決定要因はなにか，財政や金融は経済においてどのような役割を果たしているのか，経済を安定させるにはいかなる経済政策が有効なのか，外国との経済取引は自国経済にどのような影響を与えるのか，失業やインフレーション・デフレーションはなぜ発生するのか，経済成長を決める要因はなにか，などのマクロ経済の諸問題に対して，マクロ経済学からどのような解答が得られるのかについて解説する。

　同時に，読者が経済の現状を正しく理解し，問題点の所在を把握するとともに，可能な解決の方法をみずから考える，という総合的な経済分析の力を身につけることができるようになることをめざす。

●本書の構成

　本書は，マクロ経済学を総合的に学習できるように，全体を12章の構成にしてある。大別すると，最初の第1～3章は，マクロ経済学への「イントロダクション」にあたり，マクロ経済学の学習を進めるうえでの土台になる部分である。

　つぎの第4～8章は，マクロ経済学の「基礎理論」にあたる部分であり，主としてケインズ経済学のエッセンスを解説してある。マクロ経済の活動水準の決定と変動の問題が主要なトピックになる。

さらに，第9〜12章は，マクロ経済学の基本的な概念や基礎理論の「応用編」にあたる部分で，国際経済，生産と雇用，物価，経済成長などの問題を扱っている。

各章の構成は，[目的]，[本文]，[キーワード]，[練習問題] という形式になっている。ときには，その章の内容と関連した [Column (コラム)] がある。巻末には，[参考文献]，[練習問題の解答・ヒント]，本文に出てきた重要語を中心とした [索引] がついている。

● 本書の読み方・使い方
1. 本書は，全体をとおして，マクロ経済学の概念や理論を体系立てて配列してある。したがって，最初の章から順を追って読み進むのがベストと思われる。本書の全体をしっかり学習することにより，初級から中級レベルのマクロ経済理論のほぼ全領域を修得することができる。ただし，各章は完結するように書いてあるので，とくに興味のある章を個別に読んでいくことも可能である。
2. 本書では，はじめて経済学に接する読者にも理解してもらえるように，できるだけ明快に説明することを心がけている。そのため，文章表現や記号の使用に細心の注意を払い，簡明なものとなるように努めた。また，図表，数値例を多く使用して，複雑な数式の使用は必要最小限にとどめた。
3. マクロ経済の統計指標は，しばしば変更・改訂される。マクロ経済学は生きた現実を対象とするものであるから，本書では，できるだけ最新の統計指標を紹介するようにした。
4. 読みやすく，また理解しやすくするため，重要な語句や図表の番号は，ブルーの太字にしてある。
5. 内容がやや高度であるとか，全体的な流れから見て，抜かしても大きな支障はないと思われる節，項，Columnには，＊印をつけておいた。
6. 各章のおわりに，「練習問題」がある(やや難解な問題には＊印がついている)。また，すべての計算問題と一部の応用・発展問題については，「解答・ヒント」が巻末(249頁以降)に示してある。読者はぜひ自分で解答を試みて欲しい。実際に練習問題を解くことは，本書の内容の理解度を高め

るだけではなく，経済分析の力を身につけるうえで有効である。
7. 現在，大学などでマクロ経済学を履修している学生諸君はもとより，地方・国家などの公務員，公認会計士，不動産鑑定士，証券アナリスト，中小企業診断士などをめざす読者の方々にとって，本書によってマクロ経済学を総合的に修得することは，所期の目的達成に大いに役立つと思われる。

　本書の刊行は，実はかなり前から企画されていたが，本格的に作業が始まったのはおよそ1年半前である。基本的には，編著者による著書をベースにして原稿を作成することにしたが，若い世代の見方・考え方を取り入れるため，また，短期間で効率よく完成させるためにも，編著者の大学院ゼミ出身の若手研究者・教育者に参加してもらい，いわば編著者との共同執筆という形にするほうがベターではないかと思うに至った。

　そこで，野尻(仲井)純氏(早稲田大学商学部助手)に第1〜5章を，和田善行氏(宮城県立金城支援学校教諭)に第6，9章を，清水弘幸氏(大東文化大学・第一工業大学非常勤講師)に第7，8，10章を，木口武博氏(ロンドン大学ロイヤルホロウェイ校博士課程)に第11，12章をそれぞれ担当してもらい，元原稿のワードファイル化や各章の草稿作成に協力を仰いだ。同時に，執筆内容の打ち合わせや調整を幾度となく行い，最終的には，編著者が全章にわたり加筆・修正を施して原稿を完成させ，出版に至ることができた。なお，マクロデータにかかわる図表の大半は野尻氏が，そのほかの図表および参考文献，練習問題の解答・ヒントは編著者が作成した。

　また，早稲田大学商学学術院・横山将義教授には，完成原稿および校正ゲラに目をとおしていただき，数多くの有益なご指摘・コメントをいただいた。心からお礼を申し上げる。それに，原(三井)絢子さんには，これまでデータの検索や資料の収集・作成など，多岐にわたり大変お世話になった。

　おわりに，本書を企画して，出版を待ち望んでくださった成文堂の阿部耕一社長と(故)土子三男氏，大変やっかいな編集の労を惜しみなくとってくださった飯村晃弘氏，松田智香子氏には，心より謝意を表したい。

　2014年11月

編著者　嶋 村 紘 輝

目 次

はじめに

第1章 マクロ経済学：課題と方法 … 1

1 マクロ経済学とはなにか … 1
1-1 経済学の問題 … 1
1-2 マクロ経済学とは … 2

2 マクロ経済指標 … 3

3 マクロ経済の全体像 … 7
3-1 経済活動の担い手 … 8
3-2 経済活動の相互連関と循環 … 9

4 マクロ経済学の方法 … 10
4-1 実証的分析と規範的分析 … 11
4-2 ケインズ経済学と古典派経済学 … 11

キーワード（13）

練習問題（13）

第2章 GDPと物価 … 14

1 国内総生産（GDP） … 14
1-1 GDPとはなにか … 14
1-2 GDP＝最終生産物の総額＝付加価値の総額 … 15

2 GDP測定上のルール … 16

3 名目GDPと実質GDP … 18

4 三面等価の原則 … 20
4-1 国内総所得（GDI） … 20
4-2 国内総支出（GDE） … 22

4-3　GDP＝GDI＝GDE ………………………………………… 23
5　国民所得の諸指標 ………………………………………………… 23
　　5-1　GNP ……………………………………………………………… 24
　　5-2　国民純生産（NNP）…………………………………………… 24
　　5-3　狭義の国民所得（NI）………………………………………… 25
　　5-4　家計可処分所得（DI）………………………………………… 26
6　物価の測定 ………………………………………………………… 26
　　6-1　ラスパイレス型物価指数とパーシェ型物価指数 ………… 26
　　6-2　物価指数の性質 ……………………………………………… 28
7　消費者物価指数，企業物価指数，GDPデフレーター …… 29
　　7-1　消費者物価指数 ……………………………………………… 29
　　7-2　企業物価指数 ………………………………………………… 29
　　7-3　GDPデフレーター …………………………………………… 30
　　キーワード（32）
　　練習問題（32）

第3章　景気変動と景気判断指標 ……………………………… 33

1　景気変動とはなにか …………………………………………… 33
2　景気変動の種類 ………………………………………………… 35
3　景気判断指標 …………………………………………………… 37
　　3-1　景気動向指数 ………………………………………………… 37
　　　(1) CIとDI（37）
　　　(2) CIとDIの作成方法と見方（38）
　　3-2　日銀短観 ……………………………………………………… 39
4　景気変動の要因 ………………………………………………… 40
　　4-1　景気変動理論の歴史 ………………………………………… 40
　　4-2　現代の景気変動理論 ………………………………………… 41
　　キーワード（42）
　　練習問題（43）

第4章　総需要：消費と投資 …… 44

1 総需要とはなにか …… 44
2 総需要の構成要素 …… 45
3 ケインズ型消費関数 …… 47
 3-1　家計の所得と消費の関係 …… 47
 3-2　1次式のケインズ型消費関数 …… 48
 3-3　ケインズ型消費関数の図形表示 …… 48
4 ケインズ型貯蓄関数 …… 49
5 ライフサイクル仮説と恒常所得仮説 …… 50
6 相対所得，資産，社会経済的要因 …… 52
7 投資決定の基準 …… 54
 7-1　投資予想収益と投資費用 …… 54
 7-2　投資の限界効率と利子率 …… 55
8 ケインズの投資関数 …… 56
9 トービンの q 理論 …… 58
10 加速度原理と資本ストック調整原理 …… 59
 10-1　加速度原理 …… 59
 10-2　資本ストック調整原理 …… 60
 Column　在庫投資の決定要因 (61)
 キーワード (61)
 練習問題 (61)

第5章　GDPの決定と変動 …… 63

1 有効需要の原理 …… 63
2 均衡GDPの決定 …… 64
 2-1　民間経済の総需要 …… 64
 2-2　生産物市場の均衡条件 …… 65

2-3　45度線図による均衡GDPの決定 ……………………… 65
3　均衡GDPの水準 …………………………………………… 67
　　3-1　均衡GDPの決定式 ……………………………………… 67
　　3-2　数値モデル ……………………………………………… 68
4　デフレ・ギャップとインフレ・ギャップ …………………… 69
　　4-1　デフレ・ギャップ ……………………………………… 69
　　4-2　インフレ・ギャップ …………………………………… 70
5　乗数効果 …………………………………………………… 71
　　5-1　投資増加の効果 ………………………………………… 71
　　5-2　乗数公式 ………………………………………………… 73
6　乗数過程 …………………………………………………… 74
　　6-1　投資増加の波及効果 …………………………………… 74
　　6-2　GDP増加分の算出 …………………………………… 75
　　Column　無限等比数列の和（無限等比級数）＊（76）
7　乗数効果の大きさ ………………………………………… 76
　　7-1　乗数効果の決定要因 …………………………………… 77
　　7-2　乗数効果の算出：数値モデル ………………………… 77
8　倹約のパラドックス ……………………………………… 78
9　有効需要の原理と乗数の理論について ………………… 80
　　キーワード（81）
　　練習問題（81）

第6章　政府財政 …………………………………………………… 82

1　政府の役割と財政 ………………………………………… 82
　　1-1　政府のマクロ経済的な役割 …………………………… 82
　　1-2　財政支出 ………………………………………………… 84
　　1-3　財政収入 ………………………………………………… 85
2　財政活動を含めた均衡GDPの決定 …………………… 86

- 2-1 民間と政府の総需要 …………………………………… *86*
- 2-2 均衡GDPの決定 ………………………………………… *87*
- 2-3 均衡GDPの算出：数値モデル ………………………… *88*

3 財政乗数 …………………………………………………… *89*
- 3-1 政府支出乗数 …………………………………………… *89*
- 3-2 租税乗数 ………………………………………………… *91*
- 3-3 政府支出乗数と租税乗数の比較 ……………………… *92*
- 3-4 均衡予算乗数 …………………………………………… *92*
  - Column　移転支出がGDPに与える影響　(*93*)

4 財政の自動安定装置 ……………………………………… *93*
- 4-1 自動安定装置 …………………………………………… *94*
- 4-2 租税が所得水準に依存するケース …………………… *94*

5 裁量的な財政政策 ………………………………………… *96*
- 5-1 総需要拡大政策 ………………………………………… *96*
- 5-2 総需要縮小政策 ………………………………………… *97*
- 5-3 財政予算の影響 ………………………………………… *98*

6 財政赤字と公債発行 ……………………………………… *98*
- 6-1 公債発行の状況 ………………………………………… *98*
- 6-2 財政赤字の問題点 ……………………………………… *100*
  - キーワード　(*100*)
  - 練習問題　(*101*)

第7章　貨幣と利子率 …………………………………………… *102*

1 貨幣とはなにか …………………………………………… *102*
2 貨幣量の指標 ……………………………………………… *103*
- 2-1 M1 ……………………………………………………… *104*
- 2-2 M2，M3，広義流動性 ………………………………… *105*

3 マネタリー・ベースの供給 ……………………………… *106*

- 3-1 マネタリー・ベースとは……………………………………… *106*
- 3-2 マネタリー・ベースの供給経路……………………………… *107*

4 預金の創造 ……………………………………………………… *109*
- 4-1 準備預金制度………………………………………………… *109*
- 4-2 預金創造の過程……………………………………………… *109*

5 貨幣乗数 ………………………………………………………… *111*
- 5-1 貨幣乗数の導出……………………………………………… *111*
- 5-2 貨幣乗数の意味合い………………………………………… *112*

6 貨幣の需要 ……………………………………………………… *113*
- 6-1 取引需要と予備的需要……………………………………… *113*
- 6-2 資産需要……………………………………………………… *114*

7 債券価格・利子率と資産需要 ………………………………… *115*
- Column コンソル公債の価格と利子率* (*116*)

8 貨幣需要関数 …………………………………………………… *117*
- 8-1 ケインズの貨幣需要関数…………………………………… *117*
- 8-2 貨幣需要曲線………………………………………………… *117*

9 利子率の決定：流動性選好理論 ……………………………… *118*
- 9-1 流動性選好理論の概要……………………………………… *118*
- 9-2 貨幣の需要と供給…………………………………………… *119*
- 9-3 貨幣市場の均衡：利子率の決定…………………………… *120*

10 利子率の変化 …………………………………………………… *121*
- 10-1 貨幣需要と貨幣供給の変化………………………………… *121*
- 10-2 流動性のわな………………………………………………… *122*

11 古典派の貨幣理論 ……………………………………………… *123*
- 11-1 貨幣数量説：交換方程式…………………………………… *124*
- 11-2 現金残高方程式……………………………………………… *125*

キーワード (*125*)

練習問題 (*126*)

第8章　IS-LM分析：金融政策と財政政策の効果 …… 127

1　IS-LM分析とは …… 127
2　IS曲線 …… 128
- 2-1　生産物市場の均衡条件と IS 曲線 …… 128
- 2-2　45度線図による IS 曲線の導出 …… 129

3　LM曲線 …… 130
- 3-1　貨幣市場の均衡条件と LM 曲線 …… 131
- 3-2　利子率決定図による LM 曲線の導出 …… 131

4　GDPと利子率の同時決定 …… 132
- 4-1　生産物市場と貨幣市場の調整 …… 133
- 4-2　マクロ経済の均衡 …… 134

5　金融政策の効果 …… 135
- 5-1　金融政策の手段 …… 135
- 5-2　金融緩和の景気拡大効果 …… 137

6　金融政策が有効ではない状況 …… 138
- 6-1　流動性のわな …… 138
- 6-2　投資のわな …… 139

7　財政政策の効果 …… 140
- 7-1　政府支出増加の景気拡大効果 …… 140
- 7-2　減税の景気拡大効果 …… 142

8　財政政策の効果に対する異論 …… 142
- 8-1　財政政策とクラウディング・アウト効果 …… 143
- 8-2　完全なクラウディング・アウト …… 143
  - (1) 古典派の貨幣数量説 (144)
  - (2) 水平な IS 曲線 (145)
- 8-3　資産効果とクラウディング・アウト …… 145

9　金融政策と財政政策の有効性 …… 147
- 9-1　財政政策が有効なケース …… 147

9-2　金融政策が有効なケース ················· 147
　　9-3　政策のタイムラグ ····················· 148
10 ポリシー・ミックス ······················ 148
　キーワード（150）
　練習問題（150）

第9章　国際経済 ························ 152

1 国際収支 ··························· 152
　1-1　新方式の国際収支表 ··················· 152
　1-2　国際収支表の利用と特徴 ················· 154
2 開放経済における均衡GDPの決定 ··············· 155
　2-1　開放経済の総需要 ···················· 155
　2-2　均衡GDPの決定 ···················· 156
3 輸出入とGDP，貿易収支 ··················· 157
　3-1　外国貿易乗数 ······················ 158
　3-2　輸出入と貿易収支 ···················· 158
4 為替レート ·························· 160
5 為替レートの決定と変動 ···················· 161
　5-1　外国通貨の需要と供給 ·················· 161
　5-2　為替レートの決定 ···················· 162
　5-3　為替レートの変動 ···················· 163
6 為替レートと貿易収支 ····················· 164
　6-1　円高・円安と貿易収支 ·················· 164
　　Column　マーシャル＝ラーナー条件と貿易収支＊（165）
　6-2　Jカーブ効果 ······················ 166
7 マンデル＝フレミング・モデル ················· 168
　7-1　モデルの仮定 ······················ 168
　7-2　IS曲線とLM曲線 ··················· 169

7-3 マンデル＝フレミング・モデルの均衡 ……………………………… *170*

8 変動為替レート制におけるマクロ経済政策の効果 ………… *171*
8-1 金融緩和政策の効果 …………………………………………… *171*
8-2 財政拡張政策の効果 …………………………………………… *172*

9 固定為替レート制におけるマクロ経済政策の効果 ………… *173*
9-1 固定為替レート制 ……………………………………………… *173*
9-2 金融緩和政策の効果 …………………………………………… *174*
9-3 財政拡張政策の効果 …………………………………………… *175*
9-4 マンデル＝フレミングの命題 ………………………………… *175*

キーワード（*176*）

練習問題（*176*）

第10章　総需要・総供給と物価水準 …………………………………… *177*

1 総需要曲線 …………………………………………………………… *177*

2 総供給と決定要因 ………………………………………………… *179*
2-1 総供給とは ……………………………………………………… *179*
2-2 生産量と労働雇用量の関係：マクロ生産関数 ………………… *180*

3 労働雇用量と賃金の決定 ………………………………………… *181*
3-1 労働需要 ………………………………………………………… *181*
3-2 労働供給 ………………………………………………………… *183*
3-3 労働市場の均衡 ………………………………………………… *183*

4 古典派の総供給曲線とマクロ均衡 ……………………………… *184*
4-1 伸縮的な賃金・価格と総供給曲線 …………………………… *184*
4-2 マクロ経済の古典派的均衡 …………………………………… *186*

5 ケインジアンの総供給曲線とマクロ均衡 ……………………… *187*
5-1 賃金と価格の硬直性 …………………………………………… *187*
5-2 極端なケインジアンの状況 …………………………………… *188*
　（1）逆L字型の総供給曲線（*188*）

(2) マクロ経済の均衡 (189)
　5-3 標準的なケインジアンの状況 …………………………………… *190*
　　　(1) 硬直的賃金と労働市場 (190)
　　　(2) 右上がりの総供給曲線とマクロ経済の均衡 (191)
　　　Column　新しいマクロ経済学の総供給曲線 (193)
6 総需要政策の効果 …………………………………………………… *194*
　6-1 金融政策の効果 …………………………………………………… *194*
　6-2 財政政策の効果 …………………………………………………… *195*
7 総需要政策の有効性 ………………………………………………… *197*
8 供給ショック ………………………………………………………… *199*
　8-1 供給ショックの影響 ……………………………………………… *199*
　8-2 供給ショックへの対応 …………………………………………… *201*
　　キーワード (201)
　　練習問題 (201)

第11章　失業とインフレーション／デフレーション ……… *203*

1 失業 …………………………………………………………………… *203*
　1-1 失業とは …………………………………………………………… *203*
　1-2 失業の種類 ………………………………………………………… *205*
　1-3 失業の社会的コスト ……………………………………………… *206*
2 失業の発生原因と対策 ……………………………………………… *207*
　2-1 失業の原因 ………………………………………………………… *207*
　2-2 雇用政策 …………………………………………………………… *208*
3 インフレーションとデフレーション ……………………………… *209*
　3-1 インフレーション／デフレーションとは ……………………… *209*
　3-2 インフレーションの弊害 ………………………………………… *210*
　3-3 デフレーションの弊害 …………………………………………… *211*
4 インフレーション／デフレーションの発生原因 ………………… *212*

4-1 インフレーションの原因 ……… 213
4-2 デフレーションの原因 ……… 214
⑤ インフレーション／デフレーションの対策 ……… 216
5-1 インフレ対策 ……… 216
5-2 デフレ対策 ……… 217
⑥ フィリップス曲線 ……… 218
6-1 フィリップス曲線とは ……… 218
6-2 フィリップス曲線と総需要政策 ……… 220
⑦ 自然失業率仮説 ……… 221
7-1 期待で調整されたフィリップス曲線 ……… 221
7-2 長期フィリップス曲線と総需要政策の無効論 ……… 223
⑧ インフレ期待と自然失業率仮説 ……… 224
8-1 適応的期待 ……… 225
8-2 合理的期待* ……… 225

Column 等価定理 (227)

キーワード (228)

練習問題 (228)

第12章 経済成長 ……… 229

① 経済成長とはなにか ……… 229
② 日本経済の成長 ……… 231
③ 経済成長の実現 ……… 232
④ 経済成長の要因 ……… 234
4-1 生産要素の量と質 ……… 234
4-2 技術進歩 ……… 235
4-3 総需要の拡大 ……… 236

Column 経済成長と制度的要因 (237)

⑤ 新古典派成長理論* ……… 237

  5-1 ソロー・モデル ……………………………………… *238*
  5-2 均衡成長経路の安定性 ……………………………… *240*
6 貯蓄率と労働人口増加率の変化* ……………………… *241*
  6-1 貯蓄率の上昇 ………………………………………… *241*
  6-2 労働人口増加率の上昇 ……………………………… *242*
7 新しい経済成長理論 ……………………………………… *242*
  7-1 新古典派成長理論の問題点 ………………………… *243*
  7-2 内生的成長理論 ……………………………………… *243*
8 *AK*モデル ………………………………………………… *244*
  キーワード（*246*）
  練習問題（*246*）

参考文献 *248*
練習問題の解答・ヒント *249*
索引 *259*

第1章　マクロ経済学：課題と方法

　まず，本章では，マクロ経済学とはどのような課題をもち，いかなる方法を用いる学問であるのか，という点について説明する。同時に，主要なマクロ経済指標を概観して，1950年代以降の日本経済の動きを振り返ってみる。また，私たちの経済社会の構造や機能に関する特徴点を述べ，次章以降でマクロ経済学の概念や理論を本格的に学ぶうえでの準備をする。

1　マクロ経済学とはなにか

　はじめに，この節では，経済学の扱う問題を提示した後，ミクロ経済学との対比を通じて，マクロ経済学とはなにかを説明する。

1-1　経済学の問題

　まず，**経済学**(economics)とは，端的にいえば，希少な経済資源を使って，なにをどれだけ，どのように生産するのか，そして，生産された財・サービス（人びとの欲求を満足させる有形・無形なもの）を誰に分配するのか，という選択の問題を研究するものである。

　これより，経済学の扱う問題は，大きく2つに分けることができる。1つは，有限な経済資源を，どのような財・サービスの生産に充てたらよいのか，また，いかなる方法によって生産したらよいのか，という**資源配分**(resource allocation)の問題である。もう1つは，生産活動の成果を，社会を構成する人びとの間にどのように割り当てたらよいのか，という**所得分配**(income distribution)の問題である。どのような経済問題も，資源配分か所得分配のいずれか，あるいは両方に関係していると考えられる。

　さて，以上の経済問題に取り組むため，**ミクロ経済学**(microeconomics)で

は，経済を微視的(ミクロ的)に見て，個々の経済主体の行動や市場の機能について検討する。すなわち，とくに市場における価格の役割を重視し，家計や企業などの個々の経済主体はどのような行動をとるのか，市場において財・サービスの価格や数量はいかに決定されるのか，市場は相互にどのように関連し合っているのか，所得は人びとの間にどのように分配されるのか，といった問題を考察する。

1-2　マクロ経済学とは

これに対し，**マクロ経済学**(macroeconomics)においては，経済を巨視的(マクロ的)に見て，一国の経済活動水準の指標である生産，所得，雇用，消費，投資，利子率，物価，国際収支，為替レートなどの集計量に焦点を合わせ，経済の状況を把握するとともに，将来の動きを予測することを課題とする。具体的にいうと，経済全体の活動規模はどのような要因によって決まるのか，なぜ変動するのか，さらに，完全雇用，物価の安定，適切な経済成長，公正な所得分配はどうすれば実現できるのか，といった問題を考察する。マクロ経済学は，ケインズ(J. M. Keynes)の『雇用，利子および貨幣の一般理論』(1936年)に端を発するもので，とりわけ一国の生産・所得の動向を重視する点に特色がある。

本書は，この「マクロ経済学」を対象とする。マクロ経済のさまざまな現象やマクロ経済学の基礎的な概念，理論について，次章以降で詳しく説明していく。

詳しくいうと，GDPとはなにか，物価水準はいかに測定されるのか，一国の経済活動水準はどのように決定されるのか，なぜ景気は変動するのか，消費や投資の主な決定要因はなにか，財政や金融は経済においてどのような役割を果たしているのか，経済を安定させるにはいかなるマクロ経済政策が有効なのか，外国との経済取引は自国経済にどのような影響を与えるのか，失業やインフレーション・デフレーションはなぜ発生するのか，経済成長を決める要因はなにか，などのマクロ経済の諸問題に対して，マクロ経済学からどのような解答が得られるのかを，できるだけわかりやすく解説する。

なお，マクロ経済学とミクロ経済学は対立する関係にあるわけではない。

両者は，経済を異なる視点から解明しようとするもので，むしろ補完的な関係にある。また最近では，マクロ経済学をミクロ経済理論にもとづいて構築しようとする傾向が強い。本書においても，随所でミクロ経済学の基礎的な概念や理論の応用が見られるのはそのためである。

2　マクロ経済指標

　マクロ経済学では，さまざまな経済指標を観察して，経済の状況を把握したり，将来の動きを予測するとともに，経済現象を適切に説明できるマクロ経済理論を考え出す。なかでも，よく利用されるマクロ経済指標は，「国内総生産(GDP)」，「物価上昇率(インフレ率)」，「失業率」である。以下，これらの指標が，1955年以降，どのような動きをしてきたのかを概観し，日本経済の過去60年ほどの動きを振り返ってみる。

　図1-1は「名目GDP」の規模の推移を，また，図1-2は「実質GDP」の成長率(対前年変化率)の推移を示したものである。第2章で詳しく説明するが，GDPとは，日本国内の1年間の総生産(付加価値)額ないしは総所得額

図1-1　名目GDPの推移

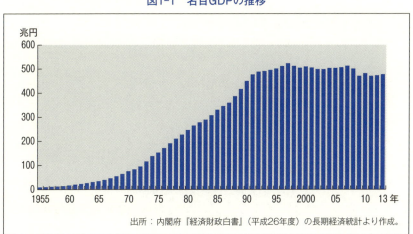

出所：内閣府『経済財政白書』(平成26年度)の長期経済統計より作成。

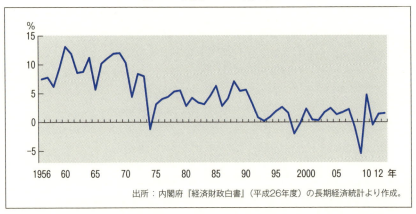

図1-2 実質GDPの成長率

出所:内閣府『経済財政白書』(平成26年度)の長期経済統計より作成。

を意味する。また,**名目GDP**とは,測定時点の価格で経済全体の活動規模を評価した価値額を,**実質GDP**とは,ある特定の基準年の価格で経済活動の規模を評価した価値額を表す。

図1-1と図1-2から,全体的には,日本経済の活動規模は趨勢的には拡大を続けてきたが,成長率からすると,循環的な変動を繰り返してきたことがわかる。名目GDPで見た日本経済の活動規模は,1955年から1997年までは一貫して拡大してきた。名目GDPの値は1955年には9兆円弱,1997年には約523兆円であるから,この40年余りの間に,GDPは名目値で見ると約60倍の大きさになっている。ただし,1998年以降,名目GDPは下降気味である。

また,のちに図2-2,図12-2,表12-1などで示すように,実質GDPの規模で見ても,日本経済は1990年代中頃までは,第1次石油ショック時の1974年を除き,ほぼ順調に拡大を続けてきた。とくに,1950〜60年代には,日本経済は世界的にもまれな「高度経済成長」を実現し,この間の年平均経済成長率は,名目GDPではおよそ15%,実質GDPではおよそ10%の高水準であった。その後,1970年代には2度の石油ショックに見舞われもしたが,1970・80年代は全体としては安定的な成長を続け,実質GDPの成長率は平均すると年4%台であった。

しかし，バブル景気の崩壊を機に，1990年代以降，日本経済の成長は急速に鈍化して，長期的な停滞状態に陥ることになった。とりわけ，1997年以後，経済活動の落ち込みが顕著である。1998～2012年の間では，名目GDPは半数ほどの年で前年の規模を下回り，2011年には約470兆円にまで減少した。これはピーク時(1997年の約523兆円)と比べて，50兆円以上も低い水準である。しかし，実質GDPで見ると，確かに，アジア通貨危機期の1998・99年，世界金融危機期の2008・09年，そして2011年には，日本経済はマイナス成長を経験しているが，1990年代以降においても，全体としてはわずかであるが成長基調にあり，年平均1%前後の成長率を記録している。

つぎに，図1-3は，日本の物価上昇率(インフレ率)の推移を，「消費者物価指数(CPI)」の変化率によって示したものである。**消費者物価指数**とは，全国の世帯が購入する財・サービスの価格変動を総合的に測定して，物価の変動を時系列的に把握するための統計指標である。なお，物価指数ついては次章の後半で詳しく解説する。

図1-3から，日本の物価は1960・70年代には大きく上昇して，**インフレーション**(物価の持続的上昇)を経験したことが見てとれる。消費者物価指数の年平均上昇率は，高度経済成長が本格化した1960年代は5.8%，2度の石油

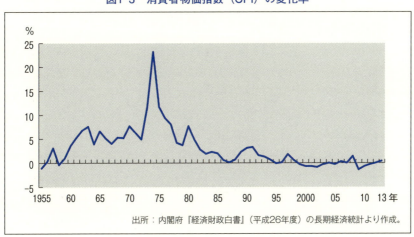

図1-3　消費者物価指数（CPI）の変化率

出所：内閣府『経済財政白書』（平成26年度）の長期経済統計より作成。

ショックがあった1970年代は9.1%の高さであった。とくに，第1次石油ショックによる消費者物価への影響が大きく，1973年の上昇率は11.7%，74年は23.2%，75年は11.7%であった。

その後，1980年代には物価の動きは安定化した。80年代後半には，資産バブルの現象が見られたにもかかわらず，消費者物価はそれほど上昇せず，80年代の年平均上昇率は2.1%にとどまった。

1990年代には物価はいっそう安定して，消費者物価指数の年平均上昇率は0.8%にまで下がった。さらに，90年代後半以降は多くの年で，物価水準自体が下がり，物価上昇率はマイナスを記録する事態に陥った。ちなみに，1999年から2012年の消費者物価の年平均変化率は−0.3%である。このように，日本は先進経済諸国の中ではじめて，長期に及ぶ**デフレーション**（物価の持続的下落）を経験することになった。

最後に，図1-4は，日本の失業率の推移を，「完全失業率」によって示したものである。**完全失業率**とは，労働力人口のうち，完全失業者（仕事があればすぐ就くことができるが，調査期間中に収入になる仕事を少しもせず，仕事を探す活動をしていた者）の占める割合のことである。

図1-4から，失業率はつねにプラスの値であり，経済には必ず失業が存在

図1-4 完全失業率の推移

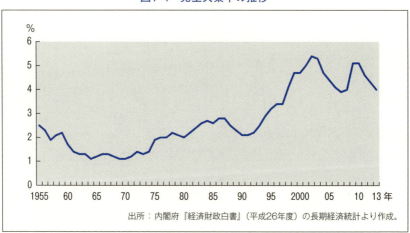

出所：内閣府『経済財政白書』（平成26年度）の長期経済統計より作成。

することがわかる。また，失業率は時代によってかなり変化していることが見てとれる。高度経済成長期にあたる1960年代には，失業率は年平均1.2%ときわめて低く，完全雇用に近い状態であった。その後，失業率は第1次石油ショックによる不況を契機として上昇し始め，1970年代中頃からは2%台になった。

　失業率の緩やかな上昇傾向は1980年代の後半まで続き，1986・87年には2.8%の水準にまで高まった。ただし，バブル景気の影響で，失業率は80年代末から90年代初めにかけて一時的に低下し，1990・91年には2.1%にまで低下した。

　しかし，バブル景気が崩壊すると，失業率は上昇に転じて，急速に上がり始めた。失業率は1995年には3%台になり，1998年には4%台にまで上昇した。さらに，2000年には5%台に上がり，ピークの2001年においては5.4%の水準を記録した。その後，失業率は低下傾向を見せて，2007年には3.9%にまで下がったが，再び2009・10年には5%台へ急上昇した。けれども，2011年以降，失業率はまた下降気味になっている。

　本書では，順次，国内総生産(GDP)，物価上昇率(インフレ率)，失業率などのマクロ経済変数が，どのように決定されるのか，なぜ時間を通じて変動するのか，どのような相互関係にあるのかなどについて検討していく。

3 マクロ経済の全体像

　今日，日本やアメリカ，ヨーロッパなどの先進経済諸国をはじめ，世界のほとんどの国では，市場経済を軸としながら，政府も経済活動に加わるという経済体制をとっている。つまり，経済問題への対処は，基本的には，民間の自由な経済活動に任せるが，政府も重要な役割を担う経済システムになっている。

　図1-5は，私たちの社会において，財・サービスの生産，交換，消費などの経済活動がどのように行われているかを簡略化して示したものである。これにもとづき，社会における経済活動の担い手，相互関係，循環的な流れを

図1-5　経済主体と経済循環

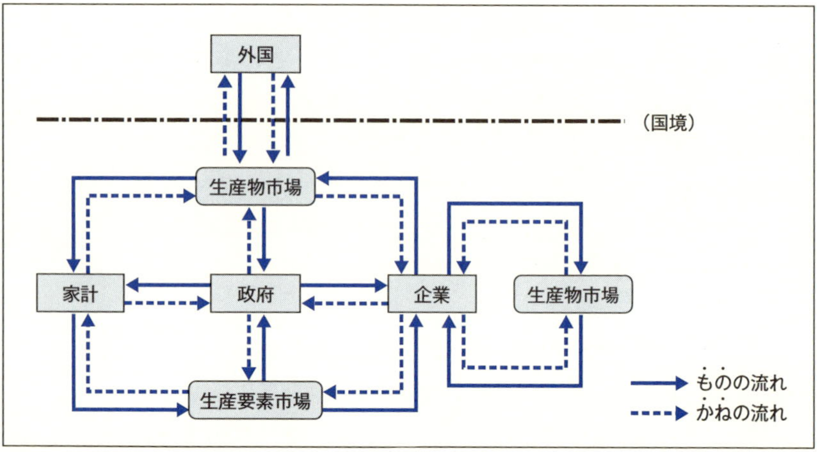

説明しておく。

3-1　経済活動の担い手

　現実の社会は数多くのメンバーから構成されているが，**経済主体**(経済活動を担う意思決定単位)は，家計，企業，政府，外国に分けられる。

　まず，**家計**(個人，消費者，労働者ともいう)とは，経済社会を構成する究極的な要素で，財・サービスの消費活動を営む意思決定単位のことである。労働，資本，土地などの経済資源，すなわち「生産要素」の所有者であり，これらを生産目的のために供給し，その報酬として賃金，利子，配当，地代などの形で所得を受け取る。そして，この所得を支出して，消費生活に必要な財・サービスすなわち「生産物」を購入する。

　それに対して，**企業**(生産者ともいう)とは，財・サービスの生産活動を営む意思決定単位をいう。企業は実際には，家計を形成する個人によって所有，経営されているが，経済活動の機能の面から見て，企業を独立した経済主体とみなす。企業は，家計からさまざまな生産要素を雇用(購入)し，その代価を支払う。そして，これらの生産要素を生産活動に投入して生産物を作り，それを家計に売り収入を得る。

同時に、企業相互間で**中間生産物**(原材料、燃料、半製品など生産活動に投入され、同一期間内に使用しつくされるもの)の取引も行う。なお、企業によって生産された財・サービスから中間生産物の投入分を差し引いた部分は、消費や投資に使われるもので、とくに**最終生産物**と呼ばれる。

つぎに、私たちの社会では、家計と企業に加えて、**政府**も経済活動の重要な意思決定単位である。政府はその活動に必要な資金を、主に家計や企業から租税として徴収するほか、しばしば公債の発行による借り入れによって調達する。そして、各種の政府サービスや社会資本を、多くの場合は無償で提供する。同時に、政府はその活動を行うために、財・サービスの消費や投資、生産要素の雇用を必要とする。これに伴い、政府から民間へ支払いがなされる。

さらに、一国の経済活動を考えるとき、国境を超えた**外国**との経済取引も重要である。とりわけ、貿易や国際間の資本取引が活発な国においては、外国経済との取引のウエイトは高い。簡単に述べると、自国の輸出や海外からの資本投資は、国内で生産された財・サービスや国内の債権が外国によって購入されることであるから、ものが自国から流出して、逆に、かねが自国に流入する。反対に、自国の輸入や海外への資本投資は、外国の財・サービスや債権を私たちが購入することであるから、ものが自国に流入して、逆に、かねが自国から流出する。

3-2　経済活動の相互連関と循環

家計、企業、政府の各経済主体の活動は、**市場**を通じて、相互に結びつけられている。消費財や新築住宅などの「最終生産物市場」の取引では、企業が売り手で家計が買い手として行動する。ただし、機械、設備などの投資財(最終生産物)や原材料、半製品などの中間生産物については、企業間で取引が行われ、ある企業が売り手で別の企業が買い手になる。さらに、労働、資本、土地などの「生産要素市場」の取引では、家計が売り手(供給者)で企業は買い手(雇用者)である。

政府は、ここでは、民間から財・サービスを調達して、それをもとに政府サービスや社会資本を提供すると考えているので、生産物市場と生産要素市

場の両方において買い手として行動する。

　ところで，マクロ経済の仕組みや機能を理解するうえで，「金融市場」ないしは「金融機関」(銀行，証券，信託，保険など)の役割は重要である。家計は通常，所得をすべては支出せず，その一部を貯蓄として金融機関に預け入れる。金融機関は資金の提供に対する代償として利子を支払う。企業も多くの場合，その貯蓄を金融機関に預け，利子の支払いを受ける。金融機関は預かった資金を企業の生産活動，ときには家計の活動に対して貸し付け，その代価として金利の支払いを求める。このように，金融市場(金融機関)は金融面において，家計や企業の経済活動の仲介的な役割を果たしている。

　図1-5には，以上で説明した各経済主体の機能と相互関係が，**経済循環**の形でまとめて描いてある。経済主体は家計，企業，政府，外国であり，それらは生産物市場と生産要素市場を通じて相互に関連し合っている。実線の矢印の方向に，もの(財・サービス，生産要素)が流れ，それと逆に点線の方向に，同価値のかね(貨幣)の流れが付随して生じる。なお，金融市場は便宜的に，生産要素市場に含まれるものとしてある。

　最後に，図1-5の経済循環図にもとづいて解釈すると，ミクロ経済学では，家計や企業の各経済主体の行動，生産物市場や生産要素市場における価格・取引量の決定，各市場間の関連などの問題を考察する。これに対して，マクロ経済学では，経済活動の循環的流れの総体に注目して，その規模はどのような大きさに決まるのか，また，どのように変動するのかなどの問題を対象にする。

4　マクロ経済学の方法

　マクロ経済学は，その分析方法の違いにより，実証的分析と規範的分析に分けられる。また，ケインズ経済学と古典派経済学の2つの体系に大別することもできる。

4-1 実証的分析と規範的分析

マクロ経済学は社会科学の一分野であり，科学的方法をもって経済問題に取り組む。ここで，科学的方法とは，マクロ経済の現実を解明したり，将来の動きを予測するための理論は，客観的な実証面の裏付けがあってはじめて認められる，という考え方に立つ研究方法のことである。

このような実証科学としてのマクロ経済学では，まず，現実を観察して理論（モデル）を構築する。これは言葉や数式，数量的な関係を使って表現される。そして，このモデルにもとづき「論理的演繹」を行い，さまざまな「命題（予測）」を導く。さらに，この命題が現実に観察される事実（データ）と合致するかどうかを，実証的な方法によって「検証」する。もし，モデルの命題が現実によって支持されるならば，それは経済理論として妥当なものと認められる。反対に，現実の観察結果をうまく説明できないのであれば，理論としての妥当性は否定され，モデルの修正が要請される。実証科学としてのマクロ経済学は，理論と実証の循環的構造をもつ点に特徴がある。

以上のように，マクロ経済学は，現実の経済を客観的に説明したり，将来の動きを予測するという**実証的分析**（事実解明的分析）を主とするが，これに限られるわけではない。ある種の価値判断をベースとした基準にもとづいて，さまざまな経済状態や経済政策の社会的な望ましさを評価したり，改善の仕方を提案したりもする。このようなマクロ経済学の方法は**規範的分析**といわれる。

たとえば，第1節で述べた資源配分の問題については，一般に，**効率性**（efficiency）という基準が採用されている。つまり，有限な経済資源を使って人びとが欲する財・サービスを生産する場合，希少な資源を最も有効に利用することが望ましい，とする。また，所得分配については，**公正**（equity）という基準が使われる。つまり，所得が社会を構成する人びとの間に，公正（あるいは，公平，衡平）の観念に合うように分配されることが望ましい，とする。ただし，公正の具体的な意味については意見が分かれている。

4-2 ケインズ経済学と古典派経済学

マクロ経済学は，分析方法の相違ないしは市場の価格調整機能のとらえ方

によって，「ケインズ経済学」と「古典派経済学」の2つの異なる体系に分かれる。

まず，**ケインズ経済学**とは，ケインズ自身の経済学，およびケインズの考え方に同調するケインジアンや最近のニュー・ケインジアンなど，いわゆるケインズ派の経済学のことである。

ケインズ経済学の特徴は，とくに短期については，市場の価格調整機能を信頼しない点にある。すなわち，短期には，市場の価格や賃金は硬直的であるため，価格や賃金が需要と供給の状況によって速やかに上下に変化して，市場の需要と供給が等しくなるように調整されることは期待できない。この場合，需要が十分な大きさになければ，経済は不完全雇用の状態にとどまることになる。ことに，労働市場では賃金は下方硬直的で，たとえ労働が超過供給の状態にあっても，賃金は下がらず失業は解消しない。したがって，完全雇用を実現するには，市場の価格調整機能に任せておくのではなく，政府が需要を増加させるなど政策措置を講じる必要がある，と考える。

ケインズ経済学では，長期には，価格や賃金の調整機能が働いて，経済は需要と供給が等しくなる均衡を実現する，とみる。しかし，長期の均衡に到達するまでには大変な時間を要し，その間，市場では超過供給の状態が続き，不完全雇用という形で大きな犠牲が発生する。ゆえに，政府には需要を刺激して，市場の超過供給を解消することが要請されるのである。

つぎに，**古典派経済学**とは，ケインズ以前の古典派および新古典派経済学，その流れをくむマネタリズム，新しい古典派マクロ経済学(合理的期待マクロ理論，実物的景気循環理論)の支持者などの経済学のことである。

古典派経済学に共通する特徴は，市場の価格調整機能に対する強い信頼感にある。すなわち，市場経済では，価格や賃金の調整機能が速やかに作用するため，市場において超過供給があれば，価格や賃金はすぐに下落して超過供給は解消する。反対に，市場に超過需要があれば，価格や賃金は即座に上昇して超過需要はなくなる。このようにして，市場では需要と供給の一致する均衡がつねに実現する，とみる。

この市場均衡点では，需要と供給が等しいという意味で「完全雇用」の状態が達成されている。したがって，市場に任せておけば，経済は価格調整機

能の働きにより自動的に完全雇用を実現するので，ケインズ経済学が主張するように，政府が需要を拡大させるような政策は必要としないことになる。

また，経済の実物部門(生産物市場，労働市場など)と貨幣部門は二分され，貨幣の動きは実物部門に影響を及ぼすことはないとされる。つまり，貨幣供給量を変更することによって，経済の生産・所得の水準を調整することはできず，単に物価の変動を引き起こすだけである，と主張される。

本書においては，ケインズ経済学をベースにして，マクロ経済学の基礎的な概念や理論を解説するが，必要に応じて古典派経済学の考え方も紹介する。

キーワード

経済学　マクロ経済学　ミクロ経済学　資源配分　所得分配　GDP　物価上昇率(インフレ率)　消費者物価指数　失業率　経済主体(家計，企業，政府，外国)　市場　経済循環　実証と規範　効率性　公正　ケインズ経済学　古典派経済学

練習問題

1. マクロ経済学とは，どのような課題をもつ学問であるかをまとめなさい。
2. GDP，消費者物価指数，完全失業率などのマクロ経済指標を見て，1950年代以降，日本経済がどのような動きをしてきたかを説明しなさい。
3. 経済社会の仕組みと経済主体の相互関係を，図1-5の経済循環図を使って明らかにしなさい。
4. マクロ経済学の方法論上の特徴を述べなさい。

第2章 GDPと物価

一国全体の経済活動の規模は，一般的にいうと，「国民所得」といわれる指標によって表される。本章では，まず，国民所得の中心指標である「国内総生産(GDP)」について考察する。GDPは，現実のマクロ経済の状況や動向を知るうえで不可欠な指標であるとともに，マクロ経済学の中心概念である。つぎに，国民所得とならび，マクロ経済の重要な指標である「物価」に注目して，物価の測定方法と代表的な物価指数を紹介する。

1 国内総生産(GDP)

はじめに，マクロ経済の活動規模を表す指標として，実際に最もよく使われているGDPに注目して，GDPとはなにかを説明するとともに，簡単な数値例を使ってGDPの値を計算してみる。

1-1 GDPとはなにか

まず，**国内総生産**(GDP：Gross Domestic Product)とは，一国全体で生産された最終生産物の総額であり，各産業が生み出す付加価値(生産額ないしは販売額から，原材料，燃料などの中間生産物の投入額を差し引いた値)の総額でもある。すなわち，GDPは，

$$GDP＝最終生産物の総額＝付加価値の総額$$

と定義することができる。

より詳しくいうと，GDPは，国という地理的境界内に限定して，ある一定期間(通常は1年)の一国経済の活動規模を測定するものである。この場合，生産活動の主体がその国の居住者であってもなくても，「国内」において生み出された付加価値を合計することにより求められる。したがって，外

国企業の日本国内における生産活動は日本のGDPに含まれるが，日本の居住者が海外から受け取る投資収益，利子，賃金は，日本のGDPには算入されない。

次項で数値例を使って具体的に示すが，GDPは，マクロ経済の生産総額ではなく，最終生産物の総額，あるいは総生産額から中間生産物の投入額を差し引いた付加価値の総額である。もし，最終生産物と中間生産物の両方を含む生産総額をGDPとすると，中間投入分が二重に計算されてしまい，一国の経済活動規模は過大評価されることになる。生産における中間生産物の投入額を除き，新たに生み出された付加価値の総計を求めることにより，経済全体の活動規模を示す適切な指標が得られるのである。

1-2　GDP＝最終生産物の総額＝付加価値の総額

GDPは付加価値の総額ないしは最終生産物の総額として測定されることを，簡単な数値例を用いて示す。図2-1は，農業，製造業，流通業の3部門からなる経済について，生産過程を段階的に表したものである。ここで，Mは中間生産物の投入額を，Vは付加価値を意味する。

まず，農業部門は，前年から持ち越した種子その他を使って農産物を生産し，これを製造業に70兆円で販売する。この場合，農業の生産(販売)額は70兆円で，今年の中間投入額はゼロだから，付加価値も同じく70兆円になる。つぎに，製造業部門は，原料として70兆円で買い入れた農産物を加工し，これを流通業に170兆円で売り渡す。ゆえに，製造業の生産額は170兆円，付加価値はこれより中間生産物の投入額70兆円を差し引いた100兆円と

図2-1　生産額と付加価値

(注) Vは付加価値，Mは中間投入額を表す。単位は兆円。

なる．さらに，流通業部門は，加工農産物を170兆円で仕入れ，これを消費者に300兆円で販売する．したがって，流通業の生産額は300兆円で，これから加工農産物の仕入れコスト170兆円を差し引いた値，130兆円が付加価値になる．

この場合，経済全体のGDPは，各段階で生み出された付加価値の総計で，
$$GDP = 70 + 100 + 130 = 300 兆円$$
になる．同時に，この経済では，流通業が生産の最終段階にあたり，そこで生産・販売される財・サービスが最終生産物になる．したがって，流通業による最終生産物の価値額300兆円も，GDPの大きさを表す．以上から，
$$GDP = 最終生産物の総額 = 付加価値の総額$$
の関係が成り立つことが確認できる．

ところで，各産業の生産額の総計を求めると，70 + 170 + 300 = 540兆円になる．このとき，農業と製造業の生産額はおのおの2回ずつ計上される．つまり，農業の生産額70兆円は，つぎの製造業の中間投入分としてもう1度算入され，製造業の生産額170兆円は，やはりつぎの流通業の中間投入分として再度算入される．そのため，合計240兆円の中間投入分が二重に計算されることになる．こうした二重計算を避けるためには，総生産額540兆円から，中間生産物の投入額の総計240兆円を差し引く必要がある．その差額300兆円が，経済全体からした付加価値にあたり，これがまさにGDPを意味するのである．

2 GDP測定上のルール

わが国の国民所得に関する統計は，**国民経済計算**(SNA：System of National Accounts)の一環として，内閣府経済社会総合研究所が作成・公表している．本節では，GDPを測定するうえでの基本ルールを，具体的に述べておく．

第1に，GDPに計上される項目は，基本的には，市場で取引される生産物(財・サービス)である．したがって，市場を経由しない諸活動(たとえば，家事や大工仕事などの家庭内サービス，自家生産，ボランティア活動)

や，違法な地下経済の取引などはGDPには算入されない。ただし，持家住宅から得られる住宅サービス，農家の農産物自家消費，公共サービスなどは，あたかも市場で取引が行われたかのようにみなして，その帰属価値を推定しGDPに計上している。

　第2に，中古品や土地などがたとえ市場で取引されたとしても，これらは既存資産の所有権が移転するだけの取引（つまり，資産の売却側にはプラスの所得，資産の購入側にはそれと同額のマイナスの所得が生じ，マクロ的には新たな所得の増加はない）であり，新たに付加価値が生み出されるわけではないので，GDPには算入されない。

　第3に，余暇活動の評価額はGDPには計上されない。労働時間の短縮は，GDPの水準を引き下げて所得の減少を招くが，反面，余暇が増えて各人が自由に過ごせる時間が多くなるため，人びとの経済厚生（経済的な幸せ度）は上昇する。しかし，こうした余暇活動のプラス面は，GDPでは考慮されていない。そのほか，技術進歩，財・サービスの質的変化の影響なども，GDPという指標には適切に反映されていない。

　第4に，GDPには社会の生活環境の質的変化が的確に考慮されていない。経済活動が活発になりGDPが増加することは，社会が物的に豊かになることを意味するが，その反面，環境の汚染，都市や交通の過密化や機能低下，社会問題の深刻化などが付随して生じる。こうした経済活動のマイナス面はGDPでは計上されていない。

　第5に，GDPは，ある国の一定期間における経済活動の成果を測るもので，マクロ経済の活動をフロー(flow)の面から見た指標である。その一方，マクロ経済の状況をストック(stock)の面から見た指標に，**国富（正味資産）**がある。これは，ある時点において，一国の各経済主体が所有する実物資産（生産資源，有形非生産資源）と金融資産（現金・預金，債券，株式など）の総額から，負債の総額を差し引いたものである。ただし，国内金融資産は，所有者にとっては資産であるが，発行者にとっては負債であるから，全体では相殺される。したがって，国富は結局，実物資産と対外純資産の合計に等しい。一般に，国富が大きいほど，経済の生産能力や国民の経済厚生の水準は高くなる。

以上のように，GDPには国民の経済厚生の面からすると，必ずしも適切に扱われていない項目が数多く存在する。GDPという名称は，経済学の分野を越えて広く知られており，ときに国民の経済厚生を表す指標のように扱われることもあるが，GDPは本来，一国経済のフローの活動規模を示す指標であって，国民の経済厚生の水準を把握するために考案されたものではない点に留意を要する。

3 名目GDPと実質GDP

　GDPは，簡単にいうと，経済全体の生産物(財・サービス)の数量を，それぞれの市場価格で評価して加え合わせたものであるから，価格と数量の2つの次元をもっている。この点を念頭に入れながら，名目GDPと実質GDPについて説明する。

　まず，測定時点における市場価格を用いて，生産物の数量を評価する場合には，GDPは**名目GDP**(nominal GDP)と呼ばれる。名目GDPは，その時々の市場価格にもとづいて価値表示された経済活動の規模を示すわけで，「当年価格表示のGDP」ともいわれる。

　ただし，名目値は価格と数量を掛けた値であるため，名目値の変化には，価格の変化と数量の変化の両方が混在する。このため，たとえば，生産物の価格がすべて2倍に上昇すると，実際の生産量は一定であっても，名目GDPの値も2倍に高まり，経済活動の実体と乖離が生じてしまう。したがって，時の経過につれ，経済活動の規模が実質的にどのような動きをするのかを見るには，物価の変動にもとづくGDPの変化分を除去した形で，GDPを表示するのが望ましい。

　そのための指標が，各年の生産物の数量を，ある特定の基準年の価格で評価して加え合わせた**実質GDP**(real GDP)である。実質GDPは，「不変価格表示のGDP」ともいわれ，観測期間中は価格を一定としているので，その動きは経済活動の実質的な(数量の)変動を反映することになる。

　いま，名目GDPと実質GDPを数式で表示するため，財 $i(i=1, 2, \cdots, n)$ の

価格を P_i, 数量を Q_i で示し，基準年を 0，当年(比較年)を t として上付きの添字で区別すれば，当年の名目 GDP は，

$$\text{名目 GDP} = P_1^t Q_1^t + P_2^t Q_2^t + \cdots + P_n^t Q_n^t = \sum_i P_i^t Q_i^t$$

と表せる。また，当年の実質 GDP は，

$$\text{実質 GDP} = P_1^0 Q_1^t + P_2^0 Q_2^t + \cdots + P_n^0 Q_n^t = \sum_i P_i^0 Q_i^t$$

と表せる。ここで，Σ(シグマ)は，i に関する総和を意味する記号である。したがって，当年の名目 GDP とは，各財の当年の価格 P_i^t に当年の数量 Q_i^t を掛けて，加え合わせた値である。その一方，実質 GDP とは，各財の基準年の価格 P_i^0 に当年の数量 Q_i^t を掛けて，加え合わせた値である。

ところで，実質 GDP の算出にあたり，価格を基準年の水準で一定とする**固定基準年方式**では，たとえば，技術革新のスピードが速い IT 製品の価格が短期間のうちに大きく低下し，それに伴い製品が急速に普及するような場合には，拡大した需要(生産)量は，基準年における高水準の価格で評価され

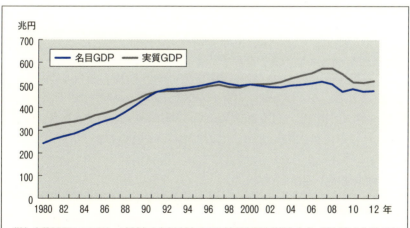

図2-2　名目GDPと実質GDPの推移

(注) 実質GDPについては、1980年から2009年までは2000年固定基準年方式、2010年から2012年までは2005年基準連鎖方式による。

出所：内閣府『国民経済計算年報』(2012年版)より作成。

るため，実質GDPの値に大きな上方バイアスが発生する。このような価格変化による「代替バイアス」を解消するため，わが国では2004年より，前年を基準年として，毎年，実質GDPの対前年倍率を計算し，それらを基準年の実質GDPに次々と掛け合わせていく**連鎖方式**を採用している（詳しくは，内閣府経済社会総合研究所による連鎖方式の解説を参照）。

図2-2は，1980年以降の「名目GDP」と「実質GDP」の推移を示したものである。基準年（2000年）以降，実質GDPが名目GDPを上回っており，デフレーションが進行したことがわかる。また，基準年以前の1980年代においては，実質GDPが名目GDPを一貫して上回っているが，この時期にはインフレーションが続いたことを示している。

なお，章末の練習問題3に，名目GDPと実質GDP（およびGDPデフレーター）の数値問題があるので，読者は自分で計算してみて欲しい。

4 三面等価の原則

国内総生産（GDP）とは，経済全体で生産された最終生産物の総額，あるいは各産業の生み出す付加価値の総額と定義したが，これはまさに，**生産面から見たGDP**を意味するもので，経済全体の供給額，つまり**総供給**を表す。**表2-1**では，**パネル(C)**が生産面から見たGDPにあたる。

ただ，前章の図1-5で見たとおり，マクロ経済の活動は循環的な流れのもとに営まれている。したがって，一国の経済活動の規模つまりGDPは，生産面，分配（所得）面，支出（需要）面という経済循環過程のどの局面から見ても等しくなるはずである。以下，この点について説明する。

4-1 国内総所得（GDI）

各産業の生産において生み出された付加価値は，その生産活動に参加した各種の生産要素（あるいは，経済主体）に，賃金，地代，利子，利潤という所得の形で分配される。ゆえに，これらの分配された所得を経済全体について合計すれば，生産面から見たGDPと同じ大きさになるはずである。

4 三面等価の原則

表2-1 日本のGDPと三面等価（2012年）

単位：兆円

(A) 支出面から見たGDP	
1. 民間最終消費支出	287.7
2. 政府最終消費支出	96.9
3. 国内総資本形成	98.5
(1)総固定資本形成	100.1
(2)在庫品増加	-1.5
4. 財貨・サービスの純輸出	-9.4
(1)財貨・サービスの輸出	69.8
(2)(控除)財貨・サービスの輸入	79.2
国内総支出（GDE）	473.8
5. 海外からの所得の純受取	15.0
(1)海外からの所得	21.2
(2)(控除)海外に対する所得	6.2
国民総所得（GNI）	488.8

(B) 分配面から見たGDP	
1. 雇用者報酬	245.8
2. 営業余剰・混合所得	90.7
3. 固定資本減耗	100.6
4. 間接税－補助金	37.4
(1)生産・輸入品に課される税	40.3
(2)(控除)補助金	2.9
5. 統計上の不突合	-0.6
国内総所得（GDI）	473.8
6. 海外からの所得の純受取	15.0
(1)海外からの所得	21.2
(2)(控除)海外に対する所得	6.2
国民総所得（GNI）	488.8

(C) 生産面から見たGDP	
1. 産業	416.7
(1)農林水産業	5.7
(2)鉱業	0.3
(3)製造業	85.6
(4)建設業	26.7
(5)電気・ガス・水道業	8.1
(6)卸売・小売業	68.1
(7)金融・保険業	21.6
(8)不動産業	56.9
(9)運輸業	23.7
(10)情報通信業	26.3
(11)サービス業	93.8
2. 政府サービス生産者	43.5
3. 対家計民間非営利サービス生産者	11.1
小　計	471.4
4. 輸入品に課される税・関税	5.7
(控除)総資本形成に係る消費税	2.6
5. 統計上の不突合	-0.6
国内総生産（GDP）	473.8

(B) 分配面から見たGDP（続）	
国民所得（要素費用表示）　＝1＋2＋6	351.5
国民所得（市場価格表示）　＝1＋2＋4＋6	388.9
国内純生産＝1＋2＋4	373.9

出所：内閣府『国民経済計算年報』（2012年版）より作成。

　この**分配（所得）面から見たGDP**は，国民経済計算（GDP統計）では**国内総所得**（**GDI**：Gross Domestic Income）と呼ばれており，

　　GDI＝雇用者報酬＋営業余剰・混合所得＋固定資本減耗
　　　　＋（間接税－補助金）

と定義されている。表2-1では，**パネル(B)**が分配（所得）面から見たGDPに相当する。

　ここで，右辺第1項の**雇用者報酬**とは，労働を提供した雇用者へ支払われる報酬額（言い換えると，付加価値のうち労働者へ分配される分）で，賃金，俸給，雇主負担からなる。第2項の**営業余剰・混合所得**とは，企業（個人企業を含む）の生産活動における貢献分で，利子，配当，賃貸料，法人税などの支払いに充てられ，残りは企業貯蓄（内部留保）になる。第3項の**固定資本**

減耗とは，建物，設備，機械など再生産可能な固定資本について，生産者の使用に伴う損耗や時の経過による老朽化・陳腐化によって生じる価値減少分を評価した額で，その分は生産活動への貢献とみなし，総所得の一部として計上する。最終項の**間接税－補助金**とは，付加価値のうち政府に分配される分で，消費税，酒税，関税などの間接税から，政府の補助金を差し引いた値である。

4-2　国内総支出（GDE）

これまでは，GDPを経済活動の供給サイドからとらえたが，逆に，需要サイドからとらえることもできる。GDPは，経済全体で生産された最終生産物の総額であるから，需要サイドから見れば，経済を構成する家計，企業，政府，外国の各部門が全体で，国内において生産された最終生産物をどれだけ購入するかを表すものである。

このように，最終生産物に対する支出の総額は，経済全体の需要額，つまり**総需要**を表し，**支出（需要）面から見たGDP**を意味する。GDP統計では，支出（需要）面から見たGDPは**国内総支出**（GDE：Gross Domestic Expenditure）と呼ばれ，

　　　GDE＝民間最終消費支出＋政府最終消費支出＋国内総資本形成
　　　　　＋純輸出

と定義されている。表2-1では，**パネル(A)** が支出（需要）面から見たGDPに相当する。実際，マクロ経済の状況や動向を知るうえで，このGDEの指標がGDPとして最もよく利用されている。

なお，上式の右辺第1項の**民間最終消費支出**とは，主に家計による最終生産物（財・サービス）の消費購入のことであるが，労働組合・政党・宗教法人・私立学校など非営利団体の消費も含む。第2項の**政府最終消費支出**とは，政府による財・サービスの経常購入のことである。第3項の**国内総資本形成**とは，民間と政府の資本ストックの増加・更新に向けられる支出で，総固定資本形成（設備投資，住宅投資）と在庫品増加に分けられる。最終項の**純輸出**とは，財・サービスの輸出から輸入を差し引いた値（輸出－輸入）である。

4-3　GDP＝GDI＝GDE

　まとめると，マクロ経済の活動は，生産活動で生み出された付加価値(GDP)が，その生産活動に貢献した各種の生産要素(経済主体)に所得として分配され(GDI)，各経済主体はこの所得を支出して生産物を購入する(GDE)，という循環過程としてとらえることができる。したがって，原理的には，

$$国内総生産(GDP) ＝ 国内総所得(GDI) ＝ 国内総支出(GDE)$$

という恒等関係が成り立つ。これは，生産面から見ても，分配(所得)面から見ても，また支出(需要)面から見ても，国内の経済活動水準は同一の価値額であることを示しており，**三面等価の原則**といわれる。

　実際には，企業の生産活動によって生じた付加価値が，所得の形ですべて分配されるわけではない。この場合，GDIはGDPよりも小さな値になってしまうが，GDP統計では，分配されなかった付加価値分は，企業のプラスの利潤として企業所得に含めるので，GDIはGDPと等しくなる。あるいは，財・サービスの売れ残りが生じた場合，GDEはGDPよりも小さくなる。このときには，売れ残り額を企業の意図しなかった在庫品増加として，企業の投資支出に含めるので，GDEはGDPと等しくなる。つまり，GDP統計では，GDP，GDI，GDEが事後的に恒等関係をもつような仕組みを備えているのである。

　表2-1より，2012年の日本経済の国内総生産(GDP)，国内総所得(GDI)，国内総支出(GDE)は，それぞれ473.8兆円であることがわかる。なお，現実には，統計の不正確さや漏れがあるため，GDPやGDIの項目に「統計上の不突合」を置いて，GDP＝GDI＝GDEという恒等関係が成り立つように調整がはかられている。

5　国民所得の諸指標

　以上では，一国の経済活動の規模を表す指標を，「国内」の概念にもとづき説明したが，実際，マクロ経済学の世界においては，その誕生以来，長ら

く使用してきた「国民所得」という用語が今でも一般的に使われている。そこで，本節では，マクロ経済の活動水準を表す指標を，「国民」の概念にもとづき解説しておく。

5-1 GNP

まず，GDPにきわめて近い指標に，**国民総生産**(GNP：Gross National Product)がある。これは，「国民」（ただし，国籍上の国民ではなく，当該国に比較的長期間，通常は1年以上住む居住者）の生産活動に着目して，一国の経済活動の成果をとらえるものである。具体的にいうと，日本の居住者の生産活動はすべて，生産の行われる場所が国内であれ国外であれ，日本のGNPに含まれる。逆に，外国の居住者が日本の国内で所得を受け取る場合，その分は日本のGNPに含まれない。すなわち，GNPは，その国の居住者によって生み出される付加価値の総額を表す。

したがって，国民総生産GNPと国内総生産GDPとの間には，

$$GNP = GDP + 海外からの所得の純受取$$

という関係がある。ここで，**海外からの所得の純受取**とは，「海外からの所得－海外に対する所得」である。また，「海外からの(に対する)所得」とは，日本(外国)の居住者が海外(日本国内)で，労働や資本の生産要素を提供することに対して支払われる所得を意味する。海外からの所得の純受取がプラスであれば，GNPはGDPより大きな値になる。

なお，わが国では，1993年以前はGNPを中心とした国民所得統計であったが，現在の『国民経済計算』ではGDP主体の統計になっている。ただし，GNP関係の統計も参考資料として作成・公表されている。

5-2 国民純生産(NNP)

GDPやGNPの「G」とはGrossの略で，「粗」の意味である。つまり，GDPやGNPは，工場，機械，設備，住宅など固定資本の減耗(減価償却)を控除する前の**粗付加価値**の総額を表す。

けれども，建物，機械，設備は使用に伴い損耗したり，時の経過につれ老朽化・陳腐化したりして，その価値が下がっていく。ゆえに，一定期間中

に，ある国の国民が生産によって生み出した真の価値を見いだすには，国民総生産の値から固定資本の価値減少分を差し引く必要がある。言い換えると，固定資本減耗分を控除した**純付加価値**の総額を求めることが望ましく，これを**国民純生産**(**NNP**：Net National Product)という。

すなわち，国民純生産NNPと国民総生産GNPの間には，

NNP＝GNP－固定資本減耗

という関係がある。

さらに，GNPは，GDPに海外からの所得の純受取を加えたものであり，GDPはGDIと等しく，GDIは雇用者報酬，営業余剰・混合所得，固定資本減耗，(間接税－補助金)を加え合わせたものである。これらの関係を以上の式の右辺に代入すると，

NNP＝雇用者報酬＋営業余剰・混合所得＋海外からの所得の純受取
　　　＋(間接税－補助金)

という関係が導ける。このNNPは，GDP統計では**市場価格表示の国民所得**と呼ばれている。

5-3　狭義の国民所得(NI)

つぎに，間接税(消費税，酒税，関税など)から政府の補助金を差し引いた値を，NNPより控除したものを，狭義の**国民所得**(**NI**：National Income)という。つまり，狭義の国民所得NIは，

NI＝NNP－(間接税－補助金)

と定義される。市場価格から間接税を引き補助金を足したものは，生産活動に必要な生産要素(労働や資本)に対して支払われた費用とみなせることから，このNIは**要素費用表示の国民所得**とも呼ばれる。

さらに，上式の右辺にNNPの関係式を代入すると，

NI＝雇用者報酬＋営業余剰・混合所得＋海外からの所得の純受取

となる。つまり，狭義のNIは，各生産要素(あるいは，各経済主体)が，その生産への貢献に応じて受け取る所得の総額を表し，雇用者報酬，営業余剰・混合所得，海外からの所得の純受取を合計したものに等しい。

このように，NIは，各生産要素が生産に貢献することにより，どれだけ

の付加価値を生み出したか，その結果，報酬としてどれだけの所得が分配されたのかを表すことから，国民所得の分配の問題を考察するときには，一般にNIが使われる。

5-4　家計可処分所得（DI）

最後に，家計の消費や貯蓄の行動を検討する場合，よく利用される所得の指標は**家計可処分所得**（DI：Disposable Income）である。これは，家計が自由に処分できる所得で，消費支出か貯蓄に使われる。

家計可処分所得DIは，NI（雇用者報酬＋営業余剰・混合所得＋海外からの所得の純受取）に，政府の社会保障給付（社会保険・年金給付，生活保護費など）を加え，社会保障負担，企業純貯蓄（資本減耗を含まない内部留保），企業の直接税（法人税，事業税など），家計の直接税（所得税，住民税，自動車関係諸税など）を差し引くことによって求められる。すなわち，

$$DI = NI + (社会保障給付 - 社会保障負担) - 企業純貯蓄 - 企業直接税 - 家計直接税$$

と表すことができる。

6　物価の測定

つぎに，GDPとならび，マクロ経済の最も重要な指標である物価について考察する。**物価**とは，ある特定のものの値段（価格）ではなく，いろいろな財・サービスの価格を総合した平均値のことである。つまり，物価は経済全体の価格の全般的・平均的な水準を表すもので，物価の動きは家計や企業の行動のみならず，輸出や輸入，そしてGDPの規模にも影響を与える。

6-1　ラスパイレス型物価指数とパーシェ型物価指数

実際には，物価の動きは水準そのものではなく，「物価指数」によってとらえる。ここで，**物価指数**とは，ある特定の年を基準として（基準年の物価水準を100として），その後の各年における個々の財・サービスの価格変動

を平均し，基準年と比べて物価がどれだけ変動したかを示すものである。物価指数を算出する方法はいくつかあるが，代表的なものに「ラスパイレス型物価指数」と「パーシェ型物価指数」がある。

まず，**ラスパイレス型物価指数**とは，基準年の数量をウエイトとした総和法による指数で，基準年に購入した財・サービスの数量とまったく同じだけ比較年において購入するとした場合，どれだけ余分に（あるいは，どれだけ少なく）支払うことになるのかを示すものである。

いま，財$i(i=1, 2, \cdots, n)$の価格をP_i，数量をQ_iで表し，基準年を0，比較年をtとして，それぞれ上付きの添字により区分すれば，ラスパイレス型物価指数(P_L)は，基準年の値を100とした場合，

$$P_L = \frac{\sum_i P_i^t Q_i^0}{\sum_i P_i^0 Q_i^0} \times 100 = \sum_i \left(\frac{P_i^t}{P_i^0}\right) \frac{P_i^0 Q_i^0}{\sum_i P_i^0 Q_i^0} \times 100$$

と示せる。したがって，ラスパイレス型物価指数とは，各財の比較年の価格P_i^tに基準年Q_i^0の数量を掛けて加え合わせた値と，基準年の価格P_i^0に基準年の数量Q_i^0を掛けて加え合わせた値との比率である。あるいは，各財の比較年と基準年の価格比率(P_i^t/P_i^0)について，その財の基準年における支出割合をウエイトとして求めた平均値を意味する。

つぎに，**パーシェ型物価指数**とは，比較年の数量をウエイトとした総和法による指数で，比較年に購入している財・サービスの数量とまったく同じだけ基準年に購入したとする場合，それと比べて，比較年にはどれだけ余分に（あるいは，どれだけ少なく）支払うことになるのかを示すものである。

パーシェ型物価指数(P_p)は，基準年の値を100とした場合，

$$P_p = \frac{\sum_i P_i^t Q_i^t}{\sum_i P_i^0 Q_i^t} \times 100 = \sum_i \left(\frac{P_i^t}{P_i^0}\right) \frac{P_i^0 Q_i^t}{\sum_i P_i^0 Q_i^t} \times 100$$

と表せる。したがって，パーシェ型物価指数とは，比較年の各財の価格P_i^tに数量Q_i^tを掛けて加え合わせた値と，基準年の価格P_i^0に比較年の数量Q_i^tを掛けて加え合わせた値との比率である。あるいは，各財の比較年と基準年の価格比率(P_i^t/P_i^0)について，その財の比較年における数量を基準年の価格で購

入したとする場合の支出割合を，ウエイトにして求めた平均値のことである。

6-2 物価指数の性質

前項で説明した「ラスパイレス型物価指数」については，物価の変動を過大に評価する，という性質が見られる。すなわち，対象とする財・サービスの数量を基準年の数量に固定するため，相対価格の変化に伴う買い手の代替行動をうまく把握できず，指数の値が高くなる傾向がある。

具体的にいうと，価格が上昇すると，実際には，買い手はその財の購入を控えて数量は小さくなる。しかし，ラスパイレス型物価指数の算式では，基準年の数量がそのまま使われるので，分子の値は大きくなる。反対に，価格が低下した財は購入が増えて数量は大きくなるはずであるが，基準年の小さな数量が使われることから，価格が低下した財が分子の値に及ぼす影響は小さくなる。そのため，ラスパイレス型物価指数の値は実体と比べて上方バイアスをもつ。

一方，「パーシェ型物価指数」は，比較年の数量を使用するので買い手の代替行動は考慮されているが，物価の変動を過小に評価する，という性質をもつ。

なぜなら，実際には，価格が低下した財は購入量が大きくなるが，パーシェ型物価指数の算式の分母では，これを基準年の高い価格で評価するので，分母の値は大きくなる。反対に，価格が上昇した財は購入が控えられて数量は小さくなるが，これを基準年の低い価格で評価するので，価格が上昇して購入量が減った財が分母の値に及ぼす影響は小さくなる。そのため，パーシェ型物価指数の値は下方バイアスをもつ。

したがって，同じデータを使って計算すると，ラスパイレス型物価指数のほうが，パーシェ型物価指数よりも高い数値になる傾向が見られる。

なお，章末の練習問題5に，ラスパイレス型物価指数とパーシェ型物価指数の数値問題が示してあるので，読者は自分で計算してみて欲しい。

7 消費者物価指数，企業物価指数，GDPデフレーター

本節では，マクロ経済の代表的な物価指標である「消費者物価指数」，「企業物価指数」，「GDPデフレーター」について解説する。

7-1 消費者物価指数

ラスパイレス型物価指数は，各年の財・サービスのウエイトが基準年のウエイトで固定されるため，作成が容易なこともあり，実際に広く採用されている。なかでも，消費者物価指数と企業物価指数が代表例である。

まず，総務省統計局が作成・公表している**消費者物価指数**(CPI：Consumer Price Index)は，全国の世帯が購入する財・サービスの価格変動を総合的に測定して，物価の変動を時系列的に把握するものである。すなわち，家計の消費構造を一定のものに固定し，これに要する費用が物価の変動によってどのように変化するかを指数値で示したものである。

実際，消費者物価指数は生計費の変化の指標として利用されることも多いが，正確には，財・サービスの種類・品質・購入量の変化を伴う生計費の動きを測定するものではない。また，消費者物価指数は，世帯の消費生活に及ぼす物価の変動を測定するものであるから，家計の消費支出を対象としている。家計の支出であっても，直接税や社会保険料などの納付金，有価証券・土地・住宅などの購入費，寄付金・贈与金・仕送り金などは指数の対象に含めない。

消費者物価指数が対象とする品目は，世帯が購入するさまざまな財・サービス全体の物価変動を代表できるように，家計の消費支出の中で重要度が高いこと，価格変動面で代表性があること，継続調査が可能であることなどの観点から選定される。2010年基準消費者物価指数では，588品目が採用されている。

7-2 企業物価指数

つぎに，**企業物価指数**(CGPI：Corporate Goods Price Index)は，日本銀行調査

統計局によって作成・公表されており，その目的は，企業間で取引される財に関する価格の集約を通じて，財の需給動向を把握し，景気動向ひいては金融政策を判断するための材料を提供することにある。

企業物価指数には，「国内企業物価指数」，「輸出物価指数」，「輸入物価指数」の3つがある。**国内企業物価指数**は，国内で生産した国内需要向けの財を対象にして，生産者段階における出荷時点の価格を調査する。**輸出物価指数**は，輸出品の通関段階における船積み時点の価格を，また，**輸入物価指数**は，輸入品の通関段階における荷降ろし時点の価格を調査する。

調査対象とする品目は，商品の代表性，純粋な価格変化の把握の2点を重視して選定される。2010年基準企業物価指数においては，国内企業物価指数では822品目，輸出物価指数では210品目，また輸入物価指数では254品目が採用されている。

7-3　GDPデフレーター

パーシェ型物価指数の代表例としては，内閣府経済社会総合研究所が作成・公表している**GDPデフレーター**(GDP deflator)がある。これは，国内総生産(GDP)を構成する財・サービスの総合物価指数であり，名目GDPを実質GDPで割ることにより求められる。GDPデフレーターが対象とする品目は，国内で生産される財・サービスに限定され，海外から輸入された財・サービスは除外される。

いま，GDPを構成する個々の財・サービスの価格と生産量をP_iとQ_iで，また，基準年を0，比較年をtで表せば，比較年の名目GDPは$\sum_i P_i^t Q_i^t$，実質GDPは$\sum_i P_i^0 Q_i^t$と示せる。したがって，GDPデフレーター(P_G)は，基準年の値を100とした場合，

$$P_G = \frac{\text{名目GDP}}{\text{実質GDP}} \times 100 = \frac{\sum_i P_i^t Q_i^t}{\sum_i P_i^0 Q_i^t} \times 100$$

と表すことができる。上式より，GDPデフレーターとは，比較年の数量をウエイトとした総和法による物価指数で，パーシェ型物価指数にほかならないことがわかる。

7 消費者物価指数, 企業物価指数, GDPデフレーター

　実際のGDP統計では, まず, 消費, 投資, 輸出, 輸入などGDP(GDE)の各構成項目の名目値を, それぞれに対応する物価指数(デフレーター)で割って実質値を求め, それらを合計して実質GDPを算出する。つぎに, このようにして得た実質GDPで名目GDPを除すことにより, GDPデフレーターを間接的に求めている。そのため, GDPデフレーターは**インプリシット・デフレーター**(implicit deflator)ともいわれる。

　なお, 第3節で言及したとおり, 代替バイアスによって「固定基準年方式」による実質GDPの値が大きめになる状況では, GDPデフレーターは実体に比べて低めの水準になってしまう。こうしたバイアスを解消するため, 2004年から, 「連鎖方式」による実質GDPを使って, GDPデフレーターを作成するようになっている。

　図2-3には, 1980年以降の消費者物価指数, 国内企業物価指数, およびGDPデフレーターの対前年変化率の推移が描いてある。消費者物価指数とGDPデフレーターは, 2000年代中頃までは, かなり似かよった動きを示している。それに比べ, 国内企業物価指数は大きく上下に変化していることが観察できる。

図2-3　物価の動き(対前年変化率)

(注) GDPデフレーターについては, 1981年から2008年までは2000年基準固定基準年方式、2009年から2013年までは2005年基準連鎖方式による。
　　出所：消費者物価指数と国内企業物価指数は, 内閣府『経済財政白書』(平成26年度)。GDPデフレーターは, 内閣府『国民経済計算年報』(2012年版)。

キーワード

国内総生産(GDP)　付加価値　名目GDP　実質GDP　国内総所得(GDI)　国内総支出(GDE)　GDPの三面等価　国民総生産(GNP)　国民純生産(NNP)　国民所得(NI)　家計可処分所得(DI)　ラスパイレス型物価指数　パーシェ型物価指数　消費者物価指数　企業物価指数　GDPデフレーター

練習問題

1. マクロ経済の活動(GDP)に関して，なぜ恒等的に，生産＝分配＝支出の三面等価が成り立つのかを説明しなさい。
2. GDPを国民の経済厚生の指標とみなすことの問題点を考えなさい。
3. ある国において，2010年(基準年)の消費財の価格と生産量は20と15，投資財については40と5であった。また，2014年(比較年)の消費財の価格と生産量は25と20，投資財については30と8であった。
   (1) 2010年と2014年の名目GDPを求めなさい。
   (2) 2010年を基準年として，2010年と2014年の実質GDPを求めなさい。
   (3) 2010年と2014年のGDPデフレーターを求めなさい。
4. つぎの仮設データ(単位は兆円)を使って，GNP，NNP，NI，固定資本減耗をそれぞれ求めなさい。
   GDP(GDE)＝480　海外からの所得＝30　海外に対する所得＝10
   雇用者報酬＝250　営業余剰・混合所得＝100　間接税＝45　補助金＝5
5. ある国において，2010年(基準年)の財1の価格と生産量は20と10，財2については30と20であった。また，2014年(比較年)の財1の価格と生産量は15と20，財2については40と15であった。
   (1) 2014年のラスパイレス型物価指数の値を求めなさい。
   (2) 2014年のパーシェ型物価指数の値を求めなさい。

第3章　景気変動と景気判断指標

　第1章の図1-1，図1-2や第2章の図2-2で見たように，経済全体の活動規模は長期的に見れば拡大傾向にあるが，短期的にはたえず変動を繰り返している。そのため，マクロ経済学の主要な課題は，経済全体の活動規模（GDP）はどのようにして決定されるのか，また，変動するのか，さらに，経済活動を安定させるにはどのような政策措置をとればよいのか，という「景気変動」ないしは「景気循環」の問題を検討することにある。
　そこで，本章においては，まず「景気変動」について理解を深めることにする。具体的には，景気変動とはなにか，景気変動にはどのような種類があるのか，また，景気の状況を判断する指標にはどのようなものがあるのか，さらに，景気変動はいかなる要因によって生じるのか，について説明する。

1　景気変動とはなにか

　GDPのような経済全体の活動水準を示す指標に，何らかの規則性がある循環的な変動が見られるとき，これを**景気変動**（economic fluctuation）ないしは**景気循環**（business cycle；trade cycle）と呼ぶ。すなわち，所得，生産，雇用，物価，利子率などの主要な経済指標に，ほぼ同時的に上下変動が観察される現象を景気変動（景気循環）という。
　まず，本節では，景気循環における各局面と日本の景気循環について解説しておく。
　景気循環は，典型的には，図3-1に示してあるような局面から構成される。ここで，GDPなど全般的な経済活動水準を表す指標が上昇している局面は，景気の**上昇期**（**拡張期**）と呼ばれる。景気上昇期は，程度の差に応じて**回復**と**好況**に区別される。反対に，経済活動が下降しつつある局面は，景気の**下降期**（**収縮期**）といわれる。景気下降期も，程度の差によって**後退**（リ

図3-1　景気循環の局面

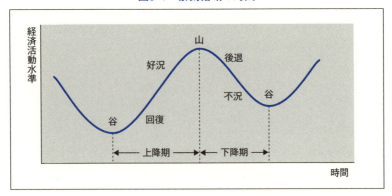

セッション）と**不況**に分けられる。

　また，景気が下降から上昇に転じる時点を，景気の**谷（底）**あるいは**下方転換点**という。一方，景気の上昇が終わり下降に向かう時点を，景気の**山（ピーク）**あるいは**上方転換点**と呼ぶ。そして，1つの谷から次の谷までの期間が，景気の1循環の**周期**である。このように，景気の1循環は上昇と下降の2局面，場合によっては，回復，好況，後退，不況の4局面からなる。

　日本では，内閣府経済社会総合研究所が，景気循環の局面を判断するとともに，各循環における経済活動を比較するため，**表3-1**のような**景気基準日付**（景気の谷と山）を設定している。なお，「景気基準日付」では，景気循環は「拡張」と「後退」の2局面に分けられている。

　表3-1より，2014年時点で，日本経済は1950年代以降，16回の景気循環に見舞われていることがわかる。景気循環の平均的な周期は，第2循環から第15循環の各期間を平均すると約52カ月であり，そのうち拡張期が36カ月，後退期が16カ月である。つまり，わが国では，景気循環はほぼ4年に1回の割合で発生し，景気の上昇局面が下降局面のおよそ2倍の長さになっている。また，最も長い上昇局面は第14循環の73カ月で，つぎは第6循環の57カ月，そのつぎは第11循環の51カ月であった。

表3-1 日本の景気循環

循環	基準日付(西暦)			期間(月数)		
	谷	山	谷	拡張	後退	全循環
第1循環		1951年 6月	1951年10月		4	
第2循環	1951年10月	1954年 1月	1954年11月	27	10	37
第3循環	1954年11月	1957年 6月	1958年 6月	31	12	43
第4循環	1958年 6月	1961年12月	1962年10月	42	10	52
第5循環	1962年10月	1964年10月	1965年10月	24	12	36
第6循環	1965年10月	1970年 7月	1971年12月	57	17	74
第7循環	1971年12月	1973年11月	1975年 3月	23	16	39
第8循環	1975年 3月	1977年 1月	1977年10月	22	9	31
第9循環	1977年10月	1980年 2月	1983年 2月	28	36	64
第10循環	1983年 2月	1985年 6月	1986年11月	28	17	45
第11循環	1986年11月	1991年 2月	1993年10月	51	32	83
第12循環	1993年10月	1997年 5月	1999年 1月	43	20	63
第13循環	1999年 1月	2000年11月	2002年 1月	22	14	36
第14循環	2002年 1月	2008年 2月	2009年 3月	73	13	86
第15循環	2009年 3月	2012年 4月(暫定)	2012年11月(暫定)	37	7	44

出所：内閣府『景気基準日付』(平成26年5月)。

2 景気変動の種類

　景気変動(景気循環)は周期の長さによって,「長期波動」,「建設循環」,「主循環」,「小循環」の4種類に区別される。いずれも,発見者の名前をつけて呼ばれている。
　第1に,平均周期が約50年に及ぶ**長期波動**は,**コンドラチェフの波**(Kondratief cycle)といわれる。長期波動を引き起こす要因としては,技術の進歩や企業の新機軸(新しい商品・生産方法・市場組織・素材の発見や開発),新たな資源・エネルギーの発見,人口の成長,新開地の発見,戦争・革命,金鉱の発見などをあげることができる。
　とりわけ,シュンペーター(J. Schumpeter)は,長期波動は技術革新の波が

原因であるとする「革新説」を唱えた。すなわち，1780年代に始まる第1の長期波動は，紡織機械の発明と蒸気機関の利用にもとづく「産業革命」によって起こった。19世紀の中頃から開始する第2の長期波動は，蒸気と鉄鋼の時代に発生し，鉄道建設の普及に起因するものである。第3の長期波動は，電気，化学，自動車産業などの出現によるもので，19世紀末から始まったとみられる。さらに，第2次世界大戦後，合成樹脂，エレクトロニクス，コンピューター，原子力その他の技術革新のうねりが，第4の長期波動を生み出したとされる。

第2に，平均18～20年の周期で発生する循環は，**建設循環**あるいは**クズネッツの波**(Kuznets cycle)と呼ばれる。このような循環は，GDPの長期系列のほか，建設や人口・資本の移動において検出されてきた。建設循環は，建設投資の波が主な原因であるが，ほかにも住宅建設や建物の更新期間，人口の増加，資本の調達可能性，所得の動向，将来の予想など，さまざまな要因の影響を受けるものと考えられる。

第3に，平均8～10年の周期をもつ中期循環は，**主循環**(major cycle)あるいは**ジュグラーの波**(Juglar cycle)と呼ばれる。また，主循環の原因は設備投資の波にあることから，**設備投資循環**ともいわれる。

かつての景気変動分析では，主循環が主要な対象であった。たとえば，ハンセン(A. Hansen)は，アメリカにおいて1795年から1937年の間に17の主循環を検出し，その平均周期は8.35年であることを明らかにした。また，戦後の日本経済について，民間設備投資の対GNP比率や固定資本ストックの増加率を調べると，大体，1955年，65年，75年を谷とする約10年周期の中期波動が観測されるといわれた。

第4に，1循環の周期が平均40カ月（3～4年）の短期循環は，**小循環**(minor cycle)と呼ばれる。これは，**キチンの波**(Kitchin cycle)ともいわれる。

小循環が起こる直接の原因は，在庫投資の変動にあると考えられている。すなわち，景気の上昇期では，生産の拡大に伴い在庫が蓄積され，やがて企業の在庫率は適正値を上回るようになる。すると，在庫投資が抑えられて，これが景気の下降を引き起こす。その後，在庫の調整が進んで，再び適正在庫率に戻ると，在庫投資が再開されるようになり，景気は拡大に転じること

になる。このように，小循環は在庫の過不足の調整に起因するとみなされ，**在庫循環**と呼ばれる場合もある。

今日では，景気循環といえば，この短期的な景気変動のことをさす。表3-1の「景気基準日付」で見たように，日本の景気循環は平均すると約52カ月の周期であるから，ほぼ小循環に対応している。

③ 景気判断指標

景気の観察や予測をするには，景気指標，サーベイ・データ，計量経済モデルなどによる方法がある。本節では，景気指標を利用する「景気動向指数」とアンケート調査にもとづく「日銀短観」を紹介する。どちらも，わが国の景気判断指標として代表的なもので，実際に広く使われている。

3-1 景気動向指数

景気動向指数は，内閣府経済社会総合研究所によって，毎月，作成・公表されている。これは，生産や雇用など経済活動において重要かつ景気に敏感に反応する指標の動きを統合することによって，景気の現状を把握するとともに，将来の予測に資するための経済指標である。

(1) CIとDI

景気動向指数には，構成する指標の動きを合成することで，景気変動の大きさやテンポなどの量的側面(量感)を測定する**コンポジット・インデックス**(**CI**：composite index)と，構成する指標のうち改善している指標の割合を算出することで，景気の各経済部門への波及の度合いを測定する**ディフュージョン・インデックス**(**DI**：diffusion index)がある。

CIとDIには，景気の動きに先がけて動く「先行指数」，景気の動きとほぼ同時に動く「一致指数」，景気の動きに遅れて動く「遅行指数」の3本の指数がある。そして，現時点では，**先行指数**の作成には，最終需要財在庫率，新規求人数，機械受注，新設住宅着工床面積，長短金利差，東証株価指数など11系列の指標が，また，**一致指数**の作成には，鉱工業生産指数，大

口電力使用量，所定外労働時間指数，商業販売額，営業利益，有効求人倍率など11系列の指標が，さらに，**遅行指数**の作成には，法人企業設備投資，家計消費支出，法人税収入，完全失業率など6系列の指標が採用されている。

このように，CIとDIにはおのおの3つの指数があるが，景気の現状を判断するには「一致指数」が利用される。また，「先行指数」は一般に，景気の動きに数カ月先行することから，景気の動きを予測する目的で利用される。さらに，「遅行指数」は数カ月から半年ほど景気の動きに遅れることから，事後的な確認のために利用される。

(2) CIとDIの作成方法と見方

まず，作成方法がシンプルなディフュージョン・インデックス(DI)について説明する。これは，先行・一致・遅行の系列群ごとに，3か月前の値と比べて今月の値が増加した指標の数が，全採用指標数に占める割合をパーセントで表示したものである。つまり，DIの値は，つぎのように算出される。

$$DI = \frac{拡張系列数}{採用系列数} \times 100(\%)$$

ここで，3か月前と変わらない指標は，0.5としてカウントする。

一般に，DIの一致指数が50%を超える期間は，半数以上の指標が上昇しており，景気が多くの経済部門へ浸透していることを意味するので，景気の拡張局面にあたる。反対に，50%より小さい期間は，景気は後退局面にある。また，DIの値が50%ラインを下から上に横切る点の近くに景気の谷が，逆に，50%ラインを上から下に横切る点の近くに景気の山がある。

なお，さきの表3-1の「景気基準日付」は，景気の基調的な動きを反映する**ヒストリカルDI**(一致指数の採用系列ごとに山と谷を設定し，谷から山にいたる期間はすべて上昇，山から谷に至る期間はすべて下降として，DIを算出したもの)にもとづいて設定されている。

景気動向指数は，長らくDIを中心としていたが，景気変動を定量的に把握することがより重要となり，2008年4月値以降，コンポジット・インデックス(CI)を中心とする公表形態に変更された。ただし，DIも引き続き，参考指標として作成・公表されている。

図3-2 CI（一致指数）

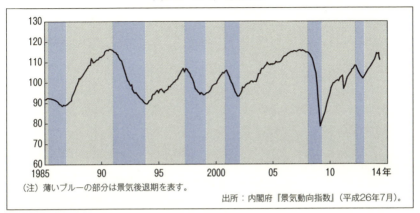

(注) 薄いブルーの部分は景気後退期を表す。
出所：内閣府『景気動向指数』(平成26年7月)。

　CIの作成は複雑であるが，先行・一致・遅行の系列群ごとに，まず，各採用系列の前月に比べた変量を算出して，変化の量感（過去の平均的な動きと比較した変動の大きさ）を求める。つぎに，各採用系列の量感を合成して，前月のCIの値に累積する，という統計的な手順を踏む。

　図3-2に示してあるように，一般に，CIの一致指数が上昇している時期は景気の拡張局面，低下している時期は後退局面である。また，CIの値が下降から上昇に転じる点が景気の谷，上昇から下降に転じる点が景気の山にあたる。さらに，CIの変化の仕方から，景気の拡張や後退の大きさや勢いを読みとることができる。

3-2　日銀短観

　日銀短観とは，全国の企業動向を的確に把握するため，四半期ごとに，日本銀行調査統計局が作成・公表している「全国企業短期経済観測調査(短観)」のことである。短観では，毎年3，6，9，12月に，全国の資本金2千万円以上の民間企業(約21万社)の中から，約1万社の企業(製造業，非製造業)を対象に，アンケート調査を実施している。

　調査項目は，大別すると，「判断項目」，「年度計画」，「四半期項目」，「新卒者採用状況」の4種類からなる。「判断項目」では，業況，主要商品の需

給,設備の過不足,資金繰りなどについて,現況および先行き(3カ月後)に関する企業の判断を求めている。「年度計画」では,売上高,人件費,営業利益・経常利益・当期純利益,設備投資額などについて,実績計数と計画計数を調査する。また,「四半期項目」では,負債,金融機関借入金,資産,現金・預金,有価証券などについて,前四半期の実績値を調査する。さらに,「新卒者採用状況」では,新卒採用者数の実績計数と計画計数について調査する。

とりわけ,判断項目については,項目ごとに3つの選択肢(1〜3)の中から,回答企業の判断に最も近い番号を選択させる。そして,回答を集計することにより,ディフュージョン・インデックス(DI)を以下の方式で作成・公表している。

DI(%) = 第1選択肢の回答社数構成比(%) − 第3選択肢の回答社数構成比(%)

ここで,業況判断の場合は,選択肢は「1. 良い」「2. さほど良くない」「3. 悪い」の3つであり,**業況判断指数(DI)**は,「1. 良い」と回答した企業の割合(%)から,「3. 悪い」と回答した企業の割合(%)を差し引いて求められる。このDIは,−100%から+100%の範囲の値をとるが,一般に,プラスのときには景気が良好で,マイナスのときには景気が良くないと判断される。

日銀短観には,企業活動の実態や経営者の最新の判断が反映されることから,景気の現状を把握し,先行きを予測する指標として注目されている。

4 景気変動の要因

それでは,景気変動を発生させる要因について,これまでに提唱された「景気変動(景気循環)理論」をもとにまとめておく。

4-1 景気変動理論の歴史

景気の変動を解明するため,古くから数多くの仮説が提示されてきた。代表的な考え方をいくつかあげておく。

まず，宇宙からの影響が天候状態に作用し，これが農産物の収穫ひいては経済全般の活動に影響を与えるとする「太陽黒点説」がある。また，社会全体の需要が消費財生産に比較して少なくなり，生産過剰に陥ることが不況を引き起こすとみる「過少消費説」がある。さらに，投資財部門が消費財部門に比べて，過度に発展したときに景気の変動が生じるとみなす「過剰投資説」がある。それから，銀行制度による信用の創造と制限に景気変動の原因を求める「貨幣的景気理論」も存在する。

以上のほか，企業による技術革新ないしは新機軸の断続的かつ集中的な発生が，経済活動の発展と変動の主因だとする「革新説」や，企業家や消費者の将来に対する楽観・悲観の期待の変化が景気循環を起こすとみなす「心理説」なども，代表的な景気変動理論に入る。

さらに，1930〜50年代に盛んに研究された景気変動理論では，景気循環を国民所得の変動としてとらえ，その変動を生起させる要因と変動のメカニズムについて研究が進められた。当時の代表的な景気変動理論である「サムエルソン＝ヒックス型の景気循環理論」は，消費支出や投資支出がその何倍かの所得・生産を生み出すというメカニズム（乗数効果）と，逆に，生産の変化が投資支出を誘発するというメカニズム（加速度原理）を結びつけて，景気が累積的に拡大ないしは縮小することを説いた。これに経済活動の天井と床の概念を加え，景気が山や谷に到達し，そこから反転する可能性を説明することで，景気循環が経済体系の内部で完結する様相が明らかにされた。

4-2　現代の景気変動理論

今日では，一般に，マクロ経済の需要サイドや供給サイドに生じるショックが，景気の変動を引き起こすと考えられている。

代表的な景気変動理論としては，**実物的景気循環（リアル・ビジネス・サイクル）理論**があげられる。これは古典派経済学の本流に属する「新しい古典派」の人びとによって唱えられたもので，外生的な**実物的ショック**（技術的ショック，石油ショック，気候変動による農産物の豊作・凶作など），とりわけ供給サイドの技術的ショックを景気循環の主因とする。つまり，実物的景気循環理論では，技術進歩や好天などの好ましい実物的ショックは好況

を，反対に，技術進歩の停滞や石油ショックなどの好ましくない実物的ショックは不況をもたらすなど，不断に発生する実物的ショックが，経済活動に影響を及ぼして生産や雇用の変動を引き起こす，とみるのである。

また，古典派経済学の流れをくむ**マネタリズム**や**合理的期待マクロ理論**の提唱者は，貨幣供給量と経済活動の関連性を重視する。すなわち，中央銀行が供給する貨幣量が過少なときには景気の停滞が，逆に，貨幣量が過大に供給されるときには景気の過熱やインフレーションが起こると考える。そして，人びとが予期しない形で貨幣供給量が変化すると(つまり，予期されない貨幣的ショックが発生すると)，マクロ経済の需要がそれに影響を受けて，景気の変動が生じるとみる。

これに対して，ケインジアンやニュー・ケインジアンなどの**ケインズ経済学**では，一般に，マクロ経済の需要サイドに生じるショック(とくに，投資の変動)が，景気の変動を引き起こす主な要因とみなす。第1章でも述べたが，ケインズ経済学は短期の状況を対象にして，市場の価格や賃金は硬直的とする。この場合，市場における価格調整機能は十分に作用しないので，完全雇用が自動的に実現することはなく，マクロ経済の需要の規模が小さければ，経済は不況の状態に陥る。このとき，生産物の需要を拡大させるような**需要**ショック(消費・投資・政府支出・輸出の増加，輸入の減少)が生じれば，景気は好転するし，反対に，生産物の需要を減少させるような需要ショック(消費・投資・政府支出・輸出の減少，輸入の増加)が起これば，景気はいっそう停滞することになる。

本書では，景気の循環的変動の説明は，高度の経済数学を必要とするため省くことにする。以下の諸章では，マクロ経済の活動水準の決定と短期的な変動について，需要サイドと供給サイドの両面から詳しく検討する。

キーワード

景気変動　景気循環　景気基準日付　長期波動(コンドラチェフの波)　建設循環(クズネッツの波)　主循環(ジュグラーの波)　小循環(キチンの波)　景気動向指数　日銀短観　実物的景気循環(リアル・ビジネス・サイクル)理論　マネタリズム　合理的期待マクロ理論　ケインズ経済学

練習問題

1. 1950年代以降，日本経済はどのような景気循環を経験してきたかをまとめ，その特徴を指摘しなさい。
2. 谷，回復，好況，山，後退，不況，谷という景気の諸局面に留意しながら，景気循環の過程を説明しなさい。
3. 景気変動(景気循環)には，どのようなものがあるかを説明しなさい。
4. 最新の景気動向指数および日銀短観にもとづき，日本経済の現況を解説しなさい。
5. 景気変動(景気循環)は，どのような要因によって引き起こされるかを説明しなさい。また，景気変動を緩和するには，いかなる政策が望ましいかを考えなさい。

第4章　総需要：消費と投資

　本章から第8章までの主な関心事は，マクロ経済の需要サイドに注目しながら，経済全体の活動規模（GDP）はどのように決定されるのか，また，変動するのか，さらに，経済活動を高い水準で安定させるにはどんな政策措置を必要とするのか，という「景気変動」ないしは「景気循環」の問題を検討することにある。
　そのため，まず，この章では，GDPの規模と変動に大きな影響をもつマクロ経済の「総需要」について概観する。その後，総需要を構成する要因のうち，家計と企業からなる「民間」の需要を取り上げ，消費支出および投資支出がいかなる要因に依存するのかを考察する。

1　総需要とはなにか

　第2章において，「国内総支出」（GDE）は，
　　　国内総支出＝民間最終消費支出＋政府最終消費支出＋国内総資本形成
　　　　　　　　＋純輸出
と定義され，経済全体の支出総額，つまり**総需要**（AD：Aggregate Demand）を意味することを学んだ。言い換えると，総需要とは，さまざまな生産物（財・サービス）に対する需要の総額である。
　ところで，国内総支出の定義では，国内総資本形成の項目に，民間と政府の両方の投資が含まれる。しかし，民間と政府では行動目的が異なるので，これらは区別したほうがよい。このため，マクロ経済学では，総需要（ないしは，総支出）ADは，民間の「消費支出」Cと「投資支出」I，それに「政府支出」G，および「純輸出（輸出から輸入を差し引いた値）」NXの4つの項目から構成されるものとしている。

表4-1 総需要と構成比

年	国内総支出(兆円)	消費支出(%)	投資支出(%)	政府支出(%)	純輸出(%)
1980	242.8	54.5	23.0	23.4	-0.9
1985	325.4	54.3	21.5	20.8	3.4
1990	442.8	53.0	26.1	19.9	0.9
1995	501.7	55.4	19.6	23.7	1.4
2000	509.9	56.5	18.0	24.0	1.4
2005	503.9	57.8	17.6	23.2	1.4
2010	482.4	59.3	15.2	24.3	1.2
2012	473.8	60.7	16.3	24.9	-2.0

出所:内閣府『国民経済計算年報』。

すなわち,総需要ADは,

$$AD = C + I + G + NX$$

と定義される。これは,家計,企業,政府,外国の各部門が全体で,自国で生産された財・サービスをどれだけ購入するかを表すものである。

表4-1には,総需要(GDE)の規模,および総需要を構成する各項目の割合(GDEに占める比率)の推移が示してある。

2 総需要の構成要素

つぎに,総需要を構成する各項目を簡単に説明しておく。

第1に,**消費支出**(C:Consumption)とは,主に家計(個人企業を含む)による財・サービスの消費購入を意味する。これは,非耐久消費財,耐久消費財,サービスに対する家計の支出,より詳しくいえば,飲食,衣服,住居,医療,光熱,水道,レクリエーション,教育,交通・通信,家具・家庭器具などの「消費財」に対する家計支出のことである。

消費支出は総需要の中で最大の項目であり,消費支出の割合は1990年代中頃より,50%台半ばから50%台後半へと上昇傾向が見られ,最近では,総需要のおよそ60%を占めている。消費支出の特徴は,年々大きく変動する

ことはなく,その動きが比較的安定していることにある.

第2に,**投資支出**(I: Investment)とは,資本ストック(工場,建物,機械,設備,器具,住宅,在庫など)の増加ないしは維持のために行われる民間(企業と家計)の支出を表す.投資は,一般に,「設備投資」,「住宅投資」,「在庫投資」の3つに区分される.ただし,株式や債券など金融資産や中古住宅の購入は,直接,新たに資本ストックを増加させて,財・サービスの生産に貢献するわけではないので,ここでいう投資には含まれない.

投資支出は総需要の20%前後を占め,消費支出より割合はずっと小さいが,かなり変動的であることに特徴がある.

第3に,**政府支出**(G: Government Expenditure)とは,政府(国,地方自治体のほか,公的企業を含む)による財・サービスの購入のことであり,「政府最終消費支出」と「公的資本形成」に区分される.具体的には,一般政府サービス(行政,外務,法務,警察,消防など),防衛,教育,保健,社会保障,福祉,住宅・道路・鉄道・港湾の建設,地域社会サービスと開発,経済サービス,公債管理などに関する支出からなる.ただし,社会保障支出や生活保護費などの政府移転支出は,直接,財・サービスの購入を伴わないから,ここでいう政府支出には含まれない.

政府支出は総需要の20～25%にも達し,政府活動の経済に占めるウエイトは大きいことがわかる.

第4に,**純輸出**(NX: Net Export)とは,財・サービスの輸出から輸入を差し引いた値(輸出−輸入)である.ここで,**輸出**は,国内で生産された財・サービスが外国の家計・企業・政府によって購入されることであるから,自国の生産物に対する需要を構成する.これに対し,**輸入**は,外国の財・サービスを自国が購入することであり,国内で生産された財・サービスに対する需要はその分だけ減少する.そのため,自国の生産物への総需要を求めるのには,輸入を差し引く必要がある.

一般に,純輸出が総需要に占める割合は,輸出のプラス分を輸入のマイナス分がほぼ帳消しにするので,小さな値になる.

なお,政府支出については第6章で,純輸出については第9章で取り上げることにして,本章では,家計と企業の需要(消費支出と投資支出)について

詳しく考察する。

3 ケインズ型消費関数

　総需要を構成する要素の中で，最大のものは「消費支出」である。それは総需要の動向を左右し，マクロ経済の活動規模を決める重要な要素である。そこで，まず，消費支出はいったいどのような要因によって決まるのかを，ケインズの考え方にしたがって検討する。

3-1 家計の所得と消費の関係

　家計の消費行動は多元的で，多くの要因の影響を受けるが，なかでも，家計の所得が最も重要な決定要因と考えられる。このように，消費支出を決定する主因はそのときの所得水準であるとする見方は，ケインズによって最初に主張されたもので，**絶対所得仮説**と呼ばれている。

　ケインズは，家計の所得と消費の間には，一般に，つぎのような関係があるとした。
① 現在の消費支出は，主として，現在の所得(経常所得)水準に依存して決まる。
② **限界消費性向**(MPC：Marginal Propensity to Consume)，すなわち，所得の変化が消費支出をどれだけ変化させるかを示す比率は，プラスで1よりも小さい。
③ **平均消費性向**(APC：Average Propensity to Consume)，すなわち，所得が消費にどれだけ支出されるかを表す平均比率は，所得の水準が高まるのにつれて低下する。

　以上の関係は，個々の家計だけではなく，家計全体の所得と消費支出との間にも一般に当てはまり，このような特徴をもつ所得と消費支出の関係は**ケインズ型消費関数**と呼ばれている。

3-2 1次式のケインズ型消費関数

いま，消費支出を C，所得を Y で示し，C_0 と c を定数とすれば，「ケインズ型消費関数」は簡単に1次式(直線)の形で，

$$C = C_0 + cY \qquad C_0 > 0, \ 0 < c < 1$$

と表すことができる。これは，家計の消費支出は所得と正の関係にあり，所得が高まると消費も増えることを示す。ただし，消費支出は所得が増加するほどには増えず，所得の水準が高くなると，所得のうち消費される割合は低下することを表す。

ケインズ型消費関数の定数項 C_0 は，所得水準とは無関係な(たとえ所得がゼロでも必要な)消費支出部分を意味し，**独立消費**(あるいは，自発的消費，基礎消費)といわれる。また，所得 Y の係数 c は，所得が変化したとき消費がどれだけ変化するかを示すから，限界消費性向(MPC)を意味する。つまり，消費の変化分を ΔC，所得の変化分を ΔY で示せば，$c = \text{MPC} = \Delta C / \Delta Y$ という関係がある。

さらに，ケインズ型消費関数の両辺を所得 Y で割ると，$C/Y = C_0/Y + c$ になる。この式の左辺(C/Y)は，消費支出と所得の比率，言い換えると，所得のうち消費に充てられる割合であるから，平均消費性向(APC)を表す。ゆえに，平均消費性向(C/Y)は，独立消費の所得に占める割合(C_0/Y)と限界消費性向 c の和に等しい。ここで，C_0 と c は一定数であるから，所得 Y が大きくなるにつれて，独立消費の所得に占める割合は小さくなり，その結果，平均消費性向は次第に低下していくことがわかる。

3-3 ケインズ型消費関数の図形表示

図4-1には，縦軸に消費支出 C，横軸に所得 Y をとり，ケインズ型消費関数が右上がりの直線 C で描いてある。ここで，独立消費 C_0 の大きさは C 線の切片で，限界消費性向 c の大きさは C 線の傾きで表される。また，限界消費性向は1より小さい正の値であるから，ケインズ型消費関数は，傾きが1の45度線よりも緩やかな右上がりの形になり，所得が高くなると消費支出も増加することを示している。

さらに，平均消費性向(C/Y)は，各所得水準に対応する C 線上の点と，

図4-1 ケインズ型の消費関数と貯蓄関数

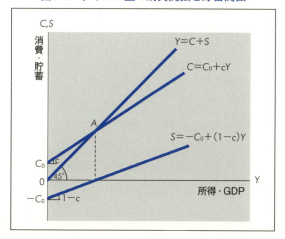

原点を結んだ直線の傾きによって表される。C 線と45度線の交点 A では，消費支出は所得と等しいので，平均消費性向は1である。A 点より低い所得水準では，消費支出は所得を上回り，平均消費性向は1より大きい。反対に，A 点より高い所得水準では，消費支出は所得を下回り，平均消費性向は1より小さい。したがって，全体的に見ると，家計の所得がゼロから上昇するにつれて，平均消費性向は1より大きな値から1に低下していき，さらに，1より小さな値へ下がっていくことになる。

4 ケインズ型貯蓄関数

消費と表裏一体の関係にあるものが貯蓄である。**貯蓄**（S：Saving）は，所得 Y のうち，消費支出 C に向けられない部分と定義されて，

$$S = Y - C$$

と表される。ここで，所得の水準が所与であれば，消費の水準を決めることは，同時に，貯蓄の水準を決めることになる。

貯蓄の定義式の右辺 C に，前節で説明した1次式のケインズ型消費関数を

代入して整理すると，

$$S = -C_0 + (1-c)Y$$

という**ケインズ型貯蓄関数**が得られる。家計の貯蓄は所得が高まるにつれて増加するが，所得が増加するほどには増えないことを示す。**図4-1**の下側には，ケインズ型貯蓄関数が右上がりの直線Sで描いてある。

　ケインズ型貯蓄関数の定数項$-C_0$は，所得水準とは無関係な(所得がゼロの場合の)貯蓄を意味し，独立消費の大きさにマイナスをつけた値になる。また，所得Yの係数$(1-c)$は，所得が増加するのにつれて貯蓄がどれだけ増加するかを示す**限界貯蓄性向**(**MPS**：Marginal Propensity to Save)を意味する。つまり，貯蓄の変化分をΔSで表せば，$1-c = \text{MPS} = \Delta S / \Delta Y$という関係がある。

　さらに，ケインズ型貯蓄関数の両辺を所得Yで割ると，$S/Y = -C_0/Y + (1-c)$になる。この式の左辺(S/Y)は，所得のうち貯蓄に向けられる割合を示す**平均貯蓄性向**(**APS**：Average Propensity to Save)ないしは「貯蓄率」である。したがって，平均貯蓄性向は，独立貯蓄の所得に占める割合$(-C_0/Y)$と限界貯蓄性向$(1-c)$の和に等しい。ここで，所得Yが高くなると，独立貯蓄の所得に占める割合$(-C_0/Y)$の絶対値は小さくなるので，平均貯蓄性向の値は次第に高くなっていくことがわかる。

　ところで，貯蓄の定義式$(S = Y - C)$より，$Y = C + S$(所得は消費か貯蓄に処分される)という関係が得られるので，両辺をYで割れば，$C/Y + S/Y = 1$になる。すなわち，平均消費性向(C/Y)と平均貯蓄性向(S/Y)の和は1に等しい。また，所得の変化分ΔY，消費の変化分ΔC，貯蓄の変化分ΔSについては，$\Delta Y = \Delta C + \Delta S$という関係が成り立つので，両辺を$\Delta Y$で割ると，$\Delta C / \Delta Y + \Delta S / \Delta Y = 1$になる。すなわち，限界消費性向$(\Delta C / \Delta Y)$と限界貯蓄性向$(\Delta S / \Delta Y)$の和は1に等しい。

5 ライフサイクル仮説と恒常所得仮説

　以上では，現在の消費支出を決定する主な要因は，同じく現在の所得(経

常所得)の水準である,というケインズの考え方にしたがい,家計の消費・貯蓄行動について説明した。現在の所得が不十分なために消費支出が制限される場合や,将来にわたって現在の所得水準が確実に維持される場合には,現在の消費は現在の所得水準を基準にして決められるので,ケインズ型消費関数の妥当性は高いように思われる。

けれども,実際には,消費の決定はもっと複雑で,現在の所得だけではなく,過去や将来の所得,資産の保有状態,周囲の人びとの消費状況など,さまざまな要因に影響を受ける。まず,本節では,家計の消費計画は長期的な視野に立って決められる,とする考え方を紹介する。

第1に,モジリアニ(F. Modigliani)によって提唱された**ライフサイクル仮説**によると,消費は現在の所得というより,その家計(個人)が生涯にわたって受け取ると期待される所得の総額,つまり**生涯所得**に依存して決められる。すなわち,図4-2に描かれているような生涯全般の所得パターンを予測して,生涯の効用(満足の度合い)が最大になるように消費と貯蓄を決定する。

この場合,就業可能な若い時期に所得を多く稼ぎ,その一部を貯蓄に回して資産の蓄積を進める。そして,所得の少なくなる退職後に,蓄積した資産を消費のために取り崩して使う,という消費・貯蓄行動がとられる。危険回避的な人であれば,所得が少なくなる時期に消費が大きく落ち込むことを避けるから,生涯を通じて消費を平準化しようとする。図4-2には,消費が完全に平準化されるケースが示してある。

図4-2 生涯の所得と消費のパターン

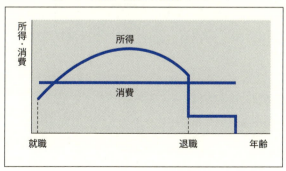

第2に，ライフサイクル仮説と類似した考え方に，フリードマン(M. Friedman)によって提唱された**恒常所得仮説**がある。この仮説によると，実際の消費はその時の所得だけではなく，将来にわたって得られると期待される所得の平均，つまり**恒常所得**(permanent income)に依存して決められる。そして，実際の消費Cと恒常所得Y_Pとの間には比例的関係があるとして，家計の消費行動は，

$$C = bY_P \qquad 0 < b < 1$$

という関係で表される。ここで，比例定数bは，長期の平均消費性向および限界消費性向を意味する。

　以上のように，家計の消費が長期的な観点に立った所得(生涯所得，恒常所得)に依存して決まるとすれば，現在の所得は，直接的に現在の消費に影響を及ぼすのではなく，生涯所得や恒常所得への効果をとおして，いわば間接的に現在の消費に影響することになる。したがって，現在の所得増加が一時的なものとみなされる場合には(たとえば，特別手当，臨時収入，1回限りの減税)，それによって生涯所得や恒常所得はあまり上昇しないから，家計の消費はほとんど増加しない。他方，同じ所得の増加でも，恒久的なものとみなされるときには(たとえば，基本給の引き上げ，長期的な減税)，生涯所得や恒常所得はその分上昇するので，家計は消費を十分に増加させる。

　なお，現代のマクロ経済学では，ケインズ型消費関数は短期の代表的な消費理論，また，ライフサイクル仮説や恒常所得仮説は長期の代表的な消費理論として位置づけられている。

6 相対所得，資産，社会経済的要因

　以上で説明した経常所得や生涯所得・恒常所得のほか，これまでに，さまざまな要因が消費の決定要因として取り上げられてきた。

　まず，**相対所得仮説**の考え方によると，家計の消費は現在の所得だけではなく，相対的に見た所得・消費に影響を受けるとされる。

　1つは，**消費習慣**が作用して，現在の消費は過去の最高所得のもとで享受

した消費生活に依存して決められる，というものである．つまり，新しい経済環境に消費行動を適応させるには時間がかかる．たとえば，解雇や定年退職によって，現在の所得が大きく減少したとしても，即座に消費レベルを大きく落とすことには強い抵抗感を覚える．そこで，現在の所得水準というより，むしろ過去の最高所得のもとで経験した生活レベルにもとづいて，現在の消費を決定し，支出の超過分は貯蓄を取り崩して対処する．やがて，低い所得水準に見合った消費慣習が形成されると，消費は所得と同じように低下することになる．

もう1つは，**デモンストレーション(誇示)効果**が作用して，消費は周囲の人びとの消費行動から影響を受ける，というものである．つまり，家計の消費決定はみずからの所得だけではなく，周囲の人びとの消費レベルや消費様式からも影響される．ヒット商品や流行の急速な広がり，各国の高度経済成長期における電化製品や乗用車の急速な普及などは，デモンストレーション効果の好例といえる．

つぎに，金融資産，実物資産を含めた「資産」のストックは，家計の消費行動に影響を与えると考えられる．すなわち，預貯金や公社債・株式，土地・建物など資産を多く所有する家計は，ストック面で豊かである．そのため，資産形成に追われる必要性は低いし，また，いつでも資産の一部を取り崩して，消費支出に充てることもできる．

したがって，たとえ経常所得の増加はなくても，資産ストックの価値額が上昇するときには，消費支出が誘発される傾向が見られる．このような資産の消費に対するプラスの効果は，**資産効果**と呼ばれている．反対に，資産ストックの価値額が低下すると，家計の消費支出は抑制される傾向も見られ，これは**逆資産効果**といわれる．

さらに，家計の消費決定に影響を与える「社会経済的要因」がたくさんある．第1に，「国民性」によって，各国の消費・貯蓄行動に大きな相違があるといわれている．倫理感や宗教などの影響で，倹約を美徳とする風潮が強い国では，多くの家計は貯蓄に励み，消費を切り詰める行動をとる．

第2に，「社会保障制度」の状況は家計の消費に強い影響を与える．社会保障制度による給付が不十分な国では，各家計は自助努力が求められる．消

費支出を抑えて貯蓄を心がけ，資産形成を励行せざるをえない。

第3に，「消費者金融」の発展度合いも家計の消費決定に影響する。消費財購入のための借り入れが不可能な場合には，消費支出は現在の所得水準に限定される。しかし，借り入れが可能な場合には，家計は将来の所得をさきに使う形で，現在の所得水準以上に消費することもできる。

第4に，家計の将来に対する「期待」は，消費行動に重大な影響を与える。たとえば，現在の景気低迷が将来にわたって継続すると予想される場合や，将来の動向が不安視される場合には，家計の行動は慎重になり，消費は抑制される。

7 投資決定の基準

民間の「投資支出」は，総需要に占める割合は20％前後にすぎないが，変動が大きいため，総需要の不安定要素となっている。また，投資は形態によって，**設備投資**(工場，建物，機械，設備，工具，器具など固定資本ストックの増加ないしは更新に向けられる支出)，**住宅投資**(一家族用や多家族用の住居の建設にかかわる支出)，**在庫投資**(原材料，燃料，仕掛品，完成品などの在庫ストックの増加に充てられる支出)に分けられる。

本節と次節では，民間投資支出の中で最も重要な企業の設備投資を対象として，ケインズの考え方にもとづき，投資はどのように決められるのかを検討する。

7-1 投資予想収益と投資費用

一般に，企業が新たな設備投資に乗り出すか否かは，それが企業に利益をもたらすかどうかによって決められる。つまり，企業は，投資の予想収益と投資に要する費用を算定して，予想収益が費用よりも大きければ，この投資は利益をもたらすものと判断して実施する。反対に，投資予想収益が投資費用よりも小さければ，この投資は不利益をもたらすものと判断して，実施は取り止める。

ここで，**投資の予想収益**とは，新規の資本設備を使って新たに生産される財・サービスの予想販売収入から，新たな生産にかかる予想費用を差し引いたもので，将来にわたって得られる収益である。したがって，将来の各年の収益を単純に加えるのではなく，それぞれ現時点における価値(**現在価値**)に割り引いて，それらを合計する必要がある。

いま，新規設備は今後n年間にわたり稼働して，1年後にQ_1，2年後にQ_2，そして，n年後にQ_nの収益を生み出す，と予想されるものとする。また，市場の利子率($100 \times r$)％は将来にわたり一定とする。この市場利子率を割引率として使えば，1年後の予想収益の現在価値は$Q_1/(1+r)$，2年後の予想収益の現在価値は$Q_2/(1+r)^2$，そして，n年後の予想収益の現在価値は$Q_n/(1+r)^n$と表せる。

ゆえに，現時点から見た投資の予想収益Rは，各年の予想収益の現在価値を合計したものであるから，

$$R = \frac{Q_1}{1+r} + \frac{Q_2}{(1+r)^2} + \cdots + \frac{Q_n}{(1+r)^n}$$

と示すことができる。なお，資本設備の最終的なスクラップ価値は，Q_nに含まれるものとする。

一方，現時点で見た投資費用は，資本設備の取得価額(機械設備の購入や建設・設置にかかる支出)のことである。したがって，資本設備の取得価額(投資費用)をCで表せば，$R>C$，つまり投資の予想収益が投資費用を上回る場合には，企業はこの投資は利益をもたらすものと判断して実施する。反対に，$R<C$，つまり投資の予想収益が投資費用を下回る場合には，この投資は不利益をもたらすものとして取り止めることになる。

7-2 投資の限界効率と利子率

前項の投資決定の考え方は，投資の限界効率と利子率の関係から見ることもできる。ここで，**投資の限界効率**(marginal efficiency of investment)とは，投資によって各年に生じる予想収益の現在価値の合計が，投資費用にちょうど等しくなる収益率のことである。具体的に示せば，

$$C = \frac{Q_1}{1+m} + \frac{Q_2}{(1+m)^2} + \cdots + \frac{Q_n}{(1+m)^n}$$

という関係を成立させる割引率 m が，投資の限界効率(あるいは，内部収益率)と呼ばれるものである。

以上の投資の限界効率を定義する式と，前項の投資の予想収益 R を示す式を比べると，投資の限界効率が利子率よりも高い場合 ($m>r$) には，投資の予想収益は投資費用を上回り ($R>C$)，反対に，投資の限界効率が利子率よりも低い場合 ($m<r$) には，投資の予想収益は投資費用を下回る ($R<C$) ことがわかる。したがって，企業は，投資の限界効率(投資収益率)が利子率(投資資金の調達コスト)よりも高ければ，投資を実施する。反対に，投資の限界効率が利子率よりも低ければ，投資を取り止めるということができる。

8 ケインズの投資関数

この節では，前節で説明した投資決定の基準をもとに，「ケインズの投資関数」を導くことにする。

さて，企業は，利潤最大化を求めていくつもの投資計画を立てている。これらの投資計画を限界効率の高い順に左から右へ並べていくと，図4-3のよ

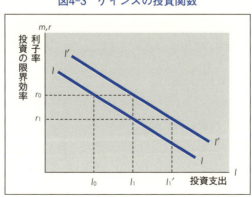

図4-3　ケインズの投資関数

8 ケインズの投資関数

うな右下がりの曲線 II が得られる。この投資支出と限界効率の関係は，個々の企業だけではなく，企業全体の投資にも一般に当てはまり，「投資の限界効率表」と呼ばれる。

前節の投資決定の基準により，投資の限界効率が市場の利子率よりも高い限り ($m \geqq r$)，企業は投資を実施する。たとえば，現在の利子率が r_0 の水準であれば，企業は投資支出を I_0 の水準に決める。なぜならば，I_0 までの投資計画については，限界効率が利子率よりも高く，投資を実施することが企業に利益をもたらすからである。また，利子率が r_1 の水準に下がれば，限界効率が利子率を上回る投資計画が多くなり，投資支出は I_1 の水準に増える。

このように，投資の限界効率表 II は，利子率の各水準においてどれだけの投資需要（投資支出）があるのかを表すことになり，**投資需要曲線**と解釈することができる。これを数式で表したものが**ケインズの投資関数**で，

$$I = I(r) \qquad \frac{\Delta I}{\Delta r} < 0$$

と示すことができる。つまり，ケインズの投資関数は，企業の投資支出 I は主に利子率 r に依存して決まり，両者の間には，利子率が低下すると投資支出が増加する，という負の関係があることを表す。

これまでの説明から，投資需要曲線（ケインズの投資関数）の位置は，投資の予想収益や投資費用に影響を及ぼす要因に依存することがわかる。たとえば，景気が全般的に上向きになり，企業の販売予想が好転する場合には，各投資計画の予想収益（Q_1, Q_2, $\cdots$, Q_n）が高くなるので，投資の限界効率は上昇する。このため，図4-3では，投資需要曲線は II 線から $I'I'$ 線へ右方にシフトする。その結果，利子率が r_0 の水準のときには，投資支出は I_0 から I_1 へ，また，利子率が r_1 のときには，投資支出は I_1 から I'_1 へ増加することになる。同様に，投資減税により企業の投資費用が低下する場合にも，投資の限界効率は高まり，投資需要曲線は右方へシフトする。

反対に，景気の悪化により企業の投資予想収益が低下するとか，資本設備の価格高騰により投資費用が上昇する場合には，投資の限界効率は小さくなり，投資需要曲線は左方にシフトする。その結果，各利子率のもとで行われる投資支出は減少することになる。

9 トービンのq理論

最近，広く利用されている投資理論に，トービン(J. Tobin)のq理論がある。これは，企業の市場価値と資本価値の関係に注目した投資理論であり，**トービンのq**は，企業の市場価値と資本の再取得価格との比率，すなわち，

$$\text{トービンの}q = \frac{\text{企業の市場価値}}{\text{資本の再取得価格}}$$

と定義される。

ここで，分子の**企業の市場価値**とは，株式市場が評価する企業の価値のことで，株価総額(株価×株式総数)によって表される。つまり，現在の資本ストックを使って，どれだけの収益をあげることができるかを示し，現在から将来にわたる予想収益の現在価値の合計に等しい。一方，分母の**資本の再取得価格**とは，資本財市場が評価する企業の価値のことで，現在保有する資本ストックを資本財市場の価格で評価した値によって表される。つまり，現存資本の買い替え費用に相当する。

そして，$q>1$の場合には，企業の市場価値が資本の再取得価格を上回り，資本投資によって得られる予想収益は投資費用よりも大きい。ゆえに，企業にとって，新規に投資を行うことが有利である。反対に，$q<1$の場合には，企業の市場価値が資本の再取得価格を下回り，資本投資によって得られる予想収益は投資費用よりも小さい。したがって，企業にとっては，投資を減少させて，資本ストックを縮小したほうが有利になる。

以上のような調整を経て，いずれ$q=1$の状態に至る。このときには，企業の市場価値は資本の再取得価格に等しく，資本投資によって得られる予想収益は投資費用と一致する。それゆえ，企業の投資活動は完了して，投資はゼロになる。

まとめると，**q理論による投資関数**は，つぎのように表せる。

$$I = I(q-1) \qquad I(0)=0 \qquad I'>0$$

すなわち，トービンのqが1であれば新たな投資はゼロ，1より大きければ投資は増加し，反対に，1よりも小さければ減少することになる。

10 加速度原理と資本ストック調整原理

投資の変動を説明する古くからある考え方に，**加速度原理**(acceleration principle)がある。これは，投資支出は生産量(あるいは，販売量)の変化に依存して決まる，とするものである。本節では，加速度原理とそれを発展させた「資本ストック調整原理」について説明する。

10-1 加速度原理

いま，生産量Yと，生産に必要な資本ストックKの間には，

$$K = vY$$

という固定的な関係があるものとする。ここで，固定係数vは資本ストックKと生産量Yの比率を示し，「資本係数」あるいは「資本-産出比率」といわれる。

生産量が変化する場合，資本係数は一定であるから，資本ストックも生産量の変化と比例的に変化する必要がある。そのため，必要とされる資本ストックと実際の資本ストックとの間にギャップが生まれ，ギャップを埋めるために投資が行われる，と考える。

いま，生産量の変化分をΔY，資本ストックの変化分をΔKで示せば，上の関係式より，$\Delta K = v\Delta Y$という関係が成り立つ。ここで，ΔYは前期から今期にかけての生産量の変化($Y - Y_{-1}$)，ΔKは前期から今期にかけての資本ストックの変化($K - K_{-1}$)を意味する。そして，資本ストックのギャップ(変化)を解消するように投資Iが行われるとすれば，

$$I = K - K_{-1} = v(Y - Y_{-1})$$

という関係が導かれる。これが**加速度原理の投資関数**であり，投資支出Iは生産量の変化($Y - Y_{-1}$)に比例して決定されることを主張する。

以上の加速度原理の投資関数から，つぎのことが指摘できる(章末の練習問題5を参照)。

1. 生産量が一定のときには，必要とされる資本ストックは変わらないので，投資はゼロになる。

2. 生産量の増加が拡大傾向にあるときには，より多くの資本ストックを必要とするため，投資支出の大きさは増加していく。
3. 生産量が前期と同一額だけ増加する場合には，投資は同一水準にとどまり，投資の増加率はゼロになる。
4. 生産量の増加の度合いが小さくなると，投資は減少に転じる。

このように，加速度原理は生産量が変化するのに応じて，投資支出が大きく変動することを明らかにする。

10-2　資本ストック調整原理

　実際の企業の投資行動においては，加速度原理が仮定するように，毎期，必要とされる資本ストックと実際の資本ストックのギャップをすべて埋めるように，投資が速やかに進められるとは考えにくい。投資の計画，発注，資本設備の生産・完成までには相当の時間がかかるので，特定の期間内では，必要とされる資本ストックと実際の資本ストックのギャップの一部が，投資によって埋められるとみたほうが現実的である。こうした考え方にもとづく投資理論が，**資本ストック調整原理**である。

　資本ストック調整原理の投資関数は，「加速度原理の投資関数」を一般化して，

$$I = \lambda(K - K_{-1}) = \lambda v(Y - Y_{-1}) \qquad 0 \leq \lambda \leq 1$$

という形で表せる。ここで，係数 λ は，必要とされる資本ストックと実際の資本ストックのギャップのうち，今期の投資により埋められる割合を示す「投資の調整速度」である。

　λ の値が大きいほど投資の調整速度は速く，より多くの投資が実施される。とくに，$\lambda = 1$ のときは，今期の投資は，必要とされる資本ストックと実際の資本ストックのギャップをすべて埋めるように行われるので，加速度原理の投資関数と同じになる。また，投資の調整速度 λ の値が一定であれば，必要とされる資本ストックと実際の資本ストックのギャップが大きいほど，投資は活発に実施されることになる。

Column　在庫投資の決定要因

　在庫投資は，GDP（GDE）に占める割合はきわめて小さく，ほんの数パーセントであるが，一般に，年々の変化が大きく，激しく変動する。前章で指摘したように，在庫投資の変動は，「小循環」と呼ばれる短期の景気変動の直接的な原因とされている。

　企業の在庫水準を決める基本的な要因は，生産量・販売量である。通常，企業は生産・販売の水準に対して，適正な在庫率を維持する。この場合，企業の生産や販売の規模が大きくなると在庫ストックが増え，逆に，生産・販売が小さくなると在庫ストックは減る。

　また，在庫は将来の販売予想にも依存する。販売予想が狂い，売り上げが伸びないときには，意図せざる在庫が増加する。

　さらに，在庫の貯蔵費用や利子率が高いほど，在庫保有の「機会費用」（もし在庫品を売却できたならば，得られたであろう収入を利用して獲得しうる収益）は高くなるので，企業は在庫を減少させる。

　このほか，将来の価格の動きに関する予想も，在庫投資に影響を及ぼす。近い将来，価格の上昇が予想される原材料や製品については，むしろ出荷を遅らせて，在庫の積み増しが行われる。

キーワード

総需要　消費支出　投資支出　政府支出　純輸出　ケインズ型消費関数　平均消費性向　限界消費性向　ケインズ型貯蓄関数　平均貯蓄性向　限界貯蓄性向　ライフサイクル仮説　恒常所得仮説　相対所得仮説　資産効果　設備投資　住宅投資　在庫投資　現在価値　投資の限界効率　投資需要曲線　ケインズの投資関数　トービンの q　加速度原理　資本ストック調整原理

練習問題

1. 表4-1のデータを参考にして，総需要の各構成項目の特色を述べなさい。
2. 家計の消費は，どのような要因によって決まるかを説明しなさい。

3. ケインズ型消費関数が $C=30+0.8Y$ と表せるとき，APC と MPC を求めなさい．また，この消費関数を図に描きなさい．さらに，ケインズ型貯蓄関数を導き，APS と MPS を求めるとともに，図示しなさい．
4. 投資の予想収益と投資費用の関係，および投資の限界効率と利子率の関係から，企業の投資決定について説明しなさい．
5. 第1期から第8期までの生産量が2，2，3，5，8，11，13，14と変化する場合，加速度原理によると，各期の投資支出はいくらになるかを計算しなさい．ただし，資本係数は4とする．

第5章　GDPの決定と変動

> 前章で，マクロ経済の需要サイドについて概観したので，本章においては，「有効需要の原理」と「乗数の理論」にもとづき，総需要が主導的な役割を果たすことにより，マクロ経済の活動規模はどのように決まるのか，また，変動するのかを検討する。
>
> 具体的にいうと，この章では，家計と企業からなる「民間経済」を考察の対象にして，需要サイドの要因により，国内総生産（GDP）の水準が決定かつ変動する仕組みを明らかにする。

1 有効需要の原理

ケインズは，需要がマクロ経済の活動規模や変動を説明するうえで重要であるとする考え方を，その著『雇用，利子および貨幣の一般理論』の中で**有効需要の原理**(principle of effective demand)として提示した。のちに，サムエルソン(P. Samuelson)やクライン(L. Klein)，トービンなど，多くのケインジアンの貢献もあり，有効需要の原理は，今日までマクロ経済学の共有資産として受け継がれ，マクロ経済分析の基礎になっている。

有効需要の原理のように，マクロ経済の活動規模の決定や変動の理由を，主として，需要サイドの要因に求めるには，対象とする経済状況を限定する必要がある。

第1に，**短期**（たとえば，1年以内）の経済問題に焦点をあてる。短期においては，稼働しうる資本設備，技術水準，労働力の総供給量などは不変と考えられる。この場合，労働やほかの生産要素を完全に雇用したときに生産可能なGDP（完全雇用GDP）は，ある特定の水準で一定とみなされ，それ以上の生産は不可能である。

第2に，生産要素は**不完全雇用**の状態にある。つまり，労働をはじめすべての生産要素は，供給に比べて需要が小さく，超過供給の状態にあるものとする。この状況のもとでは，現時点で遊休している生産要素が雇用されれば，GDPの拡大が期待できる。

第3に，物価は完全雇用が実現するまでは硬直的で，「物価水準は一定で変わらない」とする。この場合，名目GDP＝物価水準×実質GDPの関係から，名目GDPと実質GDPは同じような動きを示す。さらに，物価水準が1で一定ならば，名目GDPと実質GDPはまったく同じものになるので，両者の違いに気を遣う必要はなくなる。**物価一定**の状況を想定することによって，生産や雇用など実質的な経済変数の水準やその変動に，注意を集中することが可能になる。

以上の仮定から，有効需要の原理では，対象とする経済は不況で不完全雇用の状態にあるため，需要が高まれば物価の上昇圧力なしに生産の拡大が可能な状況にある，と考えている。言い換えると，マクロ経済の供給サイドを構成する企業は，完全雇用が実現するまでは，現行の物価水準のもとで需要の大きさに応じて生産規模を調整する，と想定している。

2 均衡GDPの決定

本章では，話を簡潔にするため，家計と企業からなる民間経済を対象にして，GDPの水準がどのように決定されるのかを，「有効需要の原理」にしたがって説明する。なお，政府の経済活動や外国貿易を含めたGDPの決定については，次章および第9章で取り上げる。

2-1 民間経済の総需要

家計と企業からなる民間経済においては，生産物（財・サービス）に対する総需要（ないしは，総支出）ADは，消費支出Cと投資支出Iから構成される。ここでは，消費支出Cは，前章で説明した「ケインズ型消費関数」$C=C_0+cY$（$C_0>0$，$0<c<1$）によって表されるものとする。また，投資支出Iは，簡

単に，GDPや利子率には依存しない独立投資（一定値）とする。

この場合，民間経済の**総需要**ADは，

$$AD = C + I = C_0 + cY + I$$

と示される。なお，以上の総需要，消費支出，投資支出は，計画（予定）された値である。これらの変数はいわば「事前」の概念であり，第2章で説明したGDP統計の「事後」の概念（データ）とは性質を異にする。

2-2 生産物市場の均衡条件

一方，生産物（財・サービス）の**総供給**ASとは，国内総生産GDP（＝国内総所得GDI）Yのことである。そして，有効需要の原理では，総供給は総需要の動きに応じて変化する，と考える。

たとえば，総需要が総供給よりも大きい場合には，各企業は生産量を増加させるので，総供給（GDP）は上昇する。このとき，GDP上昇に伴う総需要の増加の程度は，総供給（GDP）の上昇の程度より小さいため（なぜなら，限界消費性向は1より小さいので），やがて総需要は総供給と一致する。逆に，総需要が総供給よりも小さいときには，各企業は生産量を減少させるので，総供給（GDP）は低下する。このとき，GDP低下に伴う総需要の減少の程度は，総供給（GDP）の低下の程度より規模が小さいため，やがて総需要は総供給と等しくなる。

このような数量調整メカニズムが働いて，マクロ経済は総需要と総供給が等しくなる均衡状態，すなわち総供給Yと総需要ADの均等関係を示す**生産物市場の均衡条件**

$$Y = AD$$

が成り立つ状態に至り，そこで均衡GDPの水準が決定されるのである。

2-3 45度線図による均衡GDPの決定

図5-1の横軸には総供給（GDP）Yが，縦軸には総需要ADがとってあり，補助線として45度線が引いてある。この図は，**45度線図**あるいは**ケインジアンの交差図**（Keynesian cross）といわれ，サムエルソンの『経済学』に初めて登場して以来，GDPの水準がいかに決定されるかを説明するため，ほとん

図5-1 均衡GDPの決定

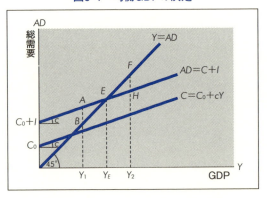

どのマクロ経済学の教科書で使われてきたものである。本項では、図5-1を使って、均衡GDPの水準がどのようにして決まるのかを、具体的に説明する。

まず、総需要ADは、右上がりの直線$AD=C+I$によって示される。これは、GDP(=GDI)の各水準に対応する総需要の大きさを表し、1次式で示したケインズ型消費関数$C=C_0+cY$を、一定の独立投資Iの大きさだけ上方へ平行シフトさせたものである。したがって、$AD=C+I$線の切片はC_0+I、傾きは限界消費性向cに等しい。

つぎに、総供給$AS(=Y)$は、45度線によって示される。横軸に測られたGDPの各水準は45度線の高さに置き換えられるので、45度線上の各点はGDP(Y)の各水準を表すことになる。

このことは、45度線上ではどこでも、総供給(Y)=総需要(AD)という性質をもつことを意味する。つまり、45度線上の点では、どこも総供給と総需要の均等関係が成り立っており、**マクロ経済の均衡**は、この45線上のどこかの点で実現する。

それでは、図5-1の状況において、均衡GDPの水準はどのようにして決まるのかを詳しく見てみる。いま、実際のGDPはY_Eの水準より低いY_1とする。このとき、総需要はA点の高さで示され、総供給(=GDP)を線分ABの大きさだけ上回る。つまり、経済全体の財・サービスは超過需要の状態にあ

る。そのため，企業の在庫は減少するので，企業は販売の増加を予想して，雇用を増やし生産の拡大をはかる。その結果，GDPはY_Eの水準に向かって増加する。

反対に，実際のGDPはY_Eの水準より高いY_2とする。このとき，総需要はH点の高さで示され，総供給（＝GDP）を線分FHの大きさだけ下回る。つまり，経済全体の財・サービスは超過供給の状態にある。そのため，企業の在庫は増加するので，企業は販売の減少を予想して，雇用を減らし生産の縮小をはかる。その結果，GDPはY_Eの水準に向かって減少する。

以上のような調整を経て，実際のGDPが，AD線と45度線の交点Eに対応するY_Eの水準になったらどうであろうか。この場合，総需要と総供給はともにE点の高さで示され，両者は等しい。経済全体の財・サービスは生産しただけ需要され，企業には，あえて雇用や生産をいまの水準から変更する誘因はなくなる。したがって，GDPはY_Eの水準に落ち着くことになる。

このように，図5-1の状況では，総需要線$AD=C+I$が45度線と交差するE点において，生産物市場の均衡条件（総供給Y＝総需要AD）が成り立ち，**均衡GDP**はY_Eの水準に決定されることになる。

なお，貯蓄と投資による均衡GDPの決定については，章末の練習問題2と解答を参照して欲しい。

3 均衡GDPの水準

以上において，均衡GDPはどのようにして決まるのかを詳しく見た。この節では，均衡GDPの水準を具体的に求め，均衡GDPの大きさはいかなる要因に依存するのかを考察する。

3-1 均衡GDPの決定式

均衡GDPの水準は，総供給Yと総需要ADの均等関係を示す「生産物市場の均衡条件」

$$Y=AD=C+I$$

が成り立つところで決まる。そこで，上式の右辺の消費支出Cに，1次式で表したケインズ型消費関数$C=C_0+cY$を代入し，また，投資支出Iは独立投資で一定の値とすれば，

$$Y=C_0+cY+I$$

という関係式が得られる。これをYについて解くと，均衡GDPの水準は，

$$Y=\frac{1}{1-c}\times(C_0+I)$$

と表せる。この**均衡GDPの決定式**より，独立消費C_0や独立投資Iが大きいほど，また，限界消費性向cが高いほど，言い換えると，限界貯蓄性向($1-c$)が低いほど，均衡GDPの水準は高くなる，ということができる。

3-2　数値モデル

今度は，数値モデルを使い，以下のケース1～4について，均衡GDPを算出してみる。

ケース1：当初，消費支出は$C=C_0+cY=60+0.5Y$，投資支出は$I=190$で表されるものとする。この場合，生産物市場の均衡条件($Y=AD=C+I$)は，

$$Y=60+0.5Y+190$$

と示せる。上式をYについて解けば，均衡GDPの水準は$Y=500$である。

ケース2：当初の状態において，独立消費C_0がより大きく70であれば，生産物市場の均衡条件は，

$$Y=70+0.5Y+190$$

である。これをYについて解くと，均衡GDPの水準は$Y=520$になる。

ケース3：当初の状態において，投資支出Iがより大きく200であれば，生産物市場の均衡条件は，

$$Y=60+0.5Y+200$$

となる。上の式をYについて解けば，均衡GDPの水準は$Y=520$になる。

ケース4：当初の状態において，限界消費性向cがより高く0.6であれば，生産物市場の均衡条件は，

$$Y=60+0.6Y+190$$

である。これを Y について解けば，均衡GDPの水準は $Y=625$ になる。

以上の計算結果から，独立消費 C_0 や投資支出 I が大きいほど，また，限界消費性向 c が高いほど，均衡GDPの水準は高くなることが確認できる。

4 デフレ・ギャップとインフレ・ギャップ

ところで，均衡GDPとは，総需要に総供給が等しくなるように調整されたGDP水準のことであり，完全雇用に対応するGDPを意味するわけではない。有効需要の原理では，生産要素は不完全雇用の状態にあるとしていることから，均衡GDPの水準はむしろ，完全雇用を実現するには不十分な総需要に，総供給が等しくなるところで決まり，**不完全雇用均衡**を反映したものになる。本節では，以上の論点を「デフレ・ギャップ」という概念を使って説明する。その後，物価を一定とする有効需要の原理からすると，特別な出来事ともいえる「インフレーション」（物価の持続的な上昇）の発生原因について言及する。

4-1 デフレ・ギャップ

図5-2において，完全雇用GDPの水準を Y_F とする。総需要が $AD=C+I$ 線で表される場合には，総需要と総供給は E 点で等しくなり，均衡GDPは Y_E の水準に決まる。このとき，均衡GDPの水準 Y_E は完全雇用GDPの水準 Y_F よりも小さく，マクロ経済は不完全雇用の状態で均衡している。実際の均衡GDPの水準 Y_E と完全雇用GDPの水準 Y_F との差 Y_E-Y_F は，**GDPギャップ**あるいは**需給ギャップ**と呼ばれ，このギャップが大きいほど，不完全雇用の度合いは深刻で，失業が多く発生することが示唆される。

見方を変えれば，マイナスのGDPギャップ (Y_E-Y_F) は，完全雇用水準で見て，総需要が総供給よりも小さいために発生する。図5-2では，完全雇用GDP水準 Y_F において，総需要は B 点の高さ，総供給は F 点の高さで示されるから，総需要は FB の大きさだけ総供給よりも小さい。このような総需要が完全雇用GDPに不足する分を，**デフレ・ギャップ**(deflationary gap)とい

図5-2 デフレ・ギャップとインフレ・ギャップ

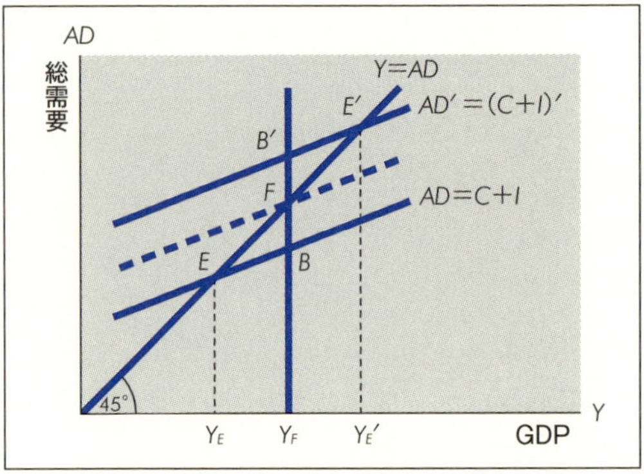

う。言い換えると，デフレ・ギャップは，完全雇用GDPにおける45度線と総需要線$AD=C+I$の垂直差(FB)によって測られる。このデフレ・ギャップが大きいほど，需要不足による不況の程度は大きく，より多くの失業が生じると考えられる。

もし消費支出Cや投資支出Iがもっと大きく，総需要線ADがF点で45度線と交差する破線の位置にあれば，マクロ経済の均衡はF点で実現して，均衡GDPはまさに完全雇用GDP(Y_F)と一致することになる。したがって，デフレ・ギャップの大きさは，失業を解消して完全雇用を実現するには，どれだけ総需要が拡大すればよいかを示すものといえる。

4-2 インフレ・ギャップ

つぎに，図5-2において，総需要が大きく，$AD'=(C+I)'$線で表されるものとする。この場合，総需要と総供給はE'点で一致するので，均衡GDPの水準は$Y_{E'}$になる。均衡GDPの水準は完全雇用GDPの水準Y_Fよりも大きく，$Y_{E'}-Y_F$のプラスの「GDP(需給)ギャップ」が見られる。

ただし，短期的には，生産要素を完全雇用したときに生産可能な実質GDPはY_Fであり，この完全雇用水準を超えて生産を拡大させることは不可能である。したがって，均衡GDPが完全雇用GDPの水準以上になるということは，もはや物価一定の前提は崩れて，物価が上昇したために，名目

GDPが大きくなったと解釈される。すなわち、有効需要の原理では、総需要が完全雇用GDPを上回る特別な状況では、その超過需要分が物価上昇圧力として作用し、ディマンドプル(需要牽引)型のインフレーションが発生する、と考えるのである。

以上の状況を、図5-2の完全雇用GDPの水準で見ると、総需要はB'点の高さ、総供給はF点の高さで示されるから、総需要は$B'F$の大きさだけ総供給よりも大きい。このような総需要が完全雇用GDPを上回る分を**インフレ・ギャップ**(inflationary gap)という。すなわち、インフレ・ギャップは、完全雇用GDPにおける総需要線$AD' = (C+I)'$と45度線との垂直差($B'F$)によって測られる。そして、このインフレ・ギャップが大きいほど、激しいインフレーションが生じるとされる。

もし消費支出Cや投資支出Iがもっと小さく、総需要線AD'がF点で45度線と交差する破線の位置にあれば、マクロ経済の均衡はF点で実現して、均衡GDPは完全雇用GDP(Y_F)の水準になる。ゆえに、インフレ・ギャップは、需要サイドからのインフレ圧力なしに完全雇用を実現するには、総需要をどれだけ抑制すればよいかを示すものといえる。

5 乗数効果

これまで、「有効需要の原理」にもとづき、均衡GDPの水準はどのように決まるのかを明らかにしたが、つぎに、GDPがいかなる要因によって、どのように変動するのかという問題を考察する。その際、重要な意味合いをもつ現象が「乗数効果」である。本節では、まず、GDPの水準とは無関係な支出(つまり、独立消費や独立投資)が変化した場合、均衡GDPはどのように変動するのかを検討する。その後、独立的な支出(需要)の変化とGDPの変動との関係を示す「乗数公式」を導くことにする。

5-1 投資増加の効果

図5-3において、当初のマクロ経済の均衡は、総需要線$AD = C + I$が45度

図5-3 投資の増加と均衡GDP

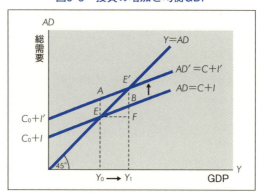

線と交差するE点で成立し，均衡GDPはY_0の水準とする。このとき，投資支出がIからI'の水準に増加すると，総需要線は$AD'=C+I'$線へと，投資支出の増加分$\Delta I(=I'-I)$だけ上方にシフトする。そのため，当初の均衡GDPの水準Y_0では，総需要が総供給を$AE(=\Delta I)$だけ上回るので，企業は生産を拡大し，GDPは増加することになる。

このGDPの増加は，総需要が総供給を上回る限り，つまり，$AD'=C+I'$線が45度線より高い位置にある限り続く。そして，$AD'=C+I'$線と45度線の交点E'に到達したとき，再び総需要が総供給と一致することになり，マクロ経済は新しい均衡を実現する。その結果，均衡GDPはY_1の水準にまで増加する。

結局，投資支出が$\Delta I=I'-I$だけ増加したことにより，均衡GDPは$\Delta Y=Y_1-Y_0$だけ増加する。ここで，GDPの増加分は線分EFの大きさで，縦軸方向で示せば線分$E'F$に等しい。また，当初の投資の増加分は線分AEの大きさで，これは線分$E'B$に等しいから，GDPの増加分は投資の増加分を線分BFの大きさだけ上回る。すなわち，独立投資の増加により，GDPは投資増加分よりも大きく増加することがわかる。

このように，独立投資や独立消費などの支出（需要）の変化が，それよりも大きなGDPの変動を引き起こす現象は，**乗数効果**と呼ばれている。

5-2 乗数公式

つぎに，独立的な支出(需要)が変化すると，GDPはそれ以上の規模で変動するという「乗数効果」を，公式の形で表すことにする。

図5-3の状況では，投資支出の増加に伴って，GDPはΔY＝線分EF＝線分$E'F$の大きさだけ増加する。この線分$E'F$の増加分のうち，$E'B$の部分は，当初の独立投資の増加$\Delta I(=I'-I)$そのものによるGDPの増加分にあたる。そして，残りのBFの部分が，その後のGDPの増加が誘発した消費支出の増加ΔCによるGDPの増加分を表す。線分BFで示される消費支出の増加分ΔCは，総需要線$AD=C+I$線の傾き，つまり限界消費性向cに，GDPの増加分$\Delta Y(=EF)$を掛けた値に等しいから，$\Delta C=c\times\Delta Y$と示せる。これらの関係を，均衡GDPの変化を表す式，$\Delta Y=\Delta C+\Delta I$に代入すると，$\Delta Y=c\times\Delta Y+\Delta I$となり，これを$\Delta Y$について解けば，

$$\Delta Y=\frac{1}{1-c}\times\Delta I=k\times\Delta I$$

という**投資の乗数公式**が得られる。

上式は，独立投資の変化がGDPに与える乗数効果を示すもので，GDPは独立投資の増加分ΔIに，**乗数**(multiplier)$k=1/(1-c)$を掛けた値だけ増加することを表す。この乗数kは$\Delta Y/\Delta I$を意味し，独立的な投資支出に変化があった場合，それによって生じたGDPの変動の大きさを，投資支出の変化分に対する倍率で示したもので，**投資乗数**といわれる。

なお，**乗数公式**は，第3節の「均衡GDPの決定式」$Y=[1/(1-c)](C_0+I)$から，直接求めることもできる。たとえば，独立投資Iが増加する場合には，均衡GDPの決定式は，GDPが独立投資の増加分ΔIの$1/(1-c)$倍だけ増加することを教えるが，これは上の乗数公式と同じものになる。

また，独立消費C_0が増加する場合には，均衡GDPの決定式は，GDPは独立消費の増加分ΔC_0の$1/(1-c)$倍だけ増加することを教えるから，**消費の乗数公式**は，投資の場合と同じように，

$$\Delta Y=\frac{1}{1-c}\times\Delta C_0=k\times\Delta C_0$$

と表すことができる。この場合の**消費乗数**kは$\Delta Y/\Delta C_0$を意味し，独立消費

に変化があった場合，それによって生じたGDPの変動の大きさを，消費支出の変化分に対する倍率で表したものである。

6 乗数過程

　前節において，独立投資や独立消費などの支出(需要)の増加は，GDPを乗数倍だけ増加させることを学んだが，この節では，需要増加の効果がつぎつぎと生産・所得に波及していく過程(これを，**乗数過程**という)を，ステップごとに見ることにより，乗数効果の理解を深めることにする。

6-1　投資増加の波及効果

　表5-1は，独立投資 I が ΔI だけ増加する場合，その効果が生産・所得と需要につぎつぎと波及していく過程を，ステップごとに記したものである。

　当初，マクロ経済は均衡状態にあるとする。そのとき，将来に対する見通しが好転して，企業は投資支出を ΔI だけ増加させたとする。この投資需要の増加は投資財の生産を刺激して，投資財の生産は ΔI の大きさだけ増加する(ステップ1)。つぎに，投資財の生産に参加した人びとは，増加した所得(ΔI)のうち限界消費性向 c にあたる割合，つまり $c\Delta I$ を消費支出として使う。したがって，消費財に対する需要が新たに $\Delta C = c\Delta I$ だけ生み出され，その結果，消費財の生産が $c\Delta I$ だけ増加する(ステップ2)。

　さらに，消費財の生産に参加した人びとは，増加した所得($c\Delta I$)のうち限

表5-1　投資増加の乗数過程

ステップ	需要の増加	生産・所得の増加
1	ΔI	ΔI
2	$\Delta C = c\Delta I$	$c\Delta I$
3	$\Delta C = c^2\Delta I$	$c^2\Delta I$
4	$\Delta C = c^3\Delta I$	$c^3\Delta I$
⋮	⋮	⋮

図5-4 投資増加の乗数過程

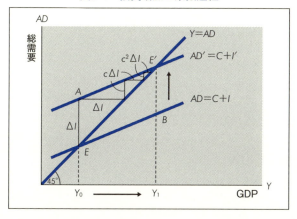

界消費性向cにあたる割合を，消費支出に使う。そのため，消費財に対する需要が$\Delta C = c^2 \Delta I$だけ生み出され，消費財の生産が新たに$c^2 \Delta I$だけ増加する（ステップ3）。このように，需要の増加→生産・所得の増加→需要の増加→…という「乗数過程」が，マクロ経済が新しい均衡点に到達するまで繰り返される。

図5-4は，以上で述べた乗数過程を，さきの図5-3に書き入れたものである。当初のマクロ経済の均衡はE点で，需要の増加は縦方向の矢印で，それに伴う生産・所得の増加は横方向への矢印で示されている。ステップ1の需要の増加(ΔI)と生産・所得の増加(ΔI)→ステップ2の需要の増加($c\Delta I$)と生産・所得の増加($c\Delta I$)→ステップ3の需要の増加($c^2\Delta I$)と生産・所得の増加($c^2\Delta I$)→…というように，「乗数過程」が新しい均衡点E'に到達するまで続く。

6-2　GDP増加分の算出

前項で説明した乗数過程が完了したとき，GDPは全体としてどれだけ増加するかを知るには，各ステップにおける生産・所得の増加分を合計すればよい。すなわち，GDPの増加の大きさΔYは，

$$\Delta Y = \Delta I + c\Delta I + c^2 \Delta I + c^3 \Delta I + \cdots$$
$$= (1 + c + c^2 + c^3 + \cdots)\Delta I$$

として求められる。上式の括弧内は，初項が1で公比がcの無限等比数列の和であるから，その総和は$1/(1-c)$になる（Column：無限等比数列の和を参照）。したがって，GDPの増加は，

$$\Delta Y = \frac{1}{1-c} \times \Delta I$$

と表すことができる。以上の「乗数公式」は，前節で示した投資の乗数公式と同じもので，GDPは投資の増加分ΔIを乗数$k=1/(1-c)$倍しただけ増加することを示す。このように，乗数効果を表す乗数公式は，乗数過程をたどることによっても求められる。

Column　無限等比数列の和（無限等比級数）*

初項がaで，公比がcの等比数列の第n項までの和S_nは，

$$S_n = a + ac + ac^2 + ac^3 + \cdots + ac^{n-1}$$
$$= \frac{a(1-c^n)}{1-c}$$

と表せる。ここで，$|c|<1$のとき，nの値が限りなく大きくなると（$n\to\infty$），$c^n \to 0$になる。したがって，初項がaで，公比がcの**無限等比数列の和（無限等比級数）**Sは，

$$S = a + ac + ac^2 + ac^3 + \cdots$$
$$= \frac{a}{1-c}$$

となる。たとえば，初項が10で，公比が0.6の無限等比数列の和は，

$$10 + 6 + 3.6 + 2.16 + \cdots = 10(1 + 0.6 + 0.6^2 + 0.6^3 + \cdots)$$
$$= 10 \times \frac{1}{1-0.6} = 10 \times 2.5 = 25$$

である。

7　乗数効果の大きさ

本節では，乗数効果の大きさはどのような要因によって決まるのかを検討し，その後，数値モデルを使い，乗数効果の大きさを算出してみる。

7-1 乗数効果の決定要因

これまでに説明した「乗数公式」は，GDPの変化分をΔY，独立的な支出（需要）の変化分をΔDで示すと，一般的な形で，

$$\Delta Y = k \times \Delta D$$

と表せる。ここで，**乗数**kは，GDPの変化分とその変化を引き起こした需要の変化分との比率$\Delta Y/\Delta D$を意味する。

上式より，GDPの変動の大きさΔYは，1つは乗数kの値に，もう1つは，独立的な支出(需要)の変化の大きさΔDに依存することがわかる。具体的にいうと，乗数kの値が大きいほど，また，独立的な支出(需要)の変化ΔDが大きいほど，GDPの変動ΔYは大きなものになる。

ところで，本章で扱った状況では，乗数の値は$k=1/(1-c)$であり，(1−限界消費性向c)の逆数に等しい。前章の第4節で示した「限界消費性向＋限界貯蓄性向＝1」の関係より，(1−限界消費性向)は限界貯蓄性向に等しいから，乗数の値は限界貯蓄性向の逆数ということもできる。ゆえに，乗数は，

$$乗数(k) = \frac{1}{1-限界消費性向} = \frac{1}{限界貯蓄性向}$$

と表せる。

この**乗数の決定式**から，限界消費性向cは1より小さいプラスの値であるため，限界貯蓄性向$(1-c)$も1より小さいプラスの値となり，乗数kの値は1よりも大きな数値になることがわかる$(k>1)$。

また，限界消費性向cの値が大きいほど，限界貯蓄性向$(1-c)$の値は小さくなり，乗数kの値は大きくなる。その結果，独立的な支出(需要)の変化にもとづくGDPの変動の倍率(つまり，乗数効果)は大きくなる。

7-2 乗数効果の算出：数値モデル

それでは，第3節の数値モデルを使って，乗数効果の大きさを具体的に算出してみる。

第1に，ケース1からケース3への移行を考える。この場合，消費支出は$C=60+0.5Y$で変わらず，投資支出Iが190から200へ増加する。つまり，独

立投資Iが10だけ増加する($\Delta I=10$)。そして，限界消費性向は0.5であるから，乗数の値は$k=1/(1-0.5)=1/0.5=2$になる。ゆえに，GDPは，乗数公式より，

$$\Delta Y = k \times \Delta I = 2 \times 10 = 20$$

と，20だけ増加する。

　さて，ケース1の状況において，投資支出Iが20だけ増加して，210になったとする($\Delta I=20$)。この場合，消費支出は$C=60+0.5Y$で変わらず，乗数の値は上の場合と同じく，$k=2$である。しかし，投資支出が20だけ増加したため，GDPの増加(ΔY)は，

$$\Delta Y = k \times \Delta I = 2 \times 20 = 40$$

になる。

　第2に，ケース4を取り上げる。この場合，投資支出Iは190で，ケース1と同じであるが，消費支出は$C=60+0.6Y$で，限界消費性向cが0.5から0.6に高まっている。したがって，乗数の値は$k=2$から$k=1/(1-0.6)=1/0.4=2.5$に上昇している。

　このとき，ケース1からケース3への移行と同じく，独立投資Iが190から200へ，10だけ増加したとすれば($\Delta I=10$)，GDPは，

$$\Delta Y = k \times \Delta I = 2.5 \times 10 = 25$$

と，25だけ増加する。

　以上の数値モデルの結果から，独立的な支出(需要)の変化が大きいほど，また，限界消費性向が高くて乗数の値が大きいほど，GDPは大きく変動することが確認できる。

8 倹約のパラドックス

　この節では，乗数効果の応用例として，「倹約のパラドックス」と呼ばれる現象を取り上げる。これまでに，独立的な支出(需要)に変化が生じると，その乗数倍に及ぶGDPの変動が引き起こされることを学んだ。このことは，もし経済全体の家計が貯蓄意欲を高めると(言い換えれば，家計が消費

意欲を低下させると），GDPの水準は減少して，景気の状態は悪化してしまうことを示唆する。

いま，図5-5において，マクロ経済の均衡は，総需要線$AD = C + I$が45度線と交差するE点で成立し，均衡GDPはY_0の水準とする。このとき，多くの家計が倹約度を高めて（つまり，消費意欲を抑えて），貯蓄にいっそう励むとすれば，総需要線は$AD' = C' + I$線へと，消費支出の減少分$(\Delta C = C' - C)$だけ下方にシフトする。そのため，当初の均衡GDPの水準Y_0では，総需要が総供給を線分EAだけ下回ることになる。

つまり，消費が抑制された分だけ，総需要不足の状態になるため，企業は生産活動を縮小させる。この生産活動の縮小は，総需要が総供給を下回り，$AD' = C' + I$線が45度線より低い位置にある限り続く。そして，$AD' = C' + I$線と45度線の交点E'に到達したとき，再び総需要と総供給は一致して，マクロ経済は新しい均衡を実現する。結局，家計の貯蓄増加によって，均衡GDPはY_0からY_1の水準にまで低下する。同時に，消費支出は当初の消費減少分（貯蓄増加分）EAに，生産・所得の低下に誘発された消費減少分AFを加えた大きさEFだけ減少する。

このように，個人レベルにおいては，倹約に励んで貯蓄を増やす行動は善行とみなせるが，経済全体のレベルからすると，GDPの水準を減少させ，また，所得の低下により結局は貯蓄も減少することになるので，好ましい行

図5-5 倹約のパラドックス

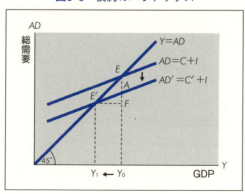

動とはいえない。とくに，不況期には，家計の貯蓄励行（消費抑制）は景気をいっそう悪化させたり，景気の回復を妨げることになる。このような現象を**倹約のパラドックス**という。

9 有効需要の原理と乗数の理論について

最後に，本章で説明した「有効需要の原理」と「乗数の理論」について，留意すべき重要な点をいくつか述べておく。

1. 物価水準は一定で変化しない，としている点を忘れてはならない。物価が一定の場合には，需要の変化は生産・所得の実質値の変化に直結するから，本章で説明したような均衡GDPの決定メカニズムや乗数効果は妥当性をもつ。しかし，物価が変動する経済では，需要の変化は一部，物価の変動という形で吸収されるので，生産・所得の実質値に与える影響は，本章の理論が教えるよりも小さなものとなる。
2. 独立的な支出（需要）は，それが消費であれ投資であれ，GDPの水準や変動に対して同じような効果をもつ，と考えている。この点は，そもそも「有効需要の原理」が短期の経済状況を対象としていることからして，妥当なものといえる。けれども，より長期の観点に立つと，その期で使い切ってしまう消費財が増えるのか，それとも，将来の生産に利用される投資財が増えるのかによって，マクロ経済の将来の生産力は違ったものになってくる。
3. 需要の規模に応じて，供給（生産・所得）が円滑に調整されることを前提にしている。しかし，生産調整には，企業の在庫調整や生産設備の建設・破棄などが必要であるから，短期間に速やかに実施するのは難しい。
4. 乗数の理論においては，暗に，乗数過程が最初から最後のステップまで，いわば無時間的に速やかに完了することを想定している。しかし，現実には，需要→生産・所得→需要→…の過程が進行するには時間を要するため，乗数過程は短期間には完了しない。そのため，実際の乗数値は，理論値よりも小さくなる。

キーワード

有効需要の原理　45度線図(ケインジアンの交差図)　生産物市場の均衡条件　均衡GDP　デフレ・ギャップ　GDP(需給)ギャップ　インフレ・ギャップ　乗数(効果)　乗数公式　乗数過程　倹約のパラドックス

練習問題

1. GDP(国内総生産)の水準は，総需要＝総供給となるところで決まることを明らかにしなさい。
2. 均衡GDPの決定を，貯蓄と投資の関係から説明しなさい。なお，ここで貯蓄とは，GDPから消費支出を差し引いた値である。
3. マクロ経済の消費支出と投資支出は，$C = 20 + 0.8Y$，$I = 80$ と表されるものとして，以下の問いに答えなさい(単位は兆円)。
   (1) 均衡GDPはいくらか。このとき，消費支出はいくらになるか。
   (2) 完全雇用GDPの水準が550兆円であるとすれば，デフレ・ギャップはいくらか。
   (3) 投資が90兆円に増加すると，均衡GDPはいくらになるか。
   (4) 以上の(1)～(3)の状況を図に描きなさい。
4. 限界消費性向が1より大きいとすれば，均衡GDPの存在と安定性にどのような問題が生じるかを考察しなさい。
5. 当初，マクロ経済の消費支出と投資支出は，$C = 100 + 0.5Y$，$I = 130$ と表されるものとして，以下の問いに答えなさい(単位は兆円)。
   (1) 当初の均衡GDPはいくらか。また，この経済の乗数はいくらか。
   (2) 投資支出が20兆円だけ増加したとする。この場合の「乗数過程」を，表5-1と図5-4にならって示しなさい。また，GDPの増加の大きさ，および新しい均衡GDPの水準はいくらになるか。
6. 投資支出も消費支出と同じく，GDPの上昇につれて増加する場合には，乗数はどのような形で表すことができるかを示しなさい。ただし，消費関数は $C = C_0 + cY$，投資関数は $I = I_0 + eY$ とする。

第6章　政府財政

> ここまでは，政府の経済活動は除外して，総需要の決定要因やGDPの決定・変動について考察した。ただし，実際には，政府の活動もマクロ経済において重要な役割を果たしている。
>
> そこで，本章では，政府(国，地方)の経済活動に注目して，まず，政府の経済的役割と財政について説明する。その後，前章の民間経済を対象とした「GDP決定の理論」を，政府を含めた形に拡張して，政府の経済活動がマクロ経済に及ぼす影響を検討する。さらに，財政政策によるマクロ経済の安定化，財政赤字と公債発行などの問題を考察する。

1　政府の役割と財政

政府は，表6-1にあるように，租税や公債発行などによって民間から資金を調達し，それを財源にさまざまな政府サービスを提供している。したがって，政府は支出と収入に関わる活動(これを，財政という)を通じて，種々の経済的な役割を果たしている，とみることができる。そこで，本節では，まず，政府のマクロ経済的な役割について述べ，つぎに，財政支出と財政収入を概観する。

1-1　政府のマクロ経済的な役割

市場経済体制のもとでは，経済問題の対処は，基本的には，各経済主体の自由な活動と市場の価格調整機能(市場メカニズム)の働きに委ねられている。けれども，完全雇用，物価の安定，適度な経済成長などマクロ経済の主要な課題が，市場経済において自動的に解決されるわけではない。そのため，政府にはこれらの問題に対処することが期待されている。

表6-1 国の一般会計予算(2014年度)

(A)一般会計の歳出		(B)一般会計の歳入	
基礎的財政収支対象収支 75.7 %		租税及び印紙収入	52.1 %
社会保障	31.8	所得税	15.4
地方交付税交付金等	16.8	法人税	10.4
公共事業	6.2	消費税	16.0
文教及び科学振興	5.7	その他	10.3
防衛	5.1	公債金	43.0
その他	10.1	特例公債	36.8
国債費	24.3	建設公債	6.3
債務償還費	13.7	その他収入	4.8
利払費等	10.6		
合計(95.9兆円)	100.0	合計(95.9兆円)	100.0

出所:財務省「平成26年度一般会計予算(平成26年3月20日成立)の概要」。

　政府のマクロ経済面の役割としては，第1に，**経済の安定化**があげられる。市場経済の働きのみに任せておくと，景気低迷が長引いたり，不況が深刻化して大量の失業が発生したりする。これは経済資源の浪費だけではなく，分配の不公正も助長する。ときには，社会的・政治的に不安定な状態にまで至る。そのため，政府には，財政政策や金融政策を駆使して，景気を安定させて，完全雇用の実現をはかることが期待されている。

　また，インフレーションやデフレーションによって，資源配分面や所得分配面で弊害が生じることが危惧される。これを回避するため，物価を安定させることも政府の重要な役割である。さらに，為替レートや国際収支の動向によって，景気の安定が損なわれないようにすることも，政府に求められている。本書が主に対象としているのは，この経済安定化の問題である。

　第2に，**適度な経済成長**の実現も政府の役割にあげられる。市場経済によって決定される経済成長が，社会的に最適なものであるとの保証はどこにもない。政府には，現時点の景気対策だけではなく，長期的な視野に立って，資源配分面や所得分配面への影響を考慮に入れたうえで，望ましい経済成長の姿を示し，それを実現することが期待されている。実際，政府はこれ

までに，たびたび長期経済計画や構造改革，成長戦略を実施してきた。

1-2 財政支出

政府の**財政支出**は，マクロ経済における機能面から，「政府支出」，「移転支出」，「財政投融資」の3つに分類することができる。

財政支出 ─┬─ (1) 政府支出　…　政府最終消費支出，公的資本形成
　　　　　 ├─ (2) 移転支出　…　社会保障移転，補助金
　　　　　 └─ (3) 財政投融資

第1に，**政府支出**とは，GDP統計に計上される「政府最終消費支出」と「公的資本形成」からなる。**政府最終消費支出**は，政府の消費的性格をもつ支出を意味し，生産物(財・サービス)の経常的な購入を表す。**公的資本形成**は，公的な固定資本形成と在庫品増加からなり，政府の投資的性格をもつ支出である。これは，主に**公共投資**といわれるもので，道路，土木，住宅，交通，通信，港湾，空港，上下水道，学校など，社会資本や生活環境を充実・改善するための支出である。政府支出は，財・サービスの購入を通じて，直接，所得・生産を生み出すので，GDP(GDE)の構成要素として計上される。

第2に，**移転支出**とは，所得移転の役割を果たす財政支出のことである。このうち**社会保障移転**は，医療保険給付，年金保険給付，雇用保険給付，生活保護，社会福祉など，政府から家計への社会保障関係の支出をさす。また**補助金**は，主に産業の振興や製品の市場価格を安定させる目的で，政府から産業に給付される支出である。移転支出は，生産活動の裏付けはなく，単に購買力を移転させるだけであるから，GDPには計上されない。

第3に，**財政投融資**とは，財政投融資特別会計が発行する国債や財政投融資機関が発行する財投機関債を，主な資金調達手段とした政府の投融資活動である。公社，公団などの事業機関に直接融資するほか，政府系金融機関を通じて，家計，企業に融資する。財政投融資それ自体は，財・サービスへの直接的な支出ではないから，GDPには計上されない。

表6-2には，財政支出の各項目のGDEに対する割合が示してある。ここ

表6-2 財政支出の対GDE比率

単位：%

年度	政府支出		移転支出		政府総支出	財政投融資
	最終消費支出	公的資本形成	社会保障移転	補助金		
1980	14.1	9.3	10.3	1.4	35.2	7.3
1985	13.9	6.8	11.1	1.2	33.0	6.3
1990	13.3	6.5	10.7	0.8	31.3	6.1
1995	15.2	8.9	13.0	0.8	37.9	8.0
2000	17.1	7.0	15.5	0.8	40.5	7.3
2005	18.3	4.8	17.6	0.6	41.3	3.4
2010	19.9	4.4	21.7	0.6	46.7	3.9
2012	20.6	4.4	22.9	0.6	48.5	4.0

出所：内閣府『国民経済計算年報』，財務省「財政投融資計画額の推移」。

で，第5欄の「政府総支出」とは，政府支出と移転支出を加えたものである。

1-3 財政収入

つぎに，政府の**財政収入**について考える。政府活動の資金調達源は多岐にわたり，租税，社会保障負担（社会保険料），公債，印紙収入，財産所得，手数料，罰金，財政投融資の原資などがある。

なかでも，**租税**（政府が民間から直接の反対給付なしに徴収する財政収入）が，政府の最も重要な資金調達手段である。租税は徴収する主体によって，**国税**（国，中央政府の税）と**地方税**（地方，都道府県・市町村の税）に区別される。国税には，所得税，法人税，消費税，酒税，関税，相続税などが，地方税には，住民税，事業税，固定資産税，不動産取得税などがある。わが国の「租税負担率」（国税と地方税の合計が国民所得に占める割合）は，最近では22～23％の水準である。

また，租税はその転嫁の有無によって，「直接税」と「間接税」に分けられる。**直接税**とは，課税対象の主体がその税を負担するとみなされる税で，所得税，法人税，相続税，住民税，固定資産税などがこれにあたる。**間接税**とは，課税対象の主体がその税を他の主体に転嫁するとみなされる税で，直

接税以外の税がこれに該当する。日本の場合，直接税の比重が高く，国税に占める直接税の割合は２／３程度で，直接税偏重の税体系になっている。

つぎに，**社会保障負担**(社会保険料)は，政府が民間から徴収するという意味で，租税と性質は似ているが，これには反対給付が伴う。社会保障負担は，具体的には，国民健康保険，国民年金保険，厚生年金保険，共済組合，雇用・労災保険など，社会保険の雇主，雇用者の負担からなる。

さらに，政府は，財政収入が不足するときには，**公債**を発行して財源を調達する。公債は，中央政府の発行する**国債**と地方公共団体の発行する**地方債**とに区分される。それに，財政投融資計画にもとづいて発行される「財政投融資特別国債(財投債)」も国債に含まれる。なお，公債発行の問題については，第６節で取り上げるが，現在，政府の長期債務残高は1000兆円を超え，GDPに対する比率は，200％以上の水準にまで高まっている。

2 財政活動を含めた均衡GDPの決定

それでは，前章の家計と企業からなる民間経済のGDP決定モデルに，政府の活動を組み入れて，政府の財政活動が，マクロ経済の活動規模(GDP)にいかなる影響を及ぼすかを検討する。なお，ここでも，「有効需要の原理」にしたがい，物価水準は完全雇用が達成されるまでは一定で変わらないものとする。

2-1　民間と政府の総需要

前節で見たように，政府の財政支出のうち，政府最終消費支出と公的資本形成の合計である「政府支出」が，生産物(財・サービス)に対する需要を形成する。したがって，民間(家計，企業)と政府を含めた経済においては，家計・企業の消費支出と投資支出のほかに，政府支出が総需要の構成要素として新たに加わることになる。

したがって，生産物(財・サービス)に対する**総需要**ADは，消費支出C，投資支出I，政府支出Gの合計からなり，

$$AD = C + I + G$$

と定義される。ここで，投資支出Iは，前章と同じく，GDPや利子率には依存しない独立投資で，一定値とする。また，政府支出Gも政府が決める政策変数であり，GDPとは独立した一定値とする。

さらに，家計は政府によって租税が課されるので，所得そのものというよりも，所得Yから租税Tを差し引いた**可処分所得**$(Y-T)$をもとにして，消費や貯蓄の決定を行う，と考えられる。この場合，消費支出Cは可処分所得$Y-T$に依存することになるので，1次式で表した「ケインズ型消費関数」は，

$$C = C_0 + c(Y - T) \qquad C_0 > 0, \ 0 < c < 1$$

という形に書き換えられる。家計の消費支出は，租税がない場合よりもcTだけ少なく，租税の存在は消費支出を抑制することになる。なお，租税TはGDPの水準とは独立な一定値(たとえば，定額税)とする。

以上から，総需要の定義式$AD = C + I + G$の右辺に，ケインズ型消費関数$C = C_0 + c(Y - T)$を代入すれば，総需要ADは，

$$AD = C_0 + c(Y - T) + I + G$$

と表すことができる。そして，この関係式を図示したものが**図6-1**の右上がりの直線$AD = C + I + G$である。

なお，総需要線の切片は$C_0 - cT + I + G$で，傾きは限界消費性向cに等しい。つまり，総需要線$AD = C + I + G$は，ケインズ型消費関数$C = C_0 + c(Y - T)$を，投資支出と政府支出の和$I + G$だけ上方へ平行シフトさせたものである。

2-2 均衡GDPの決定

前章で説明したように，生産物(財・サービス)の総供給ASとは，国内総生産GDP(Y)である。そして，総供給が総需要に等しくなるように調整される結果，マクロ経済は均衡状態となり，そこで均衡GDPの水準が決まる。図6-1の状況では，総需要線$AD = C + I + G$が45度線と交差するE点において，総需要と総供給は等しくなり，**均衡GDP**はY_Eの水準に決定されることになる。

図6-1　財政活動を含めた均衡GDPの決定

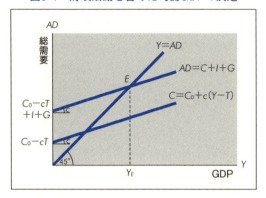

では，均衡GDPの水準を，本節のモデルを使って具体的に求めてみる。均衡GDPの水準は，総供給Yと総需要ADの均等関係を示す**生産物市場の均衡条件**，

$$Y = AD = C + I + G$$

が成り立つところで決まる。そこで，この生産物市場の均衡条件の右辺に，前項で求めた総需要$AD = C_0 + c(Y - T) + I + G$を代入すれば，

$$Y = C_0 + c(Y - T) + I + G$$

という関係が得られる。これをYについて解くと，均衡GDPの水準は，

$$Y = \frac{1}{1-c} \times (C_0 - cT + I + G)$$

となる。

以上の**均衡GDPの決定式**より，独立的な消費支出C_0，投資支出I，政府支出Gが大きいほど，また，租税Tが小さいほど，あるいは，限界消費性向cが大きいほど，均衡GDPの水準は高くなることがわかる。

2-3　均衡GDPの算出：数値モデル

つぎに，数値モデルを使い，以下のケース１～３について，均衡GDPを算出してみる。

ケース１：家計，企業，政府からなるマクロ経済において，当初，消費支

出は $C=40+0.6(Y-T)$ と表され、また、投資支出は $I=130$、政府支出は $G=80$、租税は $T=50$ であるとする。この場合、生産物市場の均衡条件 $Y=AD=C+I+G$ は、

$$Y=40+0.6(Y-50)+130+80$$

と示せる。それゆえ、上式を Y について解けば、均衡GDPの水準は $Y=550$ である。

ケース2：当初の状態において、政府支出は80ではなく90とすれば、生産物市場の均衡条件は、

$$Y=40+0.6(Y-50)+130+90$$

となる。これを Y について解くと、均衡GDPの水準は $Y=575$ になる。

ケース3：当初の状態において、租税は50ではなく40とすれば、生産物市場の均衡条件は、

$$Y=40+0.6(Y-40)+130+80$$

になる。これを Y について解けば、均衡GDPの水準は $Y=565$ になる。

以上の数値モデルの結果から、政府支出が大きいほど、また、租税は小さいほど、均衡GDPの水準は高くなることがわかる。

3 財政乗数

前節において、政府の財政活動がGDPの水準に影響を与えることを見たので、本節では、前節のモデルにもとづき、政府の財政支出や財政収入に変化があった場合、GDPの水準はどのように変動するのかを検討する。言い換えると、**財政政策**（財政支出や財政収入の財政活動を利用して行われる政府の経済政策）の乗数効果を明らかにする。

3-1 政府支出乗数

まず、政府支出が増加する場合を取り上げる。図6-2の状況において、当初のマクロ経済の均衡は、総需要線 $AD=C+I+G$ が45度線と交差する E 点で成立し、均衡GDPは Y_0 の水準であるとする。このとき、政府支出 G が

図6-2 財政拡張の効果

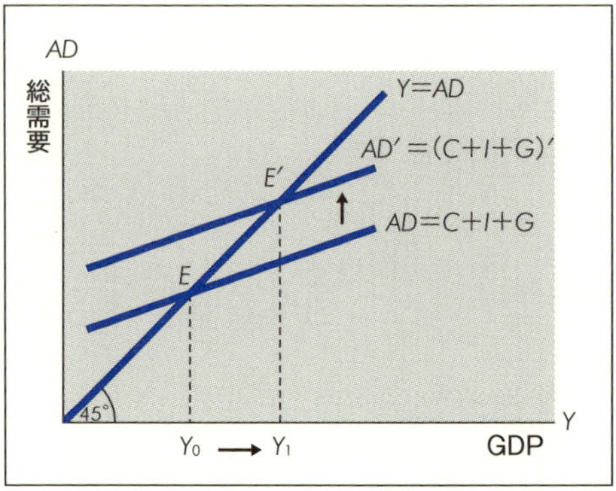

ΔGだけ増加すると，総需要はその分だけ増加する。したがって，総需要線ADはΔGだけ上方にシフトして，$AD' = (C + I + G)'$線に移動する。その結果，新しいマクロ経済の均衡は，AD'線と45度線との交点E'で成立し，均衡GDPは$\Delta Y (= Y_1 - Y_0)$だけ増加して，Y_1の水準にまで上昇する。

以上のように，政府支出の増加は均衡GDPの増加をもたらすが，この関係を乗数公式で表してみる。前節で導いた「均衡GDPの決定式」から，政府支出GがΔGだけ増加すると，均衡GDPの水準は，その$1/(1-c)$倍だけ増加することがわかる。したがって，独立的な政府支出Gの変化分ΔGと，それに付随して生じるGDPの変化分ΔYとの間には，

$$\Delta Y = \frac{1}{1-c} \times \Delta G$$

という関係が成り立つ。この**政府支出の乗数公式**は，政府支出の変化がGDPに与える影響を示すもので，GDPは，政府支出の変化分ΔGに乗数$1/(1-c)$を掛けた値だけ変動することを表す。ここで，乗数は(1−限界消費性向)の逆数に等しく，とくに**政府支出乗数**といわれる。

たとえば，前節の数値モデル（ケース1）のように，限界消費性向cが0.6であれば，政府支出乗数の値は，$1/(1-0.6) = 1/0.4 = 2.5$になる。この場合，ケース1からケース2へ移行して，政府支出が10兆円増加すると，GDPは25兆円だけ増加することになる。

3-2 租税乗数

つぎに，租税の変化は，GDPの水準にいかなる影響を与えるのかを考える。いま，政府が減税を実施して，租税TをΔTだけ減少させたとする。このとき，可処分所得$Y-T$は減税分ΔTだけ増加するので，家計は消費支出Cを，可処分所得の増加分に限界消費性向cを掛けた値$c\Delta T$だけ増加させる。その結果，総需要$AD(=C+I+G)$は$c\Delta T$だけ増加するので，図6-2の状況では，総需要線が$c\Delta T$だけ上方にシフトして，AD線から$AD'=(C+I+G)'$線に移動する。これに伴い，マクロ経済の均衡はE点からE'点に移り，均衡GDPは$\Delta Y(=Y_1-Y_0)$だけ増加する。

このように，減税は均衡GDPを増加させるが，前節の「均衡GDPの決定式」を見ると，租税TがΔTだけ減少するときには，その$c/(1-c)$倍だけGDPは増加することがわかる。したがって，独立的な租税の変化分ΔT(詳しくいうと，減税のときにはマイナス，増税のときにはプラス)とGDPの変化分ΔYとの間には，

$$\Delta Y = \frac{c}{1-c} \times (-\Delta T)$$

という関係が成り立つ。

以上の**租税の乗数公式**は，租税の変化がGDPに与える影響を示すもので，減税が実施されるときには，減税の規模ΔTに乗数$c/(1-c)$を掛けた値だけ，GDPは増加することを表す。逆に，増税が実施されると，GDPは増税の規模ΔTに乗数$c/(1-c)$を掛けた値だけ減少することになる。

この場合の乗数は，限界消費性向／(1－限界消費性向)に等しく，**租税乗数**と呼ばれる。限界消費性向cの値が大きいほど，分子は大きく分母は小さくなるので，租税乗数の値は大きくなる。

たとえば，前節の数値モデル(ケース1)のように，限界消費性向cが0.6であれば，租税乗数の値は，$0.6/(1-0.6)=0.6/0.4=1.5$になる。このとき，ケース1からケース3へ移行して，10兆円の租税の減少(減税)が実施されると，15兆円のGDPの増加が生じることになる。

3-3 政府支出乗数と租税乗数の比較

さて，限界消費性向 c の値は 1 より小さいので，政府支出乗数と租税乗数の間には，$1/(1-c) > c/(1-c)$ という関係が成立する。すなわち，政府支出乗数のほうが租税乗数よりも大きく，政府支出増加と減税が同額であれば，政府支出増加による景気拡大効果のほうが，減税による景気拡大効果よりも大きくなる。

なぜなら，政府支出を 1 兆円増加させた場合，乗数過程の第 1 ステップで，総需要は政府支出の増加額と同じ 1 兆円だけ増加して，これをベースに，GDP（生産・所得）の増加→総需要の増加→…という「乗数過程」が進んでいく。それに対し，1 兆円の減税の場合には，可処分所得が減税分の 1 兆円だけ高まるだけで，乗数過程の第 1 ステップでは，総需要は 1 兆円に限界消費性向を掛けた $c(<1)$ 兆円だけ増加するにすぎない。その後の乗数過程は，政府支出増加の場合と同じように進行していくが，出発点の総需要増加額が小さいので，減税のほうが GDP に与える効果が小さくなる。

3-4 均衡予算乗数

いま，財政収支の均衡を維持するように，同一規模の政府支出増加と増税が実施されたとする（つまり，$\Delta G = \Delta T$）。このとき，GDP は，政府支出の増加により $[1/(1-c)] \times \Delta G$ だけ増加するが，反面，増税によって $[c/(1-c)] \times \Delta T$ だけ減少する。ゆえに，GDP の変化は 2 つの乗数効果を加えることにより，

$$\Delta Y = \frac{1}{1-c} \times \Delta G - \frac{c}{1-c} \times \Delta T = \left(\frac{1}{1-c} - \frac{c}{1-c}\right) \times \Delta G$$
$$= \Delta G \, (= \Delta T)$$

となる。これより，

$$\frac{\Delta Y}{\Delta G} = \frac{\Delta Y}{\Delta T} = 1$$

という関係が得られる。

以上の「乗数公式」は，**均衡予算乗数**（GDP の変化分と財政収支の均衡を維持させる政府支出・租税収入の変化分との比率）の値は 1 であることを示

す。すなわち，財政収支の均衡を維持するように，政府支出の増加と増税を同じ規模で行った場合，政府支出乗数のほうが租税乗数よりも大きいため，全体の乗数値は1になり，財政予算の変化分だけGDPは増加することになる。このように，財政予算の均衡が維持されても，財政はマクロ経済に対して中立的ではなく，GDPの水準に影響を及ぼすのである。

> **Column　移転支出がGDPに与える影響**
>
> 　政府の「移転支出」が，GDPの水準に与える影響を考えてみる。第1節で述べたように，社会保障支出や生活保護費など，政府から民間へ支払われる移転支出は，直接，財・サービスの購入を伴わないため，総需要の構成要素とはみなされない。
>
> 　ただし，移転支出は受け取る側からすると，所得の一部であるから，
>
> 　　可処分所得＝所得−租税＋移転支出＝所得−（租税−移転支出）
>
> という関係が成り立つ。つまり，移転支出は実質的に「負の租税」であり，移転支出の増加は減税と，移転支出の減少は増税と同じことを意味する。
>
> 　したがって，政府が移転支出Rを増加させた場合には，移転支出の増加分ΔRに租税乗数$c/(1-c)$を掛けた値だけ，GDPは増加する。逆に，移転支出を減少させたときには，GDPは移転支出の減少分ΔRに租税乗数$c/(1-c)$を掛けた値だけ減少する。ゆえに，**移転支出の乗数公式**は，租税の乗数公式にならって，
>
> $$\Delta Y = \frac{c}{1-c} \times \Delta R$$
>
> と表すことができる。

4　財政の自動安定装置

　以上の考察により，政府の財政活動は，財・サービスの総需要への影響をとおして，GDPの水準に影響を及ぼすことが明らかになった。このことは，

政府は財政支出や財政収入を利用した「財政政策」によって，総需要を適切にコントロールすれば，経済活動の規模を調整して完全雇用の水準を実現し，物価を安定させることが可能になることを示唆する。

実際，財政政策は，第8章で扱う金融政策とならび，マクロ経済を安定化させるための主要な政策手段である。財政政策は一般に，「自動安定装置」と「裁量的財政政策」の2つに大別されるが，本節では，まず，自動安定装置について説明する。

4-1 自動安定装置

財政制度は，政府活動の財源調達，健康で文化的な最低生活の保障，所得の再分配など多くの機能を果たしている。また，財政制度には，「経済の安定化」という観点から見ると，ことさら財政支出や財政収入の変更を行わなくても，経済活動の変動を自動的に緩和させる機能が組み込まれている。これを**自動安定装置**(automatic stabilizer)あるいは**ビルト・イン・スタビライザー**(built-in-stabilizer)という。

まず，財政支出面では，移転支出が自動安定装置としての役割を果たす。景気が悪化して失業が増大する状況においては，失業保険給付や生活保護費などの社会保障移転，企業への補助金が増加する。そのため，財・サービスの総需要が刺激されて，景気の落ち込みを下支えする。反対に，景気が良好な状況においては，移転支出は少なくなるので，それによって総需要の増加は抑えられ，景気の行き過ぎが避けられる。

つぎに，財政収入面では，租税制度が自動安定装置として機能する。好況で所得が上昇する局面においては，所得税や法人税はより多く徴収される。そのため，消費支出や投資支出の増加に対する歯止めがかかる。逆に，不況で所得が停滞する局面では，所得税や法人税の徴収額は少なくなるので，消費支出や投資支出の減少が食い止められる。このように，租税制度は総需要の変動を和らげ，景気の落ち込みや過熱を防ぐ役割をもつ。

4-2 租税が所得水準に依存するケース

これまでの均衡GDP決定のモデルでは，租税はGDPの水準とは独立な一

定値としてきた。しかし，ここでは，租税制度の存在が，マクロ経済の活動を安定化させる働きをすることを示すため，より現実的に，租税は所得の水準が高まるにつれて増加すると考える。

具体的に，租税TとGDP(Y)との関係は，

$$T = T_0 + tY \qquad T_0 > 0, \quad 0 < t < 1$$

という1次式の**租税関数**によって表されるものとする。ここで，右辺の第1項T_0は，GDPの水準とは独立な租税額(一定値)を示す。また，第2項tYは，GDPの水準に依存する租税額を表し，GDP(Y)が増加すると，tの割合だけ租税として余計に徴収されることを意味する。なお，tの値は**限界税率**($\Delta T/\Delta Y$)といわれる。

上の租税関数を，ケインズ型消費関数$C = C_0 + c(Y - T)$に代入すると，$C = C_0 + c(Y - T_0 - tY)$になるので，生産物市場の均衡条件$Y = AD = C + I + G$は，

$$Y = C_0 + c(Y - T_0 - tY) + I + G$$

と表せる。そして，これをYについて解けば，均衡GDPの水準は，

$$Y = \frac{1}{1 - c(1 - t)} \times (C_0 - cT_0 + I + G)$$

になる。

以上の**均衡GDPの決定式**より，独立消費C_0，独立投資I，あるいは政府支出Gが変化した場合の乗数は$1/[1 - c(1 - t)]$で，租税が一定値である場合の乗数$1/(1 - c)$よりも小さいことがわかる。また，定額税T_0の減税や増税があった場合の租税乗数は$c/[1 - c(1 - t)]$であり，租税が一定値であった場合の租税乗数$c/(1 - c)$よりもやはり小さい。

すなわち，租税が所得の上昇につれて増加する状況では，限界消費性向は実質的に$c(1 - t)$で，限界税率tの影響により低くなるので，乗数の値は小さくなる。このため，景気の良好な局面では，GDPの増加を抑える働きをして景気の過熱を防ぎ，反対に，景気が低迷している局面では，GDPの減少を緩和して景気の悪化を抑制する役割を果たすことになる。

5 裁量的な財政政策

前節で述べたように，財政制度それ自体の中に自動安定機能があるが，財政の自動安定装置のみで，マクロ経済にとって好ましくない変動がすべて除去されるわけではない。そこで，政府には，みずからの判断で財政支出や財政収入をコントロールして，完全雇用の実現や物価の安定という経済安定化の政策目標を達成することが期待される。

この種の財政政策は，**裁量的財政政策**(discretionary fiscal policy)といわれる。政府がどのように裁量的財政政策を実施したらよいかのシナリオは，前章で学んだデフレ・ギャップとインフレ・ギャップの考え方を応用すれば，容易に描くことができる。

5-1 総需要拡大政策

いま，図6-3において，民間の消費支出や投資支出が停滞しており，総需要線は，$AD_0 = (C+I+G)_0$ によって表されるものとする。この場合，マクロ経済の均衡は，AD_0線が45度線と交差するE_0点で成立し，均衡GDPの水準はY_0である。ゆえに，実際の均衡GDPの水準Y_0と完全雇用GDPの水準Y_Fとの間には，$Y_0 - Y_F$のマイナスの「GDPギャップ」が存在する。

図6-3 裁量的財政政策の効果

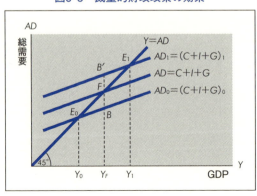

これを完全雇用GDPの水準で見れば，総需要はB点の高さ，総供給はF点の高さで示されるから，総需要が総供給よりも小さく，線分FBの**デフレ・ギャップ**が発生している。このデフレ・ギャップが大きいほど，需要不足による不況の度合いは深刻で，失業が多く存在する。

このような不況の状態においては，政府には，デフレ・ギャップを解消するため，政府支出の増加や減税などの**総需要拡大政策**を実施することが要請される。財政政策によって総需要が増加すれば，その乗数倍だけGDPは上昇し，雇用の創出も期待できる。図6-3の状況では，総需要拡大政策により，総需要をデフレ・ギャップFBの大きさだけ増加させて，総需要線AD_0を$AD=C+I+G$線の位置まで上方へシフトさせることに成功すれば，新しいマクロ経済の均衡はF点に移る。その結果，均衡GDPの水準は完全雇用GDPの水準Y_Fと一致して，完全雇用が実現する。

5-2 総需要縮小政策

前項の状況とは逆に，民間の消費支出や投資支出がきわめて活発で，図6-3の総需要線は，$AD_1=(C+I+G)_1$によって表されるものとする。この場合，マクロ経済の均衡はAD_1線が45度線と交差するE_1点で成立し，均衡GDPの水準はY_1になる。実際の均衡GDPの水準Y_1と完全雇用GDPの水準Y_Fとの間には，Y_1-Y_Fのプラスの「GDPギャップ」が存在する。

これを完全雇用GDPの水準で見れば，総需要はB'点の高さ，総供給はF点の高さで示されるから，総需要が総供給よりも大きく，線分$B'F$の**インフレ・ギャップ**が見られる。このインフレ・ギャップが原因で，ディマンドプル型のインフレーションが発生して，実際の均衡GDPの水準が完全雇用GDPの水準を上回ることになったのである。

それゆえ，政府には，インフレ・ギャップを解消するため，政府支出の抑制や増税などの**総需要縮小政策**を実施することが要請される。図6-3の状況では，総需要縮小政策により，総需要をインフレ・ギャップ$B'F$の大きさだけ減少させて，総需要線AD_1を$AD=C+I+G$線の位置まで下方へシフトさせれば，マクロ経済の均衡はF点に移る。その結果，完全雇用GDPの水準Y_Fにおいて，総需要＝総供給の関係が成り立ち，インフレ圧力のない完全

雇用が実現する。

このように，需要サイドの要因がもとで，不況やインフレーションが起こる状況に対しては，裁量的財政政策を適切に実施することにより，完全雇用や物価の安定を実現して，経済を安定化させることができる。

5-3 財政予算の影響

財政当局は，限りある財政予算をさまざまな用途に運用している。このため，各種の財政政策は，財政予算の面から運用上の制約を受けることになる。完全雇用の実現や物価の安定など，経済安定化をめざす「裁量的財政政策」についても，経済理論の教えるとおりには実施されないかもしれない。

たとえば，深刻な不況のもとでは，GDPの水準が低迷して，政府の租税収入は少なくなる。この場合，財政当局は財源の不足に直面し，財政政策を十分な規模で実施することは困難になる。そのため，不況は長期化するかもしれない。反対に，好況期には経済活動が盛んで，租税収入は自然と増加する。潤沢な税収を背景に，積極的な財政政策が実施されるとなれば，景気の過熱を招くことになりかねない。

6 財政赤字と公債発行

日本の財政状況を見ると，1970年代以降，経常的な財政支出が財政収入を上回って財政赤字が発生し，財源の不足を公債の発行によって調達することが常態化している。そこで，本節では，財政赤字と公債発行の状況を概観した後，政府の債務残高累増がマクロ経済に与える影響を考えてみる。

6-1 公債発行の状況

まず，図6-4を参照しながら，わが国の財政赤字と公債発行の状況を概観しておく。1973年の石油ショック以降，国の経常的な財政支出は財政収入を超過するようになり，財政赤字を補塡するため国債が大量に発行されるようになった。そのため，**国債依存度**(ある年度の一般会計歳出規模に占める

図6-4　国債依存度と公債残高の対GDP比率

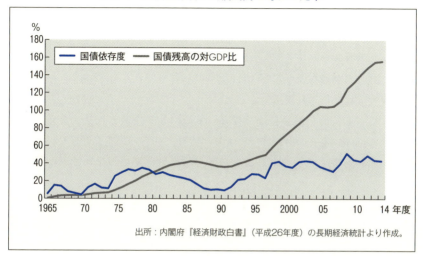

出所：内閣府『経済財政白書』（平成26年度）の長期経済統計より作成。

国債発行額の割合）が，1975年度に25.3%に急上昇して，70年代後半には30%を超えるに及んだ。

ただし，1980年代には，財政再建の努力や好景気による税収増加によって国債依存度は低下していき，1991年度には**赤字国債**（建設国債を発行しても歳入不足が見込まれる場合，特例国債法にもとづき，公共事業費等以外の歳出に充てる資金を調達する目的で発行する国債）の発行はゼロとなった。しかし，それ以降は，景気の長期停滞による税収の落ち込みや公共事業関係費の増加，さらに，高齢化の進行に伴う社会保障関係費の増加が顕著に見られ，財源不足を補填するため大量の国債が発行され続け，国債依存度は1990年代後半からは，おおむね30～50%の高水準になっている。

このように，国債が年々発行されてきた結果，国債残高は1970年代中頃から急速に増え続け，1975年度には15兆円（対GDP比率は9.8%）であったのが，1983年度には100兆円台になり，1994年度には200兆円を，2005年度には500兆円を超えるに及んだ。そして，2014年度には，780兆円の国債残高（対GDP比率は156.0%）が見込まれている。また，国と地方を合計した長期債務残高（国債残高を含む）は1000兆円を超え，長期債務残高の対GDP比率

は，200％を超える水準に高まっている。

6-2 財政赤字の問題点

　政府は，財源が不足して財政収支が赤字になる場合には，新規に公債を発行して財源の調達をはからなければならない。しかし，財政赤字が続いて，公債が大量に発行され累積することについては，いくつもの問題がある。

　第1に，大量の公債発行は，将来，多額の元本償還と利払いを必要とする。そのため，現在の財政赤字により，直接，何らの便益を受けない将来世代が，租税を多く払わなければならず，将来世代に負担をかけることになる。

　第2に，公債が大量に発行され，債務残高が累増すると，元本償還や利払いに充てられる「国債費」が増加する。そのため，予算編成の自由度が損なわれ，他の政策的な支出を圧迫することになる。ちなみに，表6-1からわかるように，2014年度の国債費は23.3兆円で，一般会計の歳出に占める割合は24.3％の高さである。これは社会保障費（31.8％）に次ぎ，2番目に大きな支出項目になっている。

　第3に，公債が大量に発行されるにつれて，市中消化が次第に難しくなる。すると，民間の資金需要との競合が激しくなり，市場利子率の上昇が起こるため，民間の投資支出が締め出されることになる。こうした**クラウディング・アウト**（crowding out）と呼ばれる現象によって，経済の資本蓄積が阻害され，生産能力の低下が引き起こされる。その意味でも，国債の発行は将来世代に負担を残すことになる。

　第4に，公債の大量発行・債務残高の累増は，政府への信認を低下させて，国債価格の低下を招き，政府の資金調達が困難になる。同時に，利子率の上昇による利払いの高騰を引き起こすなど，財政破綻に至ることが懸念される。

キーワード

　　政府の役割　財政支出　政府最終消費支出　公的資本形成　移転支出
　　財政収入　租税　公債・国債　政府支出乗数　租税乗数　均衡予算乗数

自動安定装置　裁量的財政政策　国債依存度　赤字国債　クラウディング・アウト

練習問題
1. 日本の財政支出と財政収入について，特徴点を指摘しなさい。
2. 民間と政府からなる経済において，消費支出は$C=10+0.75(Y-T)$，投資支出は$I=100$，政府支出は$G=90$，租税は$T=80$で表せるものとして，以下の問いに答えなさい(単位は兆円)。
   (1) 均衡GDPの水準はいくらか。
   (2) 政府支出乗数および租税乗数の値はそれぞれいくらか。
   (3) 完全雇用GDPの水準は600兆円とすれば，デフレ・ギャップの大きさはいくらか。
   (4) 完全雇用を実現するには，政府支出あるいは租税をどれだけ変更すればよいか。
   (5) 以上の状況において，租税は$T=40+0.2Y$と示されるとすれば，均衡GDPの水準，政府支出乗数，租税乗数はそれぞれいくらになるか。
3. 1兆円の政府支出増加および1兆円の減税について，それぞれの乗数過程を示しなさい。ただし，限界消費性向は0.5とする。
4. 財政の自動安定装置について，具体例をあげて説明しなさい。
5. デフレ・ギャップとインフレ・ギャップの経済的意義を明らかにしなさい。
6. 財政赤字(政府の債務残高の累増)が，マクロ経済に及ぼす影響について考察しなさい。

第7章　貨幣と利子率

　前章までは，経済社会の貨幣的側面には明示的に触れず，いわば実物的側面を中心にマクロ経済を見てきたが，本章では，貨幣面を考察の対象とし，貨幣がマクロ経済で果たす役割について考察する。
　はじめに，貨幣とはなにか，貨幣供給量はわが国ではどのように定義されているのかを説明し，つぎに，貨幣が経済に供給されるメカニズムを調べる。さらに，ケインズの考え方にもとづき，なぜ人びとは貨幣を需要するのか，貨幣の需要と供給によって利子率はどのように決定されるのかを検討する。おわりに，古典派経済学の貨幣理論である「貨幣数量説」について解説する。

1　貨幣とはなにか

　まず，**貨幣**(money)あるいは**通貨**(currency)とは，交換ないしは取引の媒介手段として，人びとに一般的に使用され，受け入れられているものをいう。つまり，**一般的交換手段**ないしは**一般的支払（決済）手段**としての機能を果たしているものが貨幣である。
　もし貨幣がなければ，取引はすべてものとものを直接的に交換する「物々交換」によって行うことになる。この場合，各人はそれぞれ，自分が買いたいものをもっていると同時に，自分のもっているものを買いたいと思っている相手を見つけなければならない。物々交換が実現するには，「欲望の二重の一致」が必要とされる。これに対し，貨幣が存在すれば，各人は自分のもっているものを買いたい人に売って貨幣を手に入れ，この貨幣で自分が欲しいものを買えばよい。欲望の二重の一致は必要とされず，物々交換の不便さは取り除かれて，取引が効率化される。
　歴史的に見れば，貝殻・穀物・家畜などの物品，金・銀などの貴金属と

いった素材それ自体に価値のあるものが，貨幣として用いられてきた。これらは「物品貨幣」あるいは「商品貨幣」(commodity money)といわれる。しかし，次第に，素材そのものにはほとんど価値はないが，政府の保証によって一般的受容性を付与された紙幣や硬貨などの「名目貨幣」あるいは「不換紙幣」(fiat money)が，貨幣の役割を果たすようになった。

このように，貨幣とは「一般的交換(支払，決済)手段」のことであるが，同時に，価値貯蔵手段としての機能も果たしている。なぜなら，貨幣は人びとの間で一般的に受け入れられるものであるから，これを資産として保有することで，財・サービスを購入できる権利を将来に持ち越すことが可能となる。つまり，貨幣は**価値貯蔵手段**(**富保有手段**)としての機能をもち，とくに物価が安定している状況では，確実な価値貯蔵手段である。

もっとも，価値貯蔵手段は貨幣に限られるわけではなく，株式や債券(社債・国債)などの金融資産，土地・家屋・貴金属などの実物資産も，価値貯蔵手段として使われている。これらの資産を保有すれば，利子・配当の支払いや，値上がりによるキャピタル・ゲイン(資本利得)を期待することができる。一方，貨幣を保有する場合には，直接，収益は得られないが，いつでもどこでも取引に使うことができ，「流動性」(交換の容易さ)の面で貨幣に優る資産はない。貨幣が価値貯蔵手段として機能する理由は流動性の高さにあり，その意味で，最も便利な価値貯蔵手段といえる。

さらに，貨幣は**価値尺度**あるいは**計算単位**としての機能をもつ。もし財ごとに価値の単位が異なれば，財の取引に必要な交換比率は計り知れない数に及び，取引は煩雑きわまりないものとなる。社会の取引が円滑に行われるためには，さまざまな財・サービスの価値を，共通の単位で表すことが不可欠である。そのため，通常は，貨幣の単位が価値の基準として用いられ，財・サービスの価格や貸借契約は貨幣の単位で表される。

2 貨幣量の指標

現代では，貨幣は大まかにいえば，現金(紙幣，硬貨)と預金の合計である

が，実際，貨幣(通貨)供給量はどのように定義されているのかを見てみる。わが国の中央銀行である日本銀行では，表7-1に示したように，**マネーストック**統計において，M1, M2, M3, 広義流動性という4つの貨幣(通貨)量の指標を作成・公表している。

2-1　M1

まず，全預金取扱機関(国内銀行，外国銀行在日支店，信用金庫，信金中央金庫，農林中央金庫，商工組合中央金庫，ゆうちょ銀行，信用組合，労働金庫，農業協同組合，漁業協同組合)について，「現金通貨」と「預金通貨」を加えたものが，**M1**である。つまり，M1は，

　　　M1＝現金通貨＋預金通貨

と定義される。これは，取引に使用するうえで最も便利な交換(支払，決済)手段であり，狭義の貨幣供給量の指標にあたる。

ここで，**現金通貨**とは，日本銀行券(1万円札，5千円札，2千円札，千円札などの紙幣)および政府の補助貨幣(500円玉，100円玉，10円玉，5円玉，1円玉などの硬貨)の合計である。日本銀行券と補助貨幣は，法律により強制通用力を付与された「法定貨幣」(法貨)にあたる。より厳密にいうと，現金通貨とは，日本銀行券発行高と補助貨幣流通高の合計から，金融機

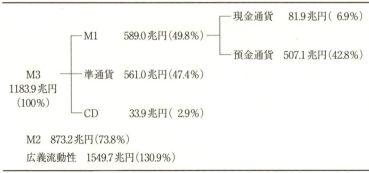

表7-1　マネーストック(2014年4月、月中平均残高)

注：( )内の％は、M3に対する割合。
出所：日本銀行『マネーストック速報』(2014年5月)。

関が保有する現金(紙幣,硬貨)を差し引いたもので,中央銀行を含む金融部門全体から経済に供給される現金を意味する。

また,**預金通貨**とは,当座預金,普通預金,通知預金などの「要求払預金」のことである。要求払預金は,小切手の振り出し,クレジット・カードやキャッシュ・カードの使用,自動振替の利用などを通じ,支払手段として現金とほとんど同じように機能している。さらに,必要ならばいつでも法定貨幣の形で引き出すことができ,現金通貨とほぼ同一の高い流動性をもつ。

2-2　M2,M3,広義流動性

つぎに,M1に「準通貨」と「CD(譲渡性預金)」を加えたものが,**M3**である。つまり,M3は,

$$M3 = M1 + 準通貨 + CD = 現金通貨 + 預金通貨 + 準通貨 + CD$$

と定義される。これは,流動性のきわめて高いM1に,流動性の面でやや劣る定期性預金,CDを加えたもので,より広義の貨幣供給量の指標である。

ここで,**準通貨**とは,定期預金や定期積金など期間の定められた「定期性預金」のことである。定期性預金は本来,満期になるまで払い戻しはないが,総合口座にすれば,定期性預金を担保にして,いつでも一定額まで預金を引き出すことができる。また,中途解約をすれば,すぐに現金通貨や預金通貨に換えることも可能である。ゆえに,定期性預金は実質的に要求払預金とそれほど大きな違いはなく,貨幣に近い機能をもっている。

それから,定期性預金の一種に**譲渡性預金**(CD:Certificate of Deposit)がある。これは,1979年に金利自由化を推進するために導入されたもので,他人に譲渡可能な高額の定期性預金のことである。

なお,全預金取扱機関から,ゆうちょ銀行,信用組合,労働金庫,農業協同組合,漁業協同組合を除いた金融機関を対象に,M1,準通貨,CD(譲渡性預金)の合計として貨幣量を定義したものを,**M2**と呼んでいる。つまり,M2は,全預金取扱機関の預金通貨・準通貨・譲渡性預金に,現金通貨を加えた値から,上記の金融機関の預貯金を差し引いたものである。これは,2008年6月以前の『マネーサプライ』統計において,最もよく使用されていた「M2+CD」に対応する貨幣供給量の指標である。

最後に，M3に金銭信託，投資信託，金融債，銀行発行普通社債，金融機関発行CP(商業手形)，国債・FB(国庫短期証券)，外債を加えたものが，**広義流動性**である。これは，M3に何らかの流動性を有する金融商品を加えた広義の貨幣指標である。広義流動性は広範囲の金融商品を含むため，金融商品間の振り替えがあっても，比較的安定した動きを示す。

3　マネタリー・ベースの供給

前節では，M1，M2，M3など貨給供給量の指標について見たが，つぎに，貨幣が経済に供給されるメカニズムを，マネタリー・ベースの供給(本節)と，それを基礎に生み出される預金の創造(次節)に分けて説明する。

3-1　マネタリー・ベースとは

現金通貨(紙幣，硬貨)の発行権をもつ中央銀行が供給する貨幣(通貨)は，経済全体の貨幣供給量の基礎となることから，**マネタリー・ベース**(monetary base)あるいは**ハイパワード・マネー**(high-powered money)といわれる。

表7-2に示したように，日本銀行の『マネタリーベース』統計では，現金通貨発行高(日本銀行券発行高と補助貨幣流通高の合計)に，金融機関の中央銀行預け金(日銀当座預金)を加えたものを，マネタリー・ベースと定義している。これは，家計・企業・金融機関が保有する現金通貨(紙幣と硬貨)と金融機関が中央銀行に保有する預金からなり，中央銀行の民間経済主体に対す

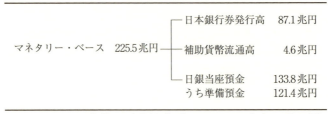

表7-2　マネタリー・ベース(2014年4月、月末残高)

マネタリー・ベース　225.5兆円	日本銀行券発行高	87.1兆円
	補助貨幣流通高	4.6兆円
	日銀当座預金	133.8兆円
	うち準備預金	121.4兆円

出所：日本銀行『マネタリーベース』(2014年5月)。

る債務総額を意味する。

　なお，前節で説明したマネーストックは，「中央銀行を含む金融部門全体から経済に供給される通貨」であり，金融機関が保有する現金は含まない。それに対し，マネタリー・ベースは「中央銀行が供給する通貨」であるため，金融機関が保有する現金も含んでいる。

3-2　マネタリー・ベースの供給経路

　さて，表7-3は，日本銀行の『マネタリーサーベイ』統計より，中央銀行と預金取扱機関のバランス・シート（貸借対照表）を示したものである。

　ここでは，パネル(A)の中央銀行勘定，つまり，マネタリー・ベース発行機関である日本銀行のバランス・シートに注目する。バランス・シートでは，

表7-3　金融部門のバランス・シート（2014年4月，月末残高）

単位：兆円

(A)中央銀行勘定

資　産		負　債	
対外資産	8.5	マネタリー・ベース	222.5
政府向け信用	194.4	現金通貨発行高	91.7
預金取扱機関向け信用	22.1	日銀当座預金	133.8
その他金融機関向け信用	20.7	対外負債	3.6
その他部門向け信用	10.7	政府からの信用	8.1
		その他負債（純）	19.1

(B)預金取扱機関勘定

資　産		負　債	
対外資産	264.0	預金通貨	516.9
中央銀行向け信用	136.0	準通貨＋CD	591.9
政府向け信用	293.5	対外負債	148.2
その他金融機関向け信用	170.1	中央銀行からの信用	22.1
地方公共団体向け信用	63.0	政府からの信用	12.4
その他部門向け信用	530.7	その他負債（純）	165.7
株式	23.2		

出所：日本銀行『マネタリーサーベイ』（2014年5月）。

つねに資産と負債の合計は等しいので，日本銀行にとっては負債である「マネタリー・ベース」の値は，左側の資産項目の合計値から，右側の対外負債・政府からの信用・その他負債を差し引いた値に一致する。ゆえに，日本銀行の資産増加(減少)は，マネタリー・ベースを増加(縮小)させる。反対に，対外負債・政府からの信用・その他負債の増加(減少)は，マネタリー・ベースを縮小(増加)させる。

具体的に述べると，日本銀行は**政府の銀行**として，国庫金の受け払いを行っている。よって，政府に民間部門から税金が納入されると，日銀の政府預金は増加し，それだけ民間経済主体の保有する現金通貨は減少するので，マネタリー・ベースの供給は減少する。逆に，政府が日銀の預金を取り崩して民間に支払う場合には，マネタリー・ベースの供給は増加する。また，日銀による政府向け信用供与(国債や国庫短期証券の保有など)の増加は，マネタリー・ベースを増加させる。

あるいは，日本銀行が円高(ドル安)を防ぐために，ドル買い・円売りの形で外国為替市場に介入する場合には，日銀の対外資産(外貨預金や対外証券投資など)が増加する。この対外資産は政府の「外国為替資金特別会計」に入れられ，代わりに円貨が支払われるので，その分だけマネタリー・ベースの供給は増加する。

さらに，日本銀行は**銀行の銀行**として，金融機関と取引を行っている。日銀が手形を再割引するとか，債券を担保に貸し付けをして，金融機関向けの貸し出しを増加させると，マネタリー・ベースの供給は増加する。逆に，日銀が金融機関向けの貸し出しを減少させると，マネタリー・ベースの供給は減少する。

また，日本銀行が金融機関の保有する債券を買い上げれば(「買いオペレーション」を行えば)，その額に等しいマネタリー・ベースの増加が生じる。反対に，日銀が保有している債券を金融機関に売れば(「売りオペレーション」を行えば)，その額に等しいマネタリー・ベースが減少する。

4 預金の創造

前節で見たとおり，現金通貨はマネタリー・ベースの増加として経済に供給される。そして，マネタリー・ベースは，流通現金通貨として一般的交換手段の機能を果たすとともに，金融機関の預金準備となり，預金の創造を引き起こすことになる。

4-1 準備預金制度

表7-3のパネル(B)の預金取扱機関勘定，つまり，全預金取扱機関のバランス・シートを見ると，資産項目の中央銀行向け信用(現金，日銀預け金など)が基礎になり，負債項目の預金通貨および準通貨＋CDの預金が生み出されていることがわかる。

現行の**準備預金制度**のもとでは，金融機関は預金の全額に見合うだけの現金準備をもつ必要はない。金融機関も利潤最大化をめざす企業体であるから，預け入れられた預金のうち，日々の支払要求に応じられるだけの現金を準備として残し，あとは貸し出しや証券投資にまわすことができる。そのため，現金準備の何倍もの預金が創り出されることになる。

ただし，金融機関はその預金債務に対し，少なくとも一定比率(これを**預金準備率，支払準備率**という)の準備を保有することが，法律で義務づけられている。わが国では，金融機関の預金準備率は，1991年10月以来，定期性預金(2兆5千億円超)については1.2%，その他預金(2兆5千億円超)については1.3%である(なお，預金残高が2兆5千億円より少ない金融機関に対しては，もっと低い預金準備率が適用されている)。

4-2 預金創造の過程

それでは，表7-4の数値例を使って，預金が創り出されていく過程を詳しく見てみる。ここでは，簡単に，預金準備率は10%で，銀行は過剰準備をもたず，預金準備率の限度いっぱいまで貸し出しを行い，また，銀行が貸し出した資金はすべて預金として銀行制度に還流する，と仮定する。

表7-4 預金創造の過程

単位：万円

	預金の増加	準備の増加	貸出の増加
A銀行	100	10	90
B銀行	90	9	81
C銀行	81	8.1	72.9
D銀行	72.9	7.29	65.61
⋮	⋮	⋮	⋮
合計	1,000	100	900

　いま，100万円の現金を受け取った企業1が，A銀行にある自社の預金口座に預け入れたとする。これに伴い，A銀行には新たに100万円の現金が入り，同時に100万円の預金が創出される。A銀行はこの預金の10%に相当する10万円を預金準備として保有し，残りの90万円を貸し出しに向ける。

　A銀行から90万円の貸し出しを受けた企業2は，これを原材料の購入費として企業3に支払い，企業3は売り上げ代金90万円をB銀行の預金口座に預け入れる。すると，B銀行の現金と預金が90万円だけ増加する。B銀行では，90万円の10%にあたる9万円を預金準備とし，残りの81万円は貸し出しに向ける。

　B銀行から81万円の貸し出しを受けた企業4は，これを賃金の支払いにあて，賃金を受け取った人びとはC銀行に預け入れる。その結果，C銀行では，81万円の現金と預金が増加し，その10%の8.1万円を預金準備として保有し，あとの72.9万円は貸し出しに利用する。以下同様に，預金創造の波及過程が続き，新たな預金がつぎつぎと生み出されていく。

　最終的に，銀行制度全体でどれだけの預金が創造されるかは，表7-4の各銀行の預金増加分を合計すれば求められる。すなわち，

$$\text{新たな預金の増加} = 100 + 90 + 81 + 72.9 + \cdots$$
$$= 100(1 + 0.9 + 0.9^2 + 0.9^3 + \cdots)$$
$$= 100 \times \frac{1}{1-0.9} = 100 \times \frac{1}{0.1} = 1000\text{万円}$$

と計算できる（第5章のColumn「無限等比数列の和」の公式を参照）。つま

り，最初に銀行へ預けられた現金(預金)100万円の10倍(預金準備率0.1の逆数倍)にあたる1000万円の預金が，銀行制度全体では創り出される。

このように，**預金創造の過程**は，第5章で学んだ「乗数過程」と原理は同じである。最初に銀行へ預けられた現金(預金)に，「乗数」(預金準備率の逆数)を掛けた値だけ，預金は新たに増加することがわかる。

5 貨幣乗数

第3，4節において，貨幣(現金と預金)の供給メカニズムを，マネタリー・ベースの供給と預金創造に分けて考察したが，本節では，これらを統合し，マネタリー・ベースと経済全体の貨幣供給量との間に，どのような関係が見られるのかを調べることにする。

5-1 貨幣乗数の導出

まず，マネタリー・ベースBは，ここでは，家計や企業など非金融部門が保有する現金通貨Cと金融機関の準備(金融機関の手元現金＋中央銀行預け金)Rの合計と定義する。ゆえに，マネタリー・ベースBは，

$$B = C + R$$

と表せる。

つぎに，貨幣供給量Mについては，M1, M2, M3などさまざまな指標があるが，いずれにしても，家計や企業が保有する現金通貨Cと預金Dの合計である。すなわち，貨幣供給量Mは，

$$M = C + D$$

と示せる。ここで，貨幣量の指標としてM1を採用するときには，預金Dは預金通貨(要求払預金)を意味する。あるいは，貨幣量の指標としてM3を採用するときには，預金Dは預金通貨(要求払預金)に準通貨(定期性預金)とCD(譲渡性預金)を加えたものになる。

さて，以上の2つの定義式から，貨幣供給量Mとマネタリー・ベースBの比率をとれば，

$$\frac{M}{B} = \frac{C+D}{C+R}$$

になる。いま，非金融部門の現金・預金比率C/Dをα，金融機関の準備・預金比率R/Dをγで表すと，上式より，

$$M = \frac{C+D}{C+R}B = \frac{(C/D)+1}{(C/D)+(R/D)}B = \frac{\alpha+1}{\alpha+\gamma}B = mB$$

という関係式が得られる。

上式において，通常，預金額Dは金融機関の準備額Rを大きく上回り，$\gamma = (R/D)$は0に近い正の値であるから，

$$m = \frac{\alpha+1}{\alpha+\gamma} > 1$$

が成り立つ。このmは**貨幣乗数**あるいは**信用乗数**といわれ，貨幣供給量Mはマネタリー・ベースBの何倍になるかを示す。

5-2　貨幣乗数の意味合い

前項の貨幣乗数に関する公式から，重要な結論がいくつか得られる。

第1に，貨幣乗数の値は，簡単に，貨幣供給量Mとマネタリー・ベースBの比率として算出できる。たとえば，表7-1より，2014年4月のマネーストック（月中平均残高）は，M1が589.0兆円，M3が1183.9兆円である。一方，表7-2のマネタリー・ベースは月末残高であるため，月中平均残高を調べてみると，222.1兆円である。したがって，貨幣供給量をM1とするときには，貨幣乗数の値は$m = 589.0/222.1 = 2.7$になる。また，貨幣供給量をM3とするときには，貨幣乗数の値は$m = 1183.9/222.1 = 5.3$になる。

第2に，日本銀行がマネタリー・ベースBの供給を変化させると，その貨幣乗数m倍だけ，経済全体の貨幣供給量Mは変化する。もし，非金融部門の現金・預金比率α，および金融機関の準備・預金比率γが一定で，貨幣乗数mの値が安定的であれば，日銀はマネタリー・ベースの水準を調整することにより，経済全体の貨幣供給量をコントロールすることができる。

第3に，家計や企業が現金の保有性向を高め，非金融部門の現金・預金比率αが大きくなると，また，金融機関が手元現金や中央銀行預け金の過剰準

備を増やして、準備・預金比率γが高くなると、あるいは、中央銀行が預金準備率を引き上げたことにより、金融機関の準備・預金比率γが上昇すると、貨幣乗数$m = (\alpha+1)/(\alpha+\gamma)$の値は小さくなる。この場合、マネタリー・ベースの増加に伴う貨幣供給量の増加の程度は小さくなる。

第4に、前節の預金創造の数値例(表7-4)は、非金融部門の現金・預金比率αはゼロで、金融機関は手元現金や過剰準備をもたないため、準備・預金比率γが預金準備率に等しいと仮定した特殊ケースにあたる。このとき、

$$M = \frac{1}{\gamma}B = mB$$

の関係式が得られるので、マネタリー・ベースBが増加すると、法定の預金準備率γの逆数倍だけ貨幣供給量Mは増加することになる。

6 貨幣の需要

貨幣の供給面に関する話はひとまず終え、つぎに、貨幣の需要面に目を転じることにする。本節では、人びとはなぜ貨幣を保有するのか、また、貨幣需要はどのような要因によって決まるのかを考察する。

6-1 取引需要と予備的需要

なぜ人びとは、直接は何ら収益を生まない貨幣を保有しようとするのであろうか。ケインズによると、人びとが貨幣の保有を欲する理由は、日々の取引を円滑に行うための「取引動機」、将来の予期し得ない事態に備えるための「予備的動機」、貨幣を資産の一種として保有する「資産動機(投機的動機)」の3つの動機に分けられる。

まず、取引動機にもとづく貨幣需要は、**取引需要**といわれる。経済取引においては、一般的交換手段である貨幣を必要とするが、貨幣の受け取りと支払いがいつも同時に行われるわけではない。そのため、家計や企業は手元に一定額の貨幣を保有しておく必要がある。日々の取引のために、どれだけの貨幣を保有しておくべきかは、支払慣習や信用制度の発展度合いなどにより

異なるが，一般には，所得・生産が上昇するにつれて，貨幣の取引需要は増加する。

また，予備的動機にもとづく貨幣需要は，**予備的需要**と呼ばれる。人びとは将来の不測の支払いに備えて，流動性の高い貨幣を手元に保有する。この予備的需要も，一般には，所得・生産が大きくなるにつれて増加すると思われる。したがって，予備的需要は取引需要と同じく，所得・生産の上昇に応じて高まっていく，とみることができる。

6-2 資産需要

つぎに，資産動機（投機的動機）にもとづく貨幣需要は，**資産需要または投機的需要**といわれる。これは，貨幣の価値貯蔵（富保有）手段としての機能に着目した貨幣需要である。

貨幣の資産需要は，人びとが資産を，利子は生まないが最も安全で流動性の高い貨幣の形態で保有するのか，それとも，利子は生むが価格が不確実な債券や株式などの証券（危険資産）の形態で保有するのか，という資産選択の結果として決められるものである。この場合，資産として貨幣を手元に保有することは，この貨幣が他の危険資産の保有に使われたならば稼得できたであろう収益を放棄することを意味する。

したがって，もし危険資産の収益率（利子率）が高ければ，貨幣を保有することの「機会費用」（貨幣を他の資産の保有に充てたならば稼得できたであろう収益）は大きくなるので，危険資産を保有することが魅力的になる。その結果，人びとは貨幣の保有量を減らし，利子収益を生む危険資産を多く保有しようとする。逆に，危険資産の収益率（利子率）が低ければ，貨幣を保有することの機会費用は小さくなるので，危険資産を保有することは魅力的ではなくなる。そのため，人びとは貨幣を多く保有して，危険資産の保有量を少なくする。

このように，貨幣の資産需要は利子率と反対方向に動く。すなわち，資産需要は利子率が高くなると少なくなり，利子率が低くなると大きくなる。

7 債券価格・利子率と資産需要

　前節では，貨幣の資産需要を貨幣保有の機会費用という観点から説明した。ただ，この説明は貨幣の取引需要や予備的需要に対しても当てはまるから，資産需要に固有の解釈とはいえない。そこで，本節においては，国債や社債などの債券価格との関係から，貨幣の資産需要について考えてみる。

　まず，債券価格と利回り（利子率）の間には，両者は反対方向に動くという関係が見られる。すなわち，債券価格が高いことは利子率が低いことを意味し，反対に，債券価格が低いことは利子率が高いことを意味する。

　この点を理解するには，確定利付債券を思い浮かべればよい。債券の取引価格が高いときには，債券購入の収益率，つまり，償還時までの利子収入と売買差益（償還価格−購入価格）の合計を購入価格で割った値は低く，債券の利回り（利子率）は低くなる。反対に，債券の取引価格が低いときには，利子収入と売買差益の合計を購入価格で割った債券収益率は高く，債券の利回り（利子率）は高くなる。

　なお，章末の練習問題5に，債券価格と収益率（利子率）の数値問題が示してあるので，読者は自分で計算してみて欲しい。

　さて，債券価格は人びとの予想する水準より高くなっているものとする。このとき，実際の利子率は人びとの抱く予想利子率よりも低くなっている。こうした状況では，人びとは，将来，債券価格は下落し，利子率は上昇するであろうと予想する。よって，多くの人は債券購入による売買差損（キャピタル・ロス）を避けるため，債券を保有しようとはせず，その代わりに，貨幣を資産として保有しようとする。

　反対に，債券の価格が人びとの予想する水準よりも低いときには，実際の利子率は予想利子率よりも高くなっている。この場合，将来，債券価格は上昇し，利子率は下落することが予想される。よって，多くの人は債券購入による売買差益（キャピタル・ゲイン）を期待して，債券を保有しようとする一方で，貨幣の保有は減少させる。

　このように，貨幣の資産需要とは，厳密にいうと，人びとが将来，債券や

株式の価格や利子率が変化するという予想にもとづき，資産を直接は収益を生み出さない貨幣の形態で保有することを意味する。そして，実際の利子率が予想利子率よりも高ければ，貨幣の資産需要は少なく，実際の利子率が予想利子率よりも低ければ，資産需要は多くなる。

さらに，短期には，通常，人びとの期待はそう大きく変化しないから，予想利子率は一定とみなすことができる。その場合，貨幣の資産需要は実際の利子率が高いときには少なく，反対に，利子率が低いときには大きくなる，ということができる。

> ### Column　コンソル公債の価格と利子率*
>
> 　コンソル公債（永久確定利付公債）を例にとり，債券価格と利子率は反対方向に動くことを明らかにする。
>
> 　いま，毎年a円の確定利子が将来にわたって支払われる，償還期限のない永久公債を考える。この「コンソル公債」の現時点における価値（価格）Pは，将来にわたって毎年支払われる利子aの現在価値の合計によって表されるから，金融市場の代表的な利子率を$(100 \times r)\%$とすれば，
>
> $$P = \frac{a}{(1+r)} + \frac{a}{(1+r)^2} + \frac{a}{(1+r)^3} + \cdots$$
> $$= \frac{a}{(1+r)} \left[1 + \left(\frac{1}{1+r}\right) + \left(\frac{1}{1+r}\right)^2 + \cdots \right]$$
>
> と示される。さらに，上式の括弧内は，公比が$1/(1+r)$の「無限等比数列の和」であるから，$1/(1-公比)$の公式にしたがって計算すると，$(1+r)/r$になる。ゆえに，コンソル公債の価格は，簡単に，
>
> $$P = \frac{a}{r}$$
>
> と表される。つまり，**コンソル公債の価格**Pは，毎年の確定利子aを利子率rで割った値に等しい。したがって，利子率rが低ければコンソル公債の価格Pは高く，反対に，利子率rが高ければコンソル公債の価格Pは低くなる。

8 貨幣需要関数

以上において，人びとはなぜ貨幣を需要するのか，また，貨幣需要はどのような要因に依存するのかを見たので，本節では，これらの内容を「貨幣需要関数」としてまとめてみる。

8-1 ケインズの貨幣需要関数

これまでの考察から，貨幣の取引需要(予備的需要を含む)は所得の水準と同じ方向に変化する。つまり，取引需要は所得が上昇すると増加し，所得が低下すると減少する。また，貨幣の資産需要は利子率の水準と反対方向に変化する。つまり，資産需要は利子率が高くなると少なくなり，利子率が低くなると大きくなる。

それゆえ，経済全体の貨幣需要(取引需要＋資産需要)は，GDP(国内総生産・国内総所得)が上昇すると増加し，GDPが低下すると減少する。また，利子率が高くなると減少し，利子率が低くなると増加する。そこで，経済全体の貨幣需要量をL，GDPをY，利子率をrで示せば，マクロ経済の「貨幣需要関数」は，

$$L = L(Y, r) \qquad \frac{\Delta L}{\Delta Y} > 0, \quad \frac{\Delta L}{\Delta r} < 0$$

という形で表すことができる。これが**ケインズの貨幣需要関数**であり，経済全体の貨幣需要量はGDP(Y)と利子率rによって決定され，GDPの増加関数($\Delta L/\Delta Y > 0$)，利子率の減少関数($\Delta L/\Delta r < 0$)であることを示す。

8-2 貨幣需要曲線

図7-1の右下がりの$LL(Y_0)$曲線は，ケインズの貨幣需要関数$L=L(Y, r)$において，GDP(Y)をある特定の水準Y_0に固定して，利子率rと貨幣需要量Lとの関係を図示したものである。これは**貨幣需要曲線**と呼ばれ，所得水準を一定とした場合，人びとは利子率が低いほど貨幣を多く保有しようとすることを表している。

図7-1 貨幣需要曲線

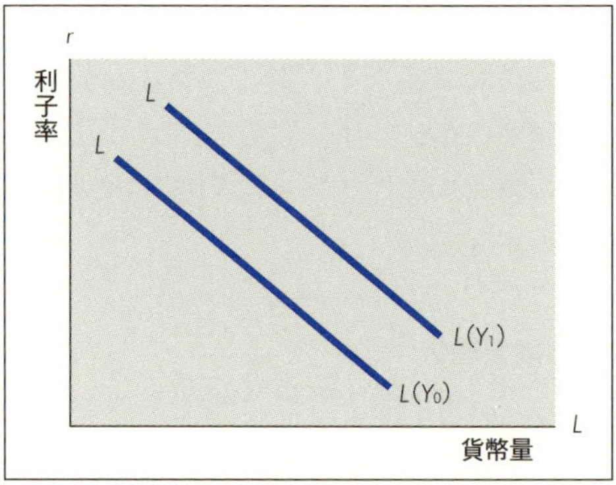

貨幣需要曲線はそれぞれ，ある特定のGDP水準に対して描かれるから，GDPの水準が変化すれば，貨幣需要曲線も変化する。たとえば，GDPが Y_0 から Y_1 の水準に高まると，従来と同じ利子率であっても，貨幣の取引需要が増加するため，貨幣需要曲線は $LL(Y_0)$ から $LL(Y_1)$ に右方へシフトする。

また，予想利子率が変化するときにも，貨幣需要曲線はシフトする。もし将来の予想利子率が上向きに修正されるならば，現在の利子率は相対的に低い水準とみなされ，貨幣の資産需要が増加して，貨幣需要曲線は右方にシフトする。

9 利子率の決定：流動性選好理論

これまでに，貨幣の需要と供給について考察したが，本節では，ケインズの「流動性選好理論」にもとづき，利子率の水準がどのように決定されるのかを見ていく。

9-1 流動性選好理論の概要

貨幣は利子を生まないが，最も「流動性」（交換の容易さ）の高い安全資産である。このため，貨幣の形態で資産を保有していれば，いつでも必要に応

じて取引に使うことができるので，きわめて便利である。ケインズは，この貨幣の流動性に着目して，貨幣が需要される根本的な理由は，人びとが貨幣のもつ流動性を求めることにあるとして，貨幣に対する需要を**流動性選好**と呼んでいる。

さらに，ケインズは，流動性を一定期間手離すことに対して支払われる報酬，つまり流動性につけられる価格を**利子**とする。そして，利子率の水準は，流動性に対する選好(貨幣需要)と，その欲求を充足させるために利用しうる貨幣量(貨幣供給)が等しくなるように決定されるとみる。このようなケインズの貨幣理論を，**流動性選好理論**(liquidity preference theory)という。

9-2 貨幣の需要と供給

まず，経済全体の貨幣需要量Lは，前節で説明した「ケインズの貨幣需要関数」(流動性選好関数)，

$$L = L(Y, r) \qquad \frac{\Delta L}{\Delta Y} > 0, \ \frac{\Delta L}{\Delta r} < 0$$

によって表すことができる。ここで，GDP(Y)をある特定の水準に固定して，利子率rと貨幣需要量Lとの関係を描くと，**図7-2**の右下がりの「**貨幣需要曲線**」(流動性選好表)LLが導ける。

つぎに，経済全体の**貨幣供給量**Mは，第5節で見たとおり，マネタリー・

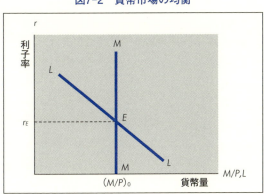

図7-2 貨幣市場の均衡

ベース B の貨幣乗数 $m=(\alpha+1)/(\alpha+\gamma)$ 倍の大きさであるから，

$$M=mB$$

という関係によって表すことができる。ここで，中央銀行は，マネタリー・ベース B の規模は状況に応じてコントロールできる。しかし，貨幣乗数 m の値は，家計，企業，および金融機関(中央銀行を含む)の意思決定によって決まるものである。それゆえ，中央銀行が経済全体の貨幣供給量 M を完全にコントロールできるわけではない。

ただし，簡単化のため，短期には貨幣乗数 m の値は安定的で，中央銀行はマネタリー・ベース B を調整することにより，貨幣供給量 M を適切にコントロールできるものとする。

9-3　貨幣市場の均衡：利子率の決定

さて，物価水準 P は一定とすれば，名目貨幣供給量 M を物価水準 P で割った実質貨幣供給量(実質貨幣残高) M/P は，利子率 r の水準とは関係なくある特定の水準に定められる。したがって，実質貨幣供給を示す**貨幣供給曲線**は，図7-2の MM 曲線のように，ある特定の実質貨幣供給量 $(M/P)_0$ で垂直な直線によって描くことができる。

また，図7-2の右下がりの「貨幣需要曲線」(流動性選好表) LL は，利子率 r と実質貨幣需要量 L との関係を表すものとする。この場合，利子率の水準はどのように決まるかを考えてみる。

もし利子率が r_E の水準よりも高いと，貨幣供給量が貨幣需要量を上回る $(M/P>L)$ 。このとき，人びとは貨幣を手離して債券に換えようとするので，債券の需要は増加する。その結果，債券の価格は上昇して，利子率は下落する。すると，貨幣需要が増加して，やがて貨幣の超過供給は解消され，貨幣の需要と供給は等しくなる $(M/P=L)$ 。

反対に，利子率が r_E の水準よりも低いと，貨幣需要量が貨幣供給量を上回る $(M/P<L)$ 。この場合，人びとは債券を手離して貨幣に換えようとするので，債券の需要は減少する。その結果，債券の価格は下落して，利子率は上昇する。このため，貨幣需要は減少して，やがて貨幣の超過需要は解消され，貨幣の需要と供給は等しくなる $(M/P=L)$ 。

このように，利子率の変化により貨幣需要が調整されて，結局，貨幣の需要と供給が等しくなるE点に至る。つまり，このE点で，貨幣市場の均衡が実現し，貨幣の需要量と供給量はともに$(M/P)_0$の水準に，また，利子率はr_Eの水準に決まるのである。

以上の考察から，経済全体の実質貨幣供給量M/Pと実質貨幣需要量Lがちょうど等しくなり，貨幣市場が均衡の状態になることを示す**貨幣市場の均衡条件**は，

$$\frac{M}{P} = L(Y, r)$$

という形で表すことができる。この実質値で表した「貨幣市場の均衡条件」は，GDP(Y)と物価水準Pがある特定の水準に与えられるとき，実質貨幣需要量Lと実質貨幣供給量M/Pが一致するように，**均衡利子率**rの水準が決まることを意味する。

なお，物価水準がとくに1で一定の場合には，実質値は名目値と同じ値になり，「貨幣市場の均衡条件」は，

$$M = L(Y, r)$$

と表すことができる。

10 利子率の変化

それでは，貨幣の需要や供給に変化があったとき，利子率はどのような動きを見せるかを，「流動性選好理論」にもとづいて検討する。

10-1 貨幣需要と貨幣供給の変化

図7-3のパネル(A)において，当初，貨幣市場は需要曲線LLと供給曲線MMの交差するE点で均衡しており，利子率はr_Eの水準であるとする。ここで，人びとの所得水準が高まる(あるいは，人びとの抱く予想利子率が上昇する)と，同じ利子率のもとで貨幣需要は増加するので，貨幣需要曲線はLLから$L'L'$へ右方にシフトする。その結果，当初の利子率r_Eでは貨幣市場は

図7-3 利子率の変化

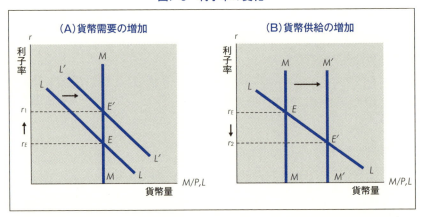

超過需要の状態になり，利子率の上昇が起こる。新しい貨幣市場の均衡は，MM曲線と$L'L'$曲線が交差するE'点で実現するので，市場利子率はr_1の水準に上昇することになる。

つぎに，マネタリー・ベースの増加により名目貨幣供給量が増加（あるいは，物価水準の低下により実質貨幣供給量が増加）すると，**パネル(B)**において，貨幣供給曲線がMMから$M'M'$へ右方にシフトする。当初の均衡利子率r_Eでは，貨幣市場は超過供給の状態になり，利子率は下落する。貨幣市場はLL曲線と$M'M'$曲線が交差するE'点で新たに均衡するので，市場利子率はr_2の水準まで下落する。

10-2 流動性のわな

いま，図7-4において，利子率がr_0の水準まで下がると，人びとはみな，利子率は下限にきており，これ以下にはならず，将来は上昇に転じるであろう，と予想するものとしよう。言い換えると，債券の価格は上限にきており，これ以上は上がらず，先行きは下落してキャピタル・ロスが生じると予想するとしよう。この場合，だれもが債券を保有しようとはせず，絶対的に貨幣を選好するようになる。

その結果，資産動機にもとづく**貨幣需要の利子弾力性**（利子率1％の下落

図7-4　流動性のわな

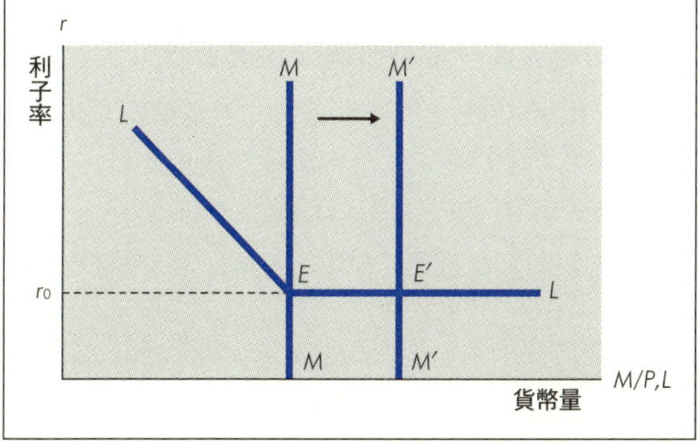

が何％の貨幣需要の増加をもたらすかを示す値）は無限大になり，貨幣需要曲線LLは，利子率r_0の水準で水平な形になる。このように貨幣需要曲線が水平に描かれる状況は，**流動性のわな**(liquidity trap)と呼ばれる。

　経済が流動性のわなに陥っている状態では，たとえ中央銀行が貨幣供給量を増加させても，人びとは貨幣の増加分を債券購入には向けず，すべて貨幣の形態で保有するので，債券価格や利子率はまったく変化しない。図7-4では，貨幣供給量が増加すると貨幣供給曲線はMMから$M'M'$へ右方にシフトして，貨幣市場の均衡はE点からE'点に移るが，流動性のわなの状態にあるため，利子率はr_0の水準のままで下がらないことが見てとれる。

11　古典派の貨幣理論

　ここまでは，ケインズの貨幣理論にしたがい，貨幣需要は所得と利子率に依存し，利子率は貨幣の需要と供給が等しくなるように決定される，という点を明らかにした。本章を終える前に，ケインズ以前の「古典派経済学」の代表的な貨幣理論である**貨幣数量説**(quantity theory of money)について簡単に解説しておく。

11-1 貨幣数量説：交換方程式

いま、物価水準を P、実質GDPを Y、名目貨幣量を M、そして貨幣の流通速度を V で表す。ここで、**貨幣の流通速度**とは、一定期間中に、名目GDP（国内総生産・国内総所得）を生み出すために貨幣１単位が何回転するかを示す数値である。すなわち、貨幣の流通速度 V とは、名目GDP(PY)を貨幣量 M で割った値であり、$V = PY/M$ と定義される。

そして、貨幣の流通速度の定義式より、両辺に M を掛ければ、

$$MV = PY$$

という関係が得られる。これは**交換方程式**あるいは**数量方程式**と呼ばれるもので、貨幣数量説において核となる関係式である。ここで、右辺 PY は、一定期間に作り出された財・サービスの総額（名目GDP）を、また、左辺 MV は、財・サービスの取引に使われた貨幣の総額（貨幣量と流通速度の積）を表している。したがって、交換方程式とは、本来、財・サービスの総額は取引に使われた貨幣の総額とつねに一致する、という恒等関係を示すものである。

しかし、貨幣数量説の立場では、貨幣の流通速度 V は、短期には取引や支払の慣行などにより安定している、とみなす。また、貨幣と所得の間には、貨幣から所得の方向へ強い因果関係が存在する、とみる。その結果、以上の交換方程式は単なる恒等式ではなく、「貨幣供給量 M が名目GDP(PY)の主な決定要因であり、名目GDPは貨幣供給量に比例して変化する」という命題を意味することになる。

さらに、古典派経済学では、実質GDPは経済の貨幣部門とは独立に、実物部門（生産・労働市場）において完全雇用の水準に決定される、とする（詳しくは、第10章の第４節を参照）。そのため、実質GDPの水準は、貨幣部門にとっては所与の条件となる。この場合、交換方程式 $MV = PY$ において、貨幣の流通速度 V と実質GDP(Y)が一定ということになるので、交換方程式は物価の決定式として読むことが可能になる。すなわち、「貨幣供給量 M が物価水準 P の主な決定要因であり、物価水準は貨幣供給量に比例して変化する」という貨幣数量説の中心命題が導かれることになる。

11-2 現金残高方程式

以上の交換方程式は，貨幣需要を表す式と解釈することも可能である。そのため，交換方程式の両辺を貨幣の流通速度Vで割ると，

$$M = \frac{1}{V}PY = kPY$$

という関係式が得られる。これは**現金残高方程式**あるいは**ケンブリッジ方程式**といわれるもので，古典派の代表的な貨幣需要関数である。

ここで，貨幣の流通速度の逆数にあたる$k(=1/V)$は**マーシャルのk**と呼ばれる。上の関係式より，$k=M/PY$と示せるから，マーシャルのkは，所得1単位を生み出すのにどれだけの貨幣が必要とされるのか，あるいは，人びとは所得のどれだけの割合を貨幣で保有しようとするのかを表す。

貨幣数量説では，貨幣の流通速度Vは短期には一定とみなすので，マーシャルのkも短期的には一定とされる。この場合，現金残高方程式は，人びとが保有しようとする貨幣需要量Mは，名目GDP(PY)の水準に比例して増加することを意味する。言い換えると，貨幣需要量は名目GDPの一定割合kであることを表す。

ケインズが，貨幣の一般的交換手段としての機能だけではなく，価値貯蔵(富保有)手段としての機能にも注目したのに対して，古典派の「貨幣数量説」においては，貨幣の一般的交換手段としての機能のみを重視し，貨幣に対する需要は所得に依存する取引需要であると考える。そのため，貨幣需要は利子率には依存せず，主にGDPに依存する，とみるのである。

さらに，貨幣市場の均衡では，貨幣需要量は貨幣供給量と等しくなるから，上記の関係式$M=kPY$は，貨幣数量説における「貨幣市場の均衡条件」を表すということができる。

キーワード

一般的交換手段・価値貯蔵手段・価値尺度　M1・M2・M3　マネタリー・ベース(ハイパワード・マネー)　預金創造の過程　貨幣乗数　取引需要・予備的需要・資産需要　ケインズの貨幣需要関数　貨幣需要曲線　流動性選好理論　貨幣市場の均衡条件　流動性のわな　貨幣数量説　マーシャルのk

練習問題

1. 貨幣の機能と貨幣供給量の指標(M1, M2, M3, 広義流動性)について説明しなさい。
2. 日本のT社が，米国に自動車を輸出して100万ドルの外貨を獲得し，これを日本の銀行で円に換金したとする。このとき，マネタリー・ベースおよび預金通貨はどれだけ増加しうるかを示しなさい。ただし,為替レートは1ドル=100円，預金準備率は10%とする。
3. 非金融部門の現金・預金比率 $\alpha = 0.2$，金融機関の準備・預金比率 $\gamma = 0.1$，マネタリー・ベース $B = 200$ 兆円として，以下の問いに答えなさい。
   (1) 貨幣乗数 m および貨幣供給量 M はそれぞれいくらになるか。
   (2) マネタリー・ベースを200兆円から230兆円に増加させると，貨幣供給量はどうなるか。
   (3) 当初の状況において，家計や企業の現金保有の選好が弱まり，現金・預金比率が0.1に下がると，貨幣乗数および貨幣供給量はそれぞれいくらになるか。
4. 人びとが貨幣を保有しようとする理由，および貨幣に対する需要を決める要因について説明しなさい。
5. 額面(償還)価格が100万円で，額面に対して5%の利払いを約束する1年満期の債券について，以下の問いに答えなさい。
   (1) 債券の市場価格が102万円であれば，債券購入の収益率(利子率)は何パーセントになるか。
   (2) 債券の市場価格が98万円であれば，債券購入の収益率(利子率)は何パーセントになるか。
6. 貨幣需要関数は $L = 400 + 0.6Y - 5r$ で表され，貨幣供給量は $M = 660$ 兆円，GDPは $Y = 450$ 兆円，物価水準は $P = 1$ として，以下の問いに答えなさい。
   (1) 貨幣市場を均衡させる利子率 r (単位は%)はいくらになるか。
   (2) GDPが10兆円だけ増加すると，利子率はいくらになるか。
   (3) 当初の状況において，貨幣供給量が5兆円だけ増加すると，利子率はいくらになるか。

第8章　IS-LM分析：金融政策と財政政策の効果

　本章においては，まず，IS曲線とLM曲線を導き，これらの曲線を使って，GDPと利子率は，生産物市場と貨幣市場の相互連関を通じて決定されることを明らかにする。さらに，金融政策と財政政策の景気調整効果について，「IS-LM分析」にもとづき検討する。ただし，物価水準はこれまでのように一定で変わらず，また，海外との経済取引はない閉鎖経済を対象とする。
　なお，本章では，1次式のマクロ経済モデルを構築して，IS曲線の式，LM曲線の式，さらにはGDPと利子率の均衡値を具体的に求め，IS-LM分析のエッセンスをわかりやすく紹介する。

1　IS-LM分析とは

　第5章と第6章では，ケインズの有効需要の原理にもとづき，GDP（国内総生産・国内総所得）の水準は，経済全体の生産物（財・サービス）の需要と供給が一致するところで決定されることを見た。また，第7章では，同じくケインズの流動性選好理論にもとづき，利子率の水準は貨幣の需要と供給が一致するところで決定されることを見た。
　ところが，第4章で述べたように，投資支出は利子率の減少関数と考えられるから，生産物の総需要それゆえGDPの水準は，利子率の水準に影響を受ける。また，第7章で説明したように，貨幣需要はGDPの増加関数と考えられるから，利子率の水準は逆にGDPの水準に依存する。このように，本来は，GDPと利子率は独立した存在ではなく，相互に関連し合って決定されるものなのである。
　生産物市場と貨幣市場の相互依存関係を考慮に入れて，GDPと利子率の同時決定メカニズムを明らかにする方法としては，IS-LM分析がある。これ

図8-1 生産物市場と貨幣市場の相互連関

は，ヒックス(J. Hicks)がケインズの『一般理論』刊行の1年後(1937年)に，ケインズ理論と古典派理論の相違を明確にするために考案したもので，マクロ経済学の発展・普及に多大な貢献を果たしてきた。

IS-LM分析の特徴は，「GDP決定の理論」(有効需要の原理)と「利子率決定の理論」(流動性選好理論)を結びつけ，GDPと利子率の決定を総合的に説明することにある。図8-1は，IS-LM分析が考察の対象とするマクロ経済の構造を図に示したものである。

2 IS曲線

まず，本節では，IS曲線について説明する。**IS曲線**とは，生産物(財・サービス)市場の総需要ADと総供給ASを等しくさせるGDPと利子率の組み合わせを示すものである。生産物市場の均衡は，投資I(Investment)と貯蓄S(Saving)が均等するときに成り立つことから(第5章と第9章の練習問題2と解答を参照)，このように呼んでいる。

2-1 生産物市場の均衡条件とIS曲線

IS曲線を「生産物市場の均衡条件」に着目して導いてみる。

いま，家計の消費支出Cは可処分所得$Y-T$の増加関数で，第6章で示した1次式の「ケインズ型消費関数」，

$$C = C_0 + c(Y-T) \qquad C_0 > 0,\ 0 < c < 1$$

によって表されるものとする。

また、民間の投資支出 I は利子率 r の減少関数で、1次式で示した「ケインズの投資関数」、

$$I = I_0 - br$$

によって表されるものとする。ここで、I_0 は利子率 r には依存しない独立投資(一定値)を、係数 $b(= -\Delta I/\Delta r)$ は利子率の変化により投資支出が影響を受ける度合いを示す。

さらに、政府支出 G と租税 T はともに政府が決める政策変数で、それぞれ一定値とする。

この場合、生産物の総供給 $AS(=Y)$ と総需要 $AD(=C+I+G)$ が等しくなることを示す**生産物市場の均衡条件**($Y=C+I+G$)は、

$$Y = C_0 + c(Y-T) + I_0 - br + G$$

と表すことができる。なお、この生産物市場の均衡条件にかかわる変数は、すべて実質値とする。

さらに、上の生産物市場の均衡条件を、Y について整理すると、

$$Y = \frac{C_0 - cT + I_0 + G}{1-c} - \frac{b}{1-c}r$$

という関係式が得られる。あるいは、生産物市場の均衡条件を、r について整理すると、

$$r = \frac{C_0 - cT + I_0 + G}{b} - \frac{1-c}{b}Y$$

と表すこともできる。

以上の関係式は、生産物市場の均衡を実現する GDP(Y)と利子率 r の関係を示すもので、***IS 曲線を表す式***である。この GDP と利子率の関係を**図8-2**の**パネル(B)**に描くと、右下がりの直線 IS のようになる。ここで、IS 曲線の傾きは $-(1-c)/b$、縦軸の切片は $(C_0 - cT + I_0 + G)/b$ である。

2-2 45度線図による IS 曲線の導出

今度は、45度線図を使って IS 曲線を導出してみる。図8-2の**パネル(A)**に

図8-2　IS曲線の導出

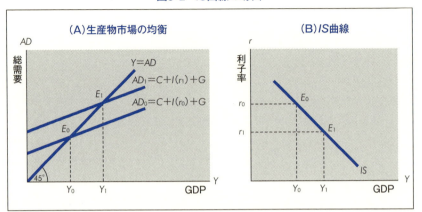

おいて，利子率rの水準がr_0であれば，投資関数より，投資支出Iは$I(r_0) = I_0 - br_0$の大きさになる。このとき，総需要ADは$AD_0 = C + I(r_0) + G$線によって表され，均衡GDPの水準は，総需要ADと総供給Yが等しくなるE_0点で決まり，Y_0になる。

つぎに，利子率rがr_1の水準に下がると，投資支出Iは$I(r_1) = I_0 - br_1$に高まる。その結果，総需要線は$AD_1 = C + I(r_1) + G$へ上方にシフトして，生産物市場の均衡はE_1点に移り，均衡GDPはY_1の水準に増加する。

このように，生産物の総需要と総供給を等しくさせるGDPと利子率の水準は，互いに反対方向に動く関係にあり，その関係をつぎつぎと図に描くと，パネル(B)のような右下がりのIS曲線が求められる。

3　LM曲線

つぎに，LM曲線について説明する。**LM曲線**とは，貨幣市場の均衡を実現させるGDPと利子率の組み合わせを示すものである。ここで，Lとは貨幣需要(Liquidity)を，Mとは貨幣供給(Money supply)を意味する。

3-1 貨幣市場の均衡条件とLM曲線

LM曲線を「貨幣市場の均衡条件」に着目して導いてみる。

いま，経済全体の貨幣需要量Lは，GDP(Y)の増加関数であると同時に，利子率rの減少関数であり，1次式で示した「ケインズの貨幣需要関数」，

$$L = L_0 + eY - fr$$

によって表されるものとする。ここで，L_0は，GDP(Y)や利子率rに依存しない独立貨幣需要(一定値)である。また，係数$e(=\Delta L/\Delta Y)$は，GDP(Y)の変化により貨幣需要量が影響を受ける度合いを，係数$f(=-\Delta L/\Delta r)$は，利子率の変化により貨幣需要量が影響を受ける度合いを示す。

さらに，貨幣供給量Mは中央銀行によってコントロールされ，ある特定の水準に決められるものとする。また，物価水準Pは一定で変わらないものとする。

この場合，経済全体の実質貨幣供給と実質貨幣需要が等しくなることを示す**貨幣市場の均衡条件**($M/P=L$)は，

$$\frac{M}{P} = L_0 + eY - fr$$

と表せる。そして，この貨幣市場の均衡条件を，Yについて整理すると，

$$Y = \frac{M/P - L_0}{e} + \frac{f}{e}r$$

となる。あるいは，貨幣市場の均衡条件を，rについて整理すると，

$$r = -\frac{M/P - L_0}{f} + \frac{e}{f}Y$$

と表すこともできる。

以上の関係式は，貨幣市場の均衡を実現させるGDP(Y)と利子率rの関係を示すもので，**LM曲線を表す式**である。このGDP(Y)と利子率rの関係を図8-3のパネル(B)に描くと，右上がりの直線LMのようになる。ここで，LM曲線の傾きはe/f，縦軸の切片は$-(M/P-L_0)/f$である。

3-2 利子率決定図によるLM曲線の導出

今度は，「流動性選好理論」の均衡利子率決定図を使って，LM曲線を導

図8-3　LM曲線の導出

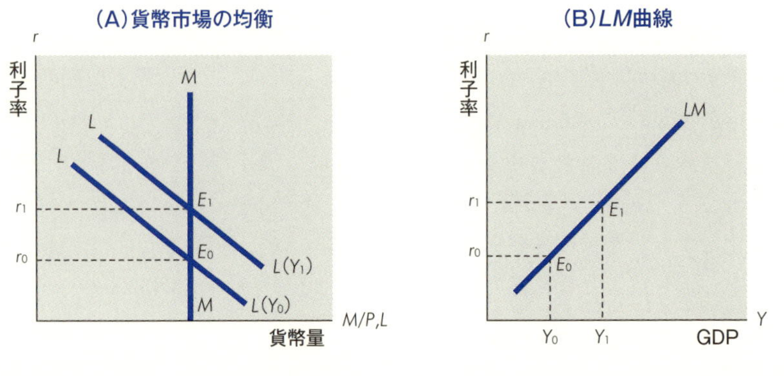

(A) 貨幣市場の均衡

(B) LM曲線

出してみる。図8-3の**パネル(A)**において，GDPがたとえばY_0の水準であれば，貨幣需要関数より，貨幣需要Lは$L(Y_0) = L_0 + eY_0 - fr$で示され，貨幣需要曲線は$LL(Y_0)$のように描かれる。このとき，均衡利子率は貨幣の需要と供給が等しくなるE_0点で決まり，r_0の水準になる。

つぎに，GDPがY_1の水準に増加すると，貨幣需要Lは$L(Y_1) = L_0 + eY_1 - fr$に高まり，貨幣需要曲線は$LL(Y_1)$に右方へシフトする。その結果，貨幣市場の均衡はE_1点へ移り，均衡利子率はr_1の水準に上昇する。

このように，貨幣の需要と供給を等しくさせるGDPと利子率の間には，互いに同じ方向に動く関係があり，その関係をつぎつぎと図に描くと，パネル(B)の右上がりのLM曲線が得られる。

4　GDPと利子率の同時決定

これまでに，生産物市場の均衡を実現するGDPと利子率の関係は「IS曲線」によって，また，貨幣市場の均衡を実現するGDPと利子率の関係は「LM曲線」によって表されることを見た。本節では，IS曲線とLM曲線の両者を結びつけて，GDPと利子率が相互に関連し合いながら決定されるこ

とを明らかにする。

4-1 生産物市場と貨幣市場の調整

図8-4は，IS曲線とLM曲線を同一の図に書き込んだものである。ここで，生産物市場と貨幣市場がともに均衡するのは，IS曲線とLM曲線の交点Eである。マクロ経済には，この同時均衡点Eに向かうメカニズムが存在するのかを調べてみる。

まず，生産物市場について考える。IS曲線上の点はどこも，生産物の総供給$AS(=Y)$と総需要ADは等しい（$Y=AD$）。これより，IS曲線の右側の領域（Ⅰ，Ⅱ）では，GDP（総供給）は生産物の需給が一致する水準より大きいので，生産物の供給が需要を上回り，生産物市場は超過供給の状態にある（$Y>AD$）。ゆえに，GDPは減少する（左方へ調整される）。反対に，IS曲線の左側の領域（Ⅲ，Ⅳ）では，生産物の需要が供給を上回り，生産物市場は超過需要の状態にある（$Y<AD$）。このため，GDPは増加する（右方へ調整される）。

つぎに，貨幣市場について考えてみる。LM曲線上の点はどこも，貨幣の供給M/Pと需要Lは等しい（$M/P=L$）。これより，LM曲線の下側の領域（Ⅰ，Ⅳ）では，利子率は貨幣の需給が一致する水準より低いため，貨幣需要が大きく，貨幣市場は超過需要の状態にある（$M/P<L$）。ゆえに，利子率

図8-4　生産物市場と貨幣市場の調整と同時均衡

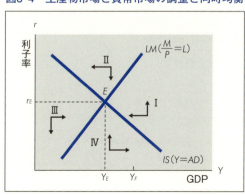

は上昇する(上方へ調整される)。反対に，LM曲線の上側の領域(Ⅱ，Ⅲ)では，利子率は貨幣の需給が一致する水準より高いため，貨幣需要は小さく，貨幣市場は超過供給の状態にある($M/P>L$)。このため，利子率は下落する(下方へ調整される)。

したがって，生産物市場や貨幣市場に需要と供給の不均衡があると，図8-4の矢印の方向に，GDPと利子率はそれぞれ調整されていく。その結果，両者は領域Ⅰでは左上(北西)の方向に，領域Ⅱでは左下(南西)の方向に，領域Ⅲでは右下(南東)の方向に，領域Ⅳでは右上(北東)の方向に進んでいく。このため，GDPと利子率の調整経路は，生産物市場と貨幣市場の同時均衡点Eに向かって，左回りで収束していくことになる。

4-2 マクロ経済の均衡

図8-4の状況において，マクロ経済は，前項で述べたような調整過程を経て，やがてIS曲線とLM曲線が交差するE点に到達し，生産物の総需要と総供給が等しくなると同時に，貨幣の需要と供給も等しくなる均衡状態に落ち着く。その結果，GDPと利子率の均衡値は，**生産物市場と貨幣市場の同時均衡**が実現するE点において，それぞれY_E，r_Eの水準に決定される。

さらに，第2, 3節のように，IS曲線とLM曲線が1次式で示される場合には，GDPと利子率の均衡値は，具体的に求めることができる。すなわち，IS曲線の式(129頁)とLM曲線の式(131頁)を連立させ，Yとrについて解くと，**均衡GDP**の値は，

$$Y_E = \frac{f(C_0 - cT + I_0 + G) + b(M/P - L_0)}{f(1-c) + be}$$

になる。また，**均衡利子率**の値は，

$$r_E = \frac{e(C_0 - cT + I_0 + G) - (1-c)(M/P - L_0)}{f(1-c) + be}$$

になる。

以上のように，GDPと利子率の均衡値が(Y_E, r_E)に決まれば，消費関数$C = C_0 + c(Y - T)$に$Y = Y_E$を代入すると消費支出Cの値が，投資関数$I = I_0 - br$に$r = r_E$を代入すると投資支出Iの値が，貨幣需要関数$L = L_0 + eY - fr$にY

$=Y_E$ と $r=r_E$ を代入すると貨幣需要量 L の値が決まる。このようにして，生産物市場と貨幣市場に関連するマクロ経済変数の水準がすべて確定し，**マクロ経済の均衡**が実現することになる。

ただし，生産物市場と貨幣市場がともに均衡するからといって，そのときの均衡GDPが完全雇用水準に等しいことが保証されるわけではない。図8-4の状況では，生産物の総需要や貨幣供給量が十分な大きさでないため，均衡GDP（Y_E）は完全雇用GDP（Y_F）よりも低く，マクロ経済の均衡点 E は不完全雇用の状態にある。しかし，物価が一定の状況では，賃金や価格が速やかに低下して，完全雇用が自動的に達成されることは期待できない。そのため，次節以降で詳しく検討するが，完全雇用を実現するには，政府・中央銀行による財政政策や金融政策の発動が必要とされる。

なお，章末の練習問題10に，IS-LM分析の数値モデルが示してあるので，読者はこれに取り組んで欲しい。

5 金融政策の効果

これから，IS曲線とLM曲線を使って，マクロ経済政策の柱である**金融政策**（中央銀行が貨幣供給量や利子率などの金融変数の操作を通じて，物価安定や完全雇用などの目標を実現しようとする政策），および**財政政策**（財政支出や財政収入の財政活動を利用して行われる政府の経済政策）が，マクロ経済に対してどのような影響を及ぼすのかを検討する。なお，ここでも，物価は一定で変わらないものと仮定して，とくにGDPの水準に注目しながら，金融政策と財政政策の景気調整（安定）効果について考察する。

5-1 金融政策の手段

金融政策がマクロ経済に与える効果を分析する前に，中央銀行の主要な金融政策の手段である「金利政策」，「公開市場操作」，「準備率操作」について説明しておく。これらは，経済全般の貨幣量や利子率の水準に影響を与えることを目的とする金融調節手段である。

第1に，**金利政策**について述べる。中央銀行は，金融機関に手形割引や担保貸し付けの形で貸し出しを行う。その際の金利を，「基準割引率」とか「基準貸付利率」と呼ぶ（かつては「公定歩合」といった）。この基準利率を変更することにより，日本銀行はマネタリー・ベースそれゆえ貨幣供給量を調整することが可能になる。たとえば，基準利率の引き下げは，民間の金融機関にとっては借り入れコストの軽減を意味するので，日本銀行からの借り入れを増やし，マネタリー・ベースは増加する。さらに，金融機関は貸し出しや債券投資を盛んに行うようになるので，経済全体の貨幣供給量は増大する。

第2に，中央銀行が各種の債券や手形を売買することにより金融を調節することを，**公開市場操作**という。たとえば，日本銀行が債券の**買い操作**（**買いオペレーション**）を実施すると，金融機関の債券保有額が減少する一方，日本銀行への預け金（マネタリー・ベースの一部）はその分増加する。このため，金融機関には準備の余裕ができるので，貸し出しや債券投資が増え，貨幣供給量は増加する。反対に，**売り操作**（**売りオペレーション**）を実施すると，金融機関の債券保有額は増えるが，それだけ日本銀行への預け金（マネタリー・ベース）は減少する。このため，金融機関は準備の不足に直面し，貸し出しや債券投資を抑制するので，貨幣供給量は減少する。

第3に，金融政策の手段として**準備率操作**がある。前章で述べたように，「準備預金制度」のもとでは，金融機関は預金債務の一定比率を，現金で中央銀行に預け入れることが義務づけられている。中央銀行はこの預金準備率（支払準備率）を操作することにより，金融を調節することができる。たとえば，日本銀行が準備率を引き下げると，金融機関は過剰準備をもつことになるので，貸し出しや債券購入を増加させ，貨幣供給量が増加する。

なお，最近の日本では，金融市場の自由化が進んでおり，日本銀行が金利政策によって貨幣供給量を調整するのは難しい状況にある。また，1991年10月以来，預金準備率の変更はなく，準備率操作は金融政策の手段として使われていない。実際は，コールレートつまり無担保コール・オーバーナイト（翌日）物金利を金融調節の対象として，公開市場操作による貨幣供給量の調整が主な金融政策の手段になっている。

5-2 金融緩和の景気拡大効果

では，金融緩和政策がマクロ経済にどのような効果を与えるのかを考えてみる。いま，図8-5において，マクロ経済はIS曲線とLM曲線の交点E_0で均衡しており，利子率の水準はr_0，GDPの水準はY_0に決まっているものとする。この均衡GDPの水準Y_0は，完全雇用GDPの水準Y_Fよりも低いので，中央銀行は完全雇用の実現をはかり，金融緩和政策(たとえば，買いオペレーション)を実施して，貨幣供給量を増加させたとする。

貨幣供給量の増加は，図8-3(A)に戻ると，貨幣供給曲線MMの右方シフトを意味するので，同じGDP(Y)(同一の貨幣需要曲線)に対して，以前より低い利子率の水準で貨幣の需給は均衡することになる。あるいは，利子率に変化がなければ，貨幣の供給と需要が再び等しくなるには，GDPが増えて貨幣需要が増大する必要がある。その結果，貨幣供給量の増加により，図8-5のLM曲線はLMからLM'へ右方にシフトする。

もし利子率が当初の水準r_0で変わらなければ，GDPが増加して，貨幣供給量の増加分をちょうど吸収するだけ貨幣需要を増大させるF点で，マクロ経済の均衡は成立する。その結果，F点で完全雇用が達成されることになる。

しかし，利子率が貨幣市場の需給状態によって自由に変化する状況では，貨幣供給量の増加は利子率を低下させる。この利子率低下は，貨幣需要の増加を引き起こして貨幣の供給と需要のギャップを縮めるとともに，投資支出

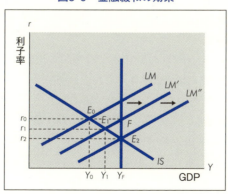

図8-5　金融緩和の効果

を刺激する。そのため，生産物市場において総需要が増加して，GDPが増加する。さらに，このGDPの増加は貨幣需要を増加させて，貨幣市場の需給ギャップを縮小させるが，貨幣が超過供給の状態にある限り，利子率はなお低下する。このような調整過程が続き，E_1点に到達したとき，生産物市場と貨幣市場は同時に均衡を実現する。したがって，金融緩和政策の発動により，利子率はr_0からr_1に低下し，GDPはY_0からY_1へ増加する。

図8-5の状況では，金融政策によって完全雇用を実現するには，なおいっそうの金融緩和が必要となる。中央銀行が貨幣供給量をさらに増加させ，LM曲線がLM″の位置にまで右方シフトすれば，マクロ経済の均衡はE_2点において成り立つ。その結果，均衡利子率はr_2の水準になり，また，均衡GDPは完全雇用GDPの水準Y_Fに一致して，完全雇用が達成されることになる。

なお，上のケースとは反対に，中央銀行が金融引き締め政策(たとえば，売りオペレーション)を実施して，貨幣供給量を減少させる場合には，LM曲線が左方へシフトして，均衡利子率は上昇，均衡GDPは減少する。

6 金融政策が有効ではない状況

前節では，IS-LM分析の枠組みのもとで，金融政策がマクロ経済に与える効果を見たが，本節においては，金融政策が景気調整手段として有効ではない状況を取り上げる。

6-1 流動性のわな

極端なケースとして，前章の第10節で説明した**流動性のわな**の状況を考えてみる。経済は不況の状態にあり，だれもが利子率は下限に達していると判断しているため，債券を購入しようとする人はなく，みなが貨幣の形で資産を保有しようとする。このとき，**貨幣需要の利子弾力性**は無限大で，貨幣需要曲線は利子率の下限水準で水平な形になる。したがって，GDPが高まり貨幣需要が増加しても，貨幣市場を均衡させる利子率の水準は変わらない。それゆえ，**図8-6のパネル(A)**のように，流動性のわなが存在するところ

図8-6 金融政策が有効ではない状況

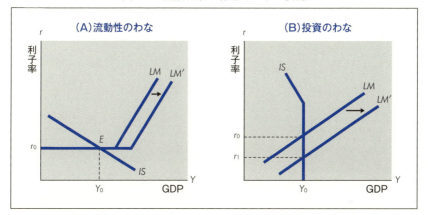

では，LM曲線は水平な形になる。

経済が流動性のわなに陥っている場合には，中央銀行が貨幣供給量を増加させても，人びとはそれをすべて貨幣のままで保有する。このとき，LM曲線はLM′曲線のように，右上がりの部分（つまり，流動性のわなに陥っていない領域）を右方にシフトさせるだけである。IS曲線とLM′曲線は，貨幣供給量の増加前と同じくLM曲線の水平部分のE点で交差しており，金融緩和政策は均衡利子率の水準r_0にも均衡GDPの水準Y_0にも，まったく影響を与えることができない。流動性のわなの状況では，貨幣供給量が増加しても，利子率は一定で，GDPの水準は変わらず，金融緩和政策は景気拡大効果をまったくもたないのである。

さらに，以上の話を一般化すると，貨幣需要の利子弾力性が大きいほど，LM曲線は緩やかな右上がりの曲線になり，金融政策の景気拡大効果は小さくなる，ということができる。

6-2 投資のわな

もう1つの極端なケースとして，**投資需要の利子弾力性**（利子率1％の下落が何％の投資需要の増加をもたらすかを示す値）がゼロである**投資のわな**と呼ばれる状況を考えてみる。

たとえば，市場の利子率が低下して，投資の金利コストが軽減しても，経済は不況の状態にあり，将来の景気に対する見通しがつかなければ，企業は工場や機械・設備の投資を控える。この場合，投資需要の利子弾力性はゼロで，利子率が低下しても投資支出の水準は一定で変わらない。さきの図8-2に戻ると，利子率が低下しても投資支出は増加しないので，総需要を表す$C+I+G$線は変化せず，均衡GDPの水準も変化しない。したがって，図8-6のパネル(B)のように，IS曲線は投資のわなが存在するところでは垂直線によって描かれる。

さて，投資のわなが存在する状況において，中央銀行が金融緩和をはかり貨幣供給量を増加させると，LM曲線はLM′に右方へシフトして，利子率の水準はr_0からr_1へ下がる。しかし，利子率の低下は投資支出を何ら誘発しないため，GDPは元の水準Y_0で変わらない。投資のわなの状況では，金融緩和政策は景気拡大効果をまったくもたないことになる。

さらに，以上の話を一般化すると，投資需要の利子弾力性が小さいほど，IS曲線は急な右下がりの曲線になり，金融政策の景気拡大効果は小さくなる，ということができる。

7 財政政策の効果

つぎに，財政政策(とくに，裁量的財政政策)がマクロ経済にどのような効果を与えるのかを検討する。

7-1 政府支出増加の景気拡大効果

いま，図8-7において，マクロ経済はIS曲線とLM曲線の交点E_0で均衡しており，利子率はr_0，GDPはY_0の水準にあるとする。ここで，政府は完全雇用を実現するため財政拡張をはかり，政府支出を増加させたとする。

政府支出が増加すると，図8-2(A)において，総需要線$AD=C+I+G$は上方にシフトする。このため，総供給Yと総需要ADが一致する点で決まる均衡GDPの水準は大きくなる。より厳密にいうと，IS曲線を表す式(129頁)か

7 財政政策の効果

図8-7　財政拡張の効果

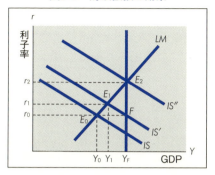

ら読みとれるように、利子率に変化がなければ、均衡GDPは、政府支出の増加分に政府支出乗数〔1／(1−限界消費性向)〕を掛けた大きさだけ増加する。それゆえ、図8-7のIS曲線はその分だけ右方へシフトして、IS'の位置に移ることになる。

　この場合、もし利子率が当初の水準r_0で一定ならば、政府支出増加の乗数効果が完全に働いて、均衡GDPは、政府支出増加分に政府支出乗数を掛けた大きさだけ増加する。その結果、F点において完全雇用が実現する。

　けれども、利子率が自由に変化する状況では、F点は均衡点にはならない。なぜなら、政府支出の増加にもとづくGDP(Y)の上昇は、貨幣に対する需要を増加させる。貨幣供給量は一定であるから、貨幣市場は超過需要の状態となり、利子率の上昇が起こる。この利子率上昇は、貨幣需要を抑制するとともに、投資支出を減少させるため、生産物市場では総需要が縮小して、乗数効果がマイナスの方向に働き、GDPは低下する。さらに、このGDPの低下は貨幣需要を抑える作用もある。このような調整を経て、マクロ経済がE_1点に至ったとき、生産物市場と貨幣市場の同時均衡が実現する。その結果、均衡利子率はr_0からr_1へ高まり、均衡GDPはY_0からY_1に増加する。

　図8-7の状況では、財政政策によって完全雇用を実現するには、なおいっそうの財政拡張が必要である。政府支出がさらに拡大して、IS曲線がIS″の位置まで右方にシフトすれば、マクロ経済の均衡はE_2点で成り立つ。その結果、均衡GDPは完全雇用GDPの水準Y_Fに一致して、完全雇用が達成され

る。これに伴い，均衡利子率はr_2の水準に上昇する。

なお，上のケースとは反対に，政府が財政緊縮をはかり，政府支出を減少させる場合には，IS曲線が政府支出減少分に政府支出乗数を掛けた大きさだけ左方にシフトする。このため，均衡利子率は低下し，均衡GDPは減少することになる。

7-2 減税の景気拡大効果

前項では，IS-LM分析にもとづき，政府支出の増加が均衡GDPの水準を高める効果をもつことを明らかにしたが，つぎに，減税も同じような景気拡大効果をもつことを示す。

政府が減税(租税Tの引き下げ)を実施すると，家計の可処分所得$Y-T$は高まるので，消費支出が増加する。そのため，総需要($AD=C+I+G$)が増加して，均衡GDPの水準は大きくなる。より厳密にいうと，IS曲線を表す式(129頁)から読みとれるように，利子率に変化がなければ，均衡GDPは，減税の規模に租税乗数〔限界消費性向／(1－限界消費性向)〕を掛けた大きさだけ増加する。それゆえ，図8-7のIS曲線はその分だけ右方へシフトして，IS'の位置に移る。

その後は政府支出増加の場合と同様で，最終的に，均衡利子率は上昇し，均衡GDPの水準は増加することになる。IS-LM分析によると，減税は可処分所得の上昇を通じて消費支出を誘発し，同時に，利子率上昇による投資支出の抑制も引き起こすが，全体としては総需要を高め，GDPを拡大させる効果をもつのである。

なお，反対に，増税(租税Tの引き上げ)が実施されると，IS曲線は増税の規模に租税乗数を掛けた大きさだけ左方にシフトする。このため，均衡利子率は低下し，均衡GDPは減少することになる。

8 財政政策の効果に対する異論

前節において，IS-LM分析の枠組みのもとで，財政政策がマクロ経済に

どのような影響を及ぼすのかを見たが，本節では，財政政策は景気調整手段として有効ではないとする議論を紹介する．

8-1 財政政策とクラウディング・アウト効果

財政政策の景気拡大効果に関連して，「クラウディング・アウト効果」がよく話題に上がる．**クラウディング・アウト**(crowding out)とは，本来，「押しのけること」とか「締め出すこと」という意味であるが，マクロ経済学の分野では，第6章の第6節でも言及したが，政府が財政資金を調達するために国債を発行する場合，金融市場において民間と政府の間で資金調達をめぐり競争が生じて，利子率が上昇することになり，その結果，民間の資金需要が押しのけられてしまうことをさす．わが国でも，財政赤字を補うため，赤字国債が大量に発行されるようになった1970年代以来，クラウディング・アウトの問題が注目されてきた．

いま，さきの図8-7において，マクロ経済はIS曲線とLM曲線の交点E_0で均衡しているものとする．このとき，政府は国債を市中消化の形で発行し，その資金をもとに政府支出を増加させたとする．政府支出の増加はIS曲線をIS'へと右方にシフトさせる一方，市中消化による国債発行のため貨幣供給量には変化がなく，LM曲線はそのままで変わらない．したがって，新しいマクロ経済の均衡はE_1点に移り，これに伴い，均衡GDPの水準はY_0からY_1へ増加し，均衡利子率の水準はr_0からr_1に上昇する．

ここで，均衡GDPは，利子率がr_0の水準で変化せず，政府支出の乗数効果が完全に作用したときに実現するF点の水準Y_Fには達していない．すなわち，政府が国債の市中消化によって財政資金の調達をはかることから，貨幣供給量が一定のもとで資金の需給が逼迫し，利子率が上昇することになる．このため，民間の投資支出が抑制されて，政府支出の増加による当初のGDP創出効果($Y_0 \rightarrow Y_F$)は，金融面の反作用を受けて一部が相殺されてしまうのである($Y_F \rightarrow Y_1$)．この現象を**クラウディング・アウト効果**という．

8-2 完全なクラウディング・アウト

つぎに，クラウディング・アウト効果が完全な形で作用する2つの極端な

ケースを取り上げる。

(1) 古典派の貨幣数量説

財政拡張政策のクラウディング・アウト効果は，1つには LM 曲線の形状に依存する。「貨幣需要の利子弾力性」が小さく，利子率が低下しても貨幣需要はほとんど増加しないときには，貨幣需要曲線は急な右下がりの曲線で描かれ，LM 曲線も急な右上がりの曲線になる。

その極端なケースが，前章の第11節で説明した古典派の**貨幣数量説**の状況である。貨幣数量説では，貨幣需要は所得のみによって決まり，利子率とは無関係としているので，「貨幣需要の利子弾力性」はゼロである。また，古典派経済学では，賃金や価格が伸縮的に変化して，完全雇用が自動的に実現すると考えている。したがって，**図8-8**の**パネル(A)**のように，LM 曲線は完全雇用GDPの水準 Y_F で垂直な直線として描かれる。

この場合，政府支出を増加させると，IS 曲線は IS' へ右方にシフトして，マクロ経済の均衡は E_0 点から E_1 点に移るが，利子率の水準が r_0 から r_1 に大きく上昇するだけで，GDPの水準はまったく影響を受けない。政府支出の増加は利子率の引き上げを通じて，民間の投資支出を同額だけ押しのけることになり，結果的に，総需要やGDPの増加に結びつかないのである。し

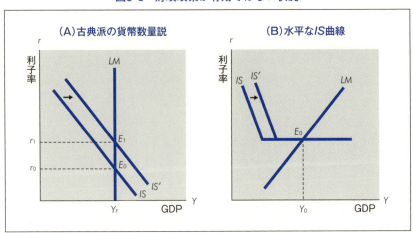

図8-8 財政政策が有効ではない状況

がって，貨幣需要の利子弾力性がゼロの場合には，財政拡張政策は利子率の上昇による**完全なクラウディング・アウト**を引き起こすため，景気拡大手段としては有効ではない。

(2) **水平な IS 曲線**

また，財政拡張政策のクラウディング・アウト効果は，IS 曲線の形状にも依存する。「投資需要の利子弾力性」が大きく，利子率がわずかでも上昇すると，投資支出が大きく減少するときには，投資需要曲線は緩やかな右下がりの曲線で描かれ，IS 曲線も同じく緩やかな右下がりの曲線になる。

その極端なケースが，「投資需要の利子弾力性」が無限大で，図8-8の**パネル(B)**のように，IS 曲線が水平な直線で描かれる状況である。この場合，政府支出が増加して，IS 曲線の右下がり部分が IS′ へ右方にシフトしても，LM 曲線が IS′ 曲線の水平部分で交差している限り，マクロ経済の均衡は E_0 点のままである。なぜなら，政府支出の増加に伴う利子率上昇によって，民間の投資支出が大きく減少するため，政府支出の増加は相殺されて，総需要は変化しない。それゆえ，GDP は Y_0 の水準で変わらず，財政拡張政策は景気拡大効果をまったくもたないことになる。

8-3　資産効果とクラウディング・アウト

財政政策のクラウディング・アウト効果に関しては，国債保有の**資産効果**を考慮に入れた議論もある。この場合，消費支出と貨幣保有については資産効果が作用すると考えて，人びとの消費需要および貨幣需要は，金融資産の保有高が大きくなるにつれて増加する，と仮定する。

いま，**図8-9**において，当初，マクロ経済は IS 曲線と LM 曲線の交点 E_0 で均衡しているものとする。このとき，政府は市中消化の形で国債を発行して，その資金で政府支出を増加させたとする。政府支出の増加は，IS 曲線を IS′ へ右方にシフトさせ，LM 曲線との交点 E_1 がマクロ経済の新しい均衡点になる。

さらに，長期的には，市中消化による国債発行は，民間の保有する国債残高を増加させるので，人びとの金融資産のストックは上昇する。そのため，家計の消費支出が刺激されて，IS 曲線は IS″ へとなお右方にシフトする。ま

図8-9 資産効果とクラウディング・アウト

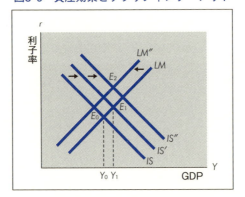

た，人びとは増加した金融資産ストックに見合うように貨幣を保有しようとするので，貨幣需要が増加して，LM曲線はLM''曲線へと左方にシフトする。

したがって，マクロ経済の長期均衡は，IS''曲線とLM''曲線が交差するE_2点になる。もし，国債保有の資産効果にもとづくIS曲線の上方シフト幅が，LM曲線の上方シフト幅よりも大きく，E_2点がE_1点よりも右方に位置するならば，長期均衡のGDPは短期均衡点E_1の水準Y_1よりも高くなる。反対に，資産効果にもとづくIS曲線の上方シフト幅が，LM曲線の上方シフト幅よりも小さく，E_2点がE_1点よりも左方に位置するならば，長期均衡のGDPは短期均衡の水準Y_1よりも低くなってしまい，国債保有の資産効果によるクラウディング・アウトが発生することになる。

なお，もし長期均衡点E_2が初期均衡点E_0の真上にくるとなれば，GDPの水準は当初の水準Y_0に戻ってしまう。すなわち，長期的な国債保有の資産効果(図8-9のE_1点からE_2点への変化)が，政府支出の短期的な景気拡大効果(E_0点からE_1点への変化)と逆方向に同じ規模で作用し，完全なクラウディング・アウトが起こる。この場合，財政拡張政策は長期的には，資産効果による100％のクラウディング・アウトを引き起こし，まったく景気拡大効果をもたないことになる。

9 金融政策と財政政策の有効性

本節では，金融政策と財政政策の景気調整効果に関して，まだ言及していない重要な点をいくつか指摘しておく。

9-1 財政政策が有効なケース

第6節において，「流動性のわな」と「投資のわな」を取り上げ，金融緩和政策はGDPの水準を高めることができないことを示したが，この状況では，逆に，財政拡張政策が景気拡大手段として有効である。

なぜなら，**図8-6(A)の流動性のわな**の状況では，政府支出が増加してIS曲線が右方にシフトしても，LM曲線が水平である限り，利子率は上昇しない。そのため，クラウディング・アウト効果は現れず，政府支出増加の乗数効果が完全な形で作用して，財政拡張の景気拡大効果は最大限の規模になる。

また，**図8-6(B)の投資のわな**の状況では，政府支出の増加により，垂直なIS曲線がそのままの形で右方にシフトして，利子率が上昇することになっても，投資支出はまったく影響を受けない。そのため，クラウディング・アウトは少しも起こらず，乗数効果が完全に作用するので，財政拡張政策は景気拡大手段として有効になる。

なお，どちらの状況においても，財政拡張政策により，GDPはIS曲線の右方シフト幅だけ増加する。

9-2 金融政策が有効なケース

第8節では，「古典派の貨幣数量説」と「水平なIS曲線」を取り上げ，財政拡張政策はGDPの水準を高めることができないことを示したが，この状況では，逆に，金融緩和政策が景気拡大手段として有効である。

なぜなら，**図8-8(A)の貨幣数量説**の状況では，貨幣供給量が増加して，垂直なLM曲線が右方にシフトし利子率が低下することになっても，貨幣需要はまったく増加しない。そのため，貨幣の超過供給が解消されるには，GDP

が大幅に増加して貨幣需要が高まる必要がある。その結果，金融緩和の景気拡大効果は大きなものになる。

　また，**図8-6(B)**の**水平な*IS*曲線**の状況では，貨幣供給量が増加して利子率がわずかでも低下すると，投資支出が大きく増加する。その結果，総需要そしてGDPは大きく増加することになり，金融緩和政策は景気を拡大させるうえで有効である。

　なお，どちらの状況においても，金融緩和政策により，GDPは*LM*曲線の右方シフト幅だけ増加する。

9-3　政策のタイムラグ

　これまでは，暗に，金融政策や財政政策はタイミングよく実施されて，その効果が迅速に現れることを仮定してきた。しかし，現実には，**政策のタイムラグ**（時間的ずれ）の問題がある。

　すなわち，政策の発動が必要と認められるまでにかかる「認識ラグ」，政策の発動が認識されてから政策を決定して実施されるまでにかかる「実施ラグ」，さらに，政策が実施されてから効果が現れるまでにかかる「効果ラグ」が存在する。一般に，金融政策は効果ラグが長く，財政政策は実施ラグが長いといわれる。このため，不況対策として行った政策の効果が景気回復期になって現れるとか，景気の過熱を抑えるために行った政策の効果が景気後退期になって現れる，といったことも起こりうる。

10　ポリシー・ミックス

　以上では，金融政策が実施される場合には財政政策は不変とし，また，財政政策が実施される場合には金融政策は不変として，マクロ経済政策の効果を調べた。ただし，複数の政策目標があるときには，金融政策と財政政策を組み合わせて実施する必要がある。これを**ポリシー・ミックス**という。

　たとえば，**図8-10**において，当初，マクロ経済は*IS*曲線と*LM*曲線の交点E_0で均衡しており，利子率はr_0の水準，GDPはY_0の水準に決まっている

図8-10 ポリシー・ミックス

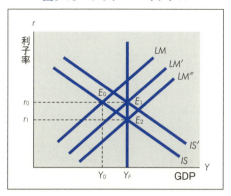

ものとする。このとき、政策当局は、利子率を現行の水準r_0に維持したうえで、完全雇用GDPの水準Y_Fを実現することを目標にしたとする。それには、政府が政府支出を増加させて（あるいは、減税を行うことによって）、IS曲線をIS'の位置に右方へシフトさせると同時に、中央銀行が、財政拡張による利子率の上昇を抑えるため貨幣供給量を増加させ、LM曲線をLM'の位置に右方へシフトさせる必要がある。

すると、マクロ経済の新たな均衡はE_1点に移動して、完全雇用GDPの水準Y_Fが実現し、また、利子率は当初の水準r_0のままになる。これは、金融緩和を伴った拡張的財政政策のケースであり、財政政策の乗数効果が完全な形で発揮され、景気拡大効果は強力なものとなる。

つぎに、マクロ経済がE_1点にあるとき、政府は財政収入を増やすために増税を実施するが、景気が落ち込むことは避け、均衡GDPを完全雇用水準Y_Fに維持することを目標にしたとする。それには、政府が増税（租税Tの引き上げ）を行い、IS'曲線がISの位置に左方へシフトすると同時に、中央銀行が、GDPの低下を阻止するべく貨幣供給量を増加させて、LM'曲線をLM"の位置にまで右方へシフトさせることが必要である。

これに伴い、マクロ経済の均衡はE_1点からE_2点に移り、増税が実施されたにもかかわらず、GDPは完全雇用水準Y_Fで変わらない。ただし、金融緩和政策が並行してとられたため、利子率はr_1の水準に低下する。

キーワード

IS曲線　LM曲線　生産物市場と貨幣市場の同時均衡　金利政策・公開市場操作・準備率操作　流動性のわな　貨幣需要の利子弾力性　投資のわな　投資需要の利子弾力性　金融政策の効果　財政政策の効果　クラウディング・アウト　資産効果　政策のタイムラグ　ポリシー・ミックス

練習問題

1. IS曲線を，45度線図にもとづき導出しなさい。また，政府支出が増加すると，IS曲線はどのようにシフトするかを説明しなさい。
2. LM曲線を，「流動性選好理論」の均衡利子率決定図にもとづき導出しなさい。また，貨幣供給量が増加すると，LM曲線はどのようにシフトするかを説明しなさい。
3. 図8-4において，経済が領域Ⅰおよび領域Ⅲにあるとした場合，それぞれどのような調整が生じるかを説明しなさい。
4. 金融引き締めはどのような手段を通じて行われるのか。また，金融引き締めがマクロ経済に与える効果を，IS-LM曲線を使って説明しなさい。
5. 政府支出の減少および増税は，マクロ経済にどのような影響を与えるか，IS-LM曲線を使って説明しなさい。
6. 貨幣需要について「流動性のわな」が存在する場合，および，貨幣需要が利子率に依存しない場合，LM曲線はそれぞれどのような形になるかを明らかにしなさい。さらに，この2つの状況における金融政策と財政政策の有効性について説明しなさい。
7. 投資需要について，「投資のわな」が存在する場合，および，投資需要の利子弾力性が無限大の場合，IS曲線はそれぞれどのような形になるかを明らかにしなさい。さらに，この2つの状況における金融政策と財政政策の有効性について説明しなさい。
8. 政府支出の増加や減税が市中消化による国債発行によって資金調達される場合，および，実質的な日銀引き受けによる国債発行によって資金調達される場合，それぞれマクロ経済にどのような影響を与えるかを説明しなさい。

9. 「クラウディング・アウト」はなぜ生じるのか，それはどのような要因に依存するのかを説明しなさい。

10*. 民間と政府からなる経済において，消費関数は $C = 60 + 0.5(Y - T)$，投資関数は $I = 90 - 5r$，政府支出 G と租税 T はともに 100，貨幣需要関数は $L = 100 + 0.2Y - 4r$，貨幣供給量 M は 150，物価水準 P は 1，完全雇用 GDP の水準は 380 であるものとして，以下の問いに答えなさい。

(1) IS 曲線と LM 曲線を表す式を求め，それぞれを図示しなさい。

(2) 均衡 GDP (兆円) と均衡利子率 (%) はいくらか。また，均衡における消費支出，投資支出，貨幣需要量 (兆円) はそれぞれいくらになるか。

(3) 財政政策により完全雇用を実現するには，政府支出 (兆円) はどれだけ増加させればよいか。そのときの利子率と IS 曲線を表す式はどうなるか。

(4) 金融政策により完全雇用を実現するには，貨幣供給量はどれだけ増加させればよいか。そのときの利子率と LM 曲線を表す式はどうなるか。

(5) 利子率を当初の均衡水準に維持しながら，完全雇用を実現するには，政府支出と貨幣供給量はそれぞれどれだけ増加させればよいか。

第9章 国際経済

今日では，国際貿易や国際資本移動など国際経済取引の重要性は高く，外国経済との結びつきを考慮せずに，マクロ経済の問題を考えることは難しくなっている。そこで，本章においては，「国際経済」（国際貿易と国際金融）に関連した問題，具体的には，国際収支，外国貿易とGDPおよび貿易収支との関係，為替レート，Jカーブ効果，マンデル＝フレミング・モデル，開放経済におけるマクロ経済政策の有効性などについて検討し，国際経済取引がマクロ経済にどのような影響を与えるのかを明らかにする。

1 国際収支

はじめに，**国際収支**(balance of payments)とは，ある国において，一定期間（1年，四半期，1カ月）に，居住者と非居住者（外国の居住者）との間で行われた対外経済取引を体系的に記録したものである。国際収支は一国の対外経済取引を総括的にとらえ，通常の代金決済を伴う財・サービスや資産の取引だけではなく，代金決済を伴わない贈与・賠償などの非商業取引もすべて計上する。

1-1 新方式の国際収支表

表9-1には，日本の「国際収支表」が示してある。これは，IMF（国際通貨基金）国際収支マニュアル第6版に準拠した新方式にもとづいて，2014年1月から作成されるようになった国際収支統計である。

国際収支表の項目は，経常収支，資本移転等収支，金融収支に大別されている。まず，**経常収支**は，財・サービスや所得の対外取引および経常移転の収支状況を示すもので，さらに，貿易・サービス収支，第一次所得収支，第

表9-1 日本の国際収支表

単位：億円

項　目	2000年	2005年	2010年	2013年
経常収支	140,616	187,277	190,903	33,061
貿易・サービス収支	74,298	76,930	65,646	-122,349
貿易収支	126,983	117,712	95,160	-87,456
輸出	489,635	630,094	643,914	678,190
輸入	362,652	512,382	548,754	765,646
サービス収支	-52,685	-40,782	-29,513	-34,893
第一次所得収支	76,914	118,503	136,173	165,318
第二次所得収支	-10,596	-8,157	-10,917	-9,908
資本移転等収支	-9,947	-5,490	-4,341	-7,432
金融収支	148,757	163,444	222,578	-15,019
直接投資	36,900	51,703	62,511	129,712
証券投資	38,470	10,700	132,493	-254,968
金融派生商品	5,090	8,023	-10,262	55,139
その他投資	15,688	68,456	-89	16,595
外貨準備	52,609	24,562	37,925	38,504
誤差脱漏	18,088	-18,343	36,017	-40,648

出所：財務省『国際収支状況』。

二次所得収支に分けられる。

　貿易・サービス収支は，貿易収支とサービス収支の合計である。ここで，**貿易収支**は居住者と非居住者との間のもの(財)の輸出と輸入の収支を，**サービス収支**は輸送，旅行，金融，知的財産権等使用などのサービス取引の収支を示すものである。また，**第一次所得収支**は，国境を越えた雇用者報酬や投資収益の収支状況を示すものである。**第二次所得収支**は，居住者と非居住者との間の対価を伴わない資産の提供にかかわる収支状況を示すもので，官民の無償資金協力，寄付，贈与などが計上される。なお，第一次所得収支は従来の国際収支表では「所得収支」，第二次所得収支は「経常移転収支」と呼ばれた項目である。

　つぎに，**資本移転等収支**は，生産資源(財・サービス)と金融資産以外の資産の取引や資本移転の収支状況を示すものである。対価の受領を伴わない固

定資産の提供，債務免除のほか，非生産資産・非金融資産の取得処分などが計上される。

さらに，**金融収支**は，対外金融資産・負債の増減に関する取引の収支状況を示すもので，直接投資，証券投資，金融派生商品，その他投資，および外貨準備の合計からなる。なお，金融収支(外貨準備を除く)と資本移転等収支の合計は，これまで「資本収支」(対外債権・債務にかかわる取引の収支状況を示すもの)と呼んでいた項目にあたる。

なお，従来の国際収支統計では，資金の流出入に着目して，資本収支および外貨準備増減のプラス(＋)は資本の流入(資産の減少，負債の増加)を，マイナス(−)は資本の流出(資産の増加，負債の減少)を意味した。しかし，新方式の国際収支統計では，外貨準備は金融収支の中に組み込まれ，また，資産・負債の増減に着目して，金融収支のプラス(＋)は純資産の増加を，マイナス(−)は純資産の減少を示すように変更され，これまでの方式とは符号が逆になっている点に注意を要する。

1-2 国際収支表の利用と特徴

実際，一国の国際経済取引の状況を理解するためには，国際収支表のさまざまな収支概念が利用される。たとえば，財・サービスの輸出と輸入の状況を知るには，「貿易・サービス収支」に注目するのが適当である。また，居住者と非居住者間で債権・債務の移動を伴う，金融取引以外のあらゆる取引の状況を知るには，「経常収支」に注目するとよい。さらに，居住者と非居住者の間で行われる金融資産にかかわる債権・債務の移動を伴う取引の状況を知るには，「金融収支」に注目するのが適当である。

ただし，国際収支表は複式簿記の原理にもとづいて作成されているため，貸方と借方の合計は等しく，国際収支は全体としてはゼロになる仕組みとなっている。ゆえに，新方式の国際収支表では，原理的には，

$$\text{国際収支} = \text{経常収支} + \text{資本移転等収支} - \text{金融収支} = 0$$

という恒等関係が成り立つ(従来の方式では，国際収支＝経常収支＋資本収支＋外貨準備増減＝0が成立する)。

すなわち，経常収支は簡単にいうと，財・サービスの輸出から輸入を差し

引いたものであるから，経常収支が受け取り超過(黒字)のときには対外資産の純増が起こり，逆に，経常収支が支払い超過(赤字)のときには対外資産の純減が生じる。これに対して，金融収支と資本移転等収支は，対外資産の積み増し・取り崩しの状況を示すものであり，経常収支が黒字のときには純資産の増加あるいは支払い超過(資本移転等収支は微小とすれば，金融収支は黒字)，経常収支が赤字のときには純資産の減少あるいは受け取り超過(同じく，金融収支は赤字)になる。このように，資本移転等収支がごく小さければ，経常収支と金融収支は表裏一体の関係にあり，経常収支と金融収支の差額はゼロになる。

けれども，現実には，統計の不正確さや漏れがあるため，上記の恒等関係は通常は成り立たない。そこで，国際収支表では「誤差脱漏」の項目を置いて，国際収支がゼロとなるように調整をはかっているのである。

2 開放経済における均衡GDPの決定

本節では，第6章の民間と政府を対象にした「GDP決定の理論」を，外国との貿易を含めた形に拡張して，GDPの水準はどのように決定されるのかを検討する。

2-1 開放経済の総需要

対外経済活動を含む**開放経済**においては，第4章の第1節で述べたとおり，総需要(ないしは，総支出)ADは，消費支出C，投資支出I，政府支出G，それに純輸出NX(輸出Xから輸入Mを差し引いた値)の合計からなる。したがって，**総需要**ADは，

$$AD = C + I + G + X - M$$

と定義される。

ここで，**輸出**(X：export)は，自国の生産物(財・サービス)に対する外国の需要であるから，自国の総需要の一部を構成する。実際，輸出は外国や自国の経済状態，為替レートなどに依存するが，話を簡単にするため，ある一定

の値をとる独立支出とする。

また，**輸入**(M：import)は，外国の生産物(財・サービス)に対する自国の需要である。国内需要$C+I+G$の中には，輸入した財・サービスも含まれているので，自国の総需要を求めるには，輸入を差し引く必要がある。実際，輸入もさまざまな要因に依存するが，簡単に，自国の所得水準が高まるにつれて増加すると考える。そして，輸入Mと自国のGDP(Y)との間の関係は，1次式の**輸入関数**，

$$M = M_0 + mY \qquad 0 < m < 1$$

によって表されるものとする。ここで，M_0は独立輸入を表す。また，mは所得の増加のうち，輸入の増加に充てられる割合を示し，**限界輸入性向**という。なお，限界輸入性向mは1より小さい正の値とする。

さらに，消費支出Cは，第6章のGDP決定モデルと同じく，1次式のケインズ型消費関数$C = C_0 + c(Y-T)$ ($C_0 > 0$, $0 < c < 1$, $c > m$)で表され，また，投資支出I，政府支出G，租税Tは，いずれも一定値とする。

以上で説明した諸関係を，総需要ADの定義式に代入すると，開放経済の総需要ADは，つぎのように示される。

$$AD = C_0 + c(Y-T) + I + G + X - (M_0 + mY)$$

2-2　均衡GDPの決定

さて，均衡GDPの水準は，生産物(財・サービス)の総供給(GDP)Yと総需要ADが一致するところで決まる。ゆえに，**生産物市場の均衡条件**$Y = AD$の右辺に，前項の総需要ADの式を代入すれば，

$$Y = C_0 + c(Y-T) + I + G + X - (M_0 + mY)$$

となる。これをYについて解くと，均衡GDPの水準は，

$$Y = \frac{1}{1-c+m} \times (C_0 - cT + I + G + X - M_0)$$

として求められる。上式が**開放経済における均衡GDPの決定式**である。

また，図9-1においては，総需要の関係は，右上がりの直線$AD = C + I + G + X - M$によって示してある。この総需要線ADは，消費支出と輸入の差を示す$C - M$線を，投資支出と政府支出と輸出の和$I + G + X$だけ上方へ平

図9-1　開放経済における均衡GDPの決定

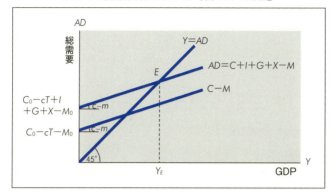

行シフトさせたものである。したがって，総需要線の切片は$C_0-cT+I+G+X-M_0$，傾きは$c-m$（限界消費性向－限界輸入性向）に等しい。そして，総需要線ADが45度線と交差するE点において，総供給と総需要は等しくなり，**均衡GDP**はY_Eの水準に決定される。

以上の「開放経済における均衡GDPの決定式」および図9-1より，独立消費C_0，投資支出I，政府支出G，輸出Xが大きいほど，反対に，租税T，独立輸入M_0が小さいほど，均衡GDPの水準は高くなる。また，限界消費性向cが高いほど，逆に，限界輸入性向mが低いほど，均衡GDPの水準は高くなることがわかる。

なお，貯蓄と投資の関係から見た「開放経済における生産物市場の均衡条件」については，章末の練習問題2と解答を参照して欲しい。

3　輸出入とGDP，貿易収支

つぎに，前節の「開放経済における均衡GDPの決定式」を利用して，輸出や輸入が変化すると，自国のGDPや貿易収支はどのような影響を受けるのかを明らかにする。

3-1 外国貿易乗数

はじめに,輸出や輸入が自国のGDPに与える効果を検討する。

第1に,独立支出である輸出Xが増加した場合,「開放経済における均衡GDPの決定式」より,自国のGDPは,輸出増加分の$1/(1-c+m)$倍だけ増加することがわかる。すなわち,輸出の変化分をΔX,GDPの変化分をΔYで示すと,輸出の変化に起因するGDPの変化は,

$$\Delta Y = \frac{1}{1-c+m} \times \Delta X$$

という**輸出の乗数公式**によって表すことができる。

ここで,$1/(1-c+m)$は**外国貿易乗数**と呼ばれ,輸出が増加したときGDPはどれだけ拡大するのか,その倍数を表す。もし,限界消費性向が0.6,限界輸入性向が0.1であれば,外国貿易乗数の値は2になる。

なお,開放経済においては,輸出が増加する場合,自国生産物の需要増加→生産・所得の増加→需要の増加→…という形で「乗数過程」が働くが,国内で生じた需要増加の一部は,輸入需要として外国の生産物に向かう。したがって,自国生産物に対する需要の増加は,所得の増加分に$c-m$(限界消費性向−限界輸入性向)を掛けた大きさになる。そのため,外国貿易乗数$1/(1-c+m)$の値は,外国貿易を含まない「閉鎖経済」の乗数$1/(1-c)$と比較して小さくなる。

第2に,独立輸入M_0が増加した場合,「開放経済における均衡GDPの決定式」より,自国のGDPは,輸入増加分の$1/(1-c+m)$倍だけ減少することがわかる。独立輸入の変化分をΔM_0で示すと,輸入の変化に起因するGDPの変化は,以下の**輸入の乗数公式**によって表せる。

$$\Delta Y = -\frac{1}{1-c+m} \times \Delta M_0$$

つまり,輸入の増加は,輸出の増加とは逆に,輸入増加分に外国貿易乗数を掛けた大きさだけ,自国のGDPを減少させる。

3-2 輸出入と貿易収支

つぎに,輸出や輸入の変化が貿易収支に与える影響を考える。ここで,貿

易収支とは，純輸出 NX（輸出 X と輸入 M の差）を意味して，

$$NX = X - M$$

と定義される。この式の右辺 M に，輸入関数 $M = M_0 + mY$ を代入し，さらに，Y を前節の「開放経済における均衡GDP」に置き換えて整理すれば，

$$NX = -\frac{m}{1-c+m} \times (C_0 - cT + I + G) + \frac{1-c}{1-c+m} \times (X - M_0)$$

という**貿易収支の決定式**が求められる。これは，GDPが均衡水準にあるときの貿易収支の状態を示す。

さて，輸出 X が増加する場合には，以上の「貿易収支の決定式」より，自国の貿易収支は，輸出増加分の $(1-c)/(1-c+m)$ 倍だけ改善（黒字の拡大，赤字の縮小）することがわかる。すなわち，輸出が増加すると，貿易収支は当初，輸出増加分 ΔX だけ拡大するが，輸出増加はGDPを高めて輸入を誘発するので，その分（$\Delta M = m \Delta Y$）だけ貿易収支は縮小する。ゆえに，貿易収支のネットの変化 ΔNX は，輸出の増加分から輸入の誘発的増加分を差し引くことにより，

$$\Delta NX = \Delta X - m \Delta Y = \left(1 - \frac{m}{1-c+m}\right) \Delta X = \frac{1-c}{1-c+m} \Delta X > 0$$

となる。ここで，$(1-c)/(1-c+m)$ は1より小さい正の値であるから，輸出の増加は輸入の誘発的増加を上回り，輸出増加分の $(1-c)/(1-c+m)$ 倍だけ貿易収支は改善することになる。

つぎに，独立輸入 M_0 が増加する場合には，「貿易収支の決定式」より，自国の貿易収支は，輸入増加分の $(1-c)/(1-c+m)$ 倍だけ悪化（黒字の縮小，赤字の拡大）することがわかる。すなわち，独立輸入が増加すると，貿易収支は当初，独立輸入の増加分 ΔM_0 だけ縮小するが，独立輸入の増加はGDPを低下させて輸入の減少を誘発するので，貿易収支はその分（$\Delta M = m\Delta Y$）拡大する。ゆえに，貿易収支のネットの変化は，独立輸入の増加分と誘発的輸入の減少分を考慮することにより，

$$\Delta NX = -(\Delta M_0 + m\Delta Y) = -\left(1 - \frac{m}{1-c+m}\right)\Delta M_0 = -\frac{1-c}{1-c+m} \Delta M_0 < 0$$

となる。これより，独立輸入の増加は誘発的輸入の減少を上回り，貿易収支

は独立輸入増加分の$(1-c)/(1-c+m)$倍だけ悪化することになる。

4 為替レート

　国際間の貿易や資本移動を通じて，各国が緊密な経済関係にある今日では，為替レートの動きは各国経済に多大な影響を与えている。そこで，本節では，為替レートについて基本的な事柄を説明しておく。

　各国は通常，それぞれ独自の通貨を用いているため，財・サービスや資産が国際間で取引される場合，異なる通貨間の交換が必要になる。たとえば，日本の自動車会社がアメリカに自動車を輸出して，その代金がドルで支払われたとすると，日本で通用する貨幣は円であるから，自動車会社はこのドルを銀行に持ち込んで，円に交換する必要がある。

　このように，国際間で経済取引を行う場合には，代金決済のため自国通貨と外国通貨を交換することが必要となり，その交換比率を**為替レート**あるいは**為替相場**(exchange rate)という。日本では一般に，1ドル＝100円，1ユーロ＝140円というように，外国通貨1単位に対する自国通貨(円)の単位数でもって交換比率を表す方法が使われている。この形の為替レートは，自国通貨(円)で表示した外国通貨の価値を表し，**自国通貨建てレート**ないしは**円建てレート**と呼ばれている。

　一方，為替レートを1円＝1／100ドル，1円＝1／140ユーロのように表す方法もある。これは，自国通貨1単位がどれだけの外国通貨と交換されるのかを示すもので，**外国通貨建てレート**といわれる。この形の為替レートは，外国通貨で表示した自国通貨の価値を表し，アメリカやイギリスではこの方法を使っている。

　さて，為替レートが，たとえば1ドル＝100円から1ドル＝110円に変化すると，自国通貨(円)の価値が，外国通貨(ドル)に対して相対的に下がったことを示す。つまり，「円安・ドル高」の動きは，自国通貨が**減価**して，外国通貨は「増価」することを意味する。反対に，為替レートが1ドル＝100円から1ドル＝90円に変化すると，自国通貨(円)の価値が，外国通貨(ドル)

に対して相対的に上がったことを示す。つまり，「円高・ドル安」の動きは，自国通貨の**増価**および外国通貨の「減価」を意味する。

5 為替レートの決定と変動

この節では，**変動為替レート制**(floating exchange rate system)のもとで，為替レートの水準はどのようにして決まるのか，また，為替レートはなぜ変動するのかについて検討する。

5-1 外国通貨の需要と供給

変動為替レート制のもとでは，為替レートは外国為替(外国通貨)の需要と供給を反映して，自由に変動することが認められている。現在，先進経済諸国のほとんどが変動為替レート制を採用している。

図9-2のパネル(A)には，外国通貨(ドル)の需要曲線DDと供給曲線SSが描いてある。ここでは，自国は日本，外国はアメリカとし，縦軸には自国通貨(円)建ての「円ドル・レート」(アメリカの通貨1ドルと交換される日本の通貨，円の値)eが，横軸にはドル額$\$$がとってある。

いま，為替レートの値が低下，つまり，円高・ドル安になると，日本ではアメリカの商品や証券は安くなる。たとえば，為替レートが1ドル100円から1ドル80円になれば，アメリカで1,000ドルする製品は，円換算すると10万円から8万円に下がるため，日本の輸入需要は増大する。アメリカの商品や証券をより多く購入するには，ドルをより多く必要とするので，外国為替(外国通貨)市場では，ドルに対する需要が増加する。これは裏返して見れば，円の供給が増加することを意味する。

このように，円高・ドル安になると，ドルの需要および円の供給は増加し，反対に円安・ドル高になると，ドルの需要および円の供給は減少するので，**ドルの需要曲線**DDは右下がりの形で描くことができる。このドルの需要曲線DDは，**円の供給曲線**と解釈することもできる。

一方，為替レートの値が低下，つまり，円高・ドル安になると，アメリカ

図9-2 為替レートの決定と変動

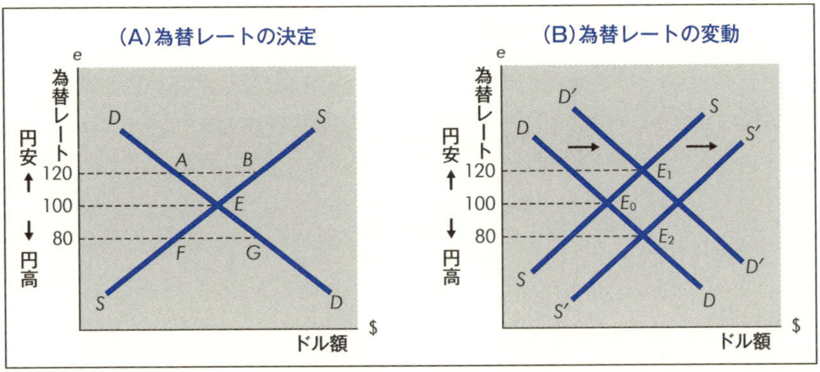

(A)為替レートの決定

(B)為替レートの変動

では日本の商品や証券は高くなる。たとえば，為替レートが１ドル100円から１ドル80円になれば，日本で10万円する製品は，ドル換算すると1000ドルから1250ドルに上がるので，日本製品に対するアメリカの輸入需要は減少する。これに伴い，日本からの輸出は減少する。ここで，日本の輸出財のドル建て価格の上昇率よりも，輸出量の減少率のほうが大きければ，ドル換算した輸出額は減少することになる。そして，日本の輸出額（アメリカの輸入額）の減少は，外国為替市場において，ドルの供給と円の需要が減少することを意味する。

このように，円高・ドル安になると，ドルの供給および円の需要は減少し，反対に円安・ドル高になると，ドルの供給および円の需要は増加するので，ドルの供給曲線SSは右上がりの形で描かれる。このドルの供給曲線SSは，円の需要曲線とみることもできる。

5-2 為替レートの決定

さて，図9-2(A)の状況では，外国通貨（ドル）の需要曲線DDと供給曲線SSの交点Eにおいて，ドルの需要と供給は等しくなり，為替レートeは１ドル＝100円の水準に決定される。

なぜなら，もし為替レートが１ドル120円であれば，ドル通貨にABの超過供給が生じるため，円ドル・レートは低下する。つまり，円の増価・ドル

の減価が起こり，為替レートは円高・ドル安の方向へ変化する．逆に，為替レートが1ドル80円ならば，ドル通貨にFGの超過需要が生じるため，円ドル・レートは上昇する．つまり，円の減価・ドルの増価が起こり，為替レートは円安・ドル高の方向に変化する．

　変動為替レート制のもとでは，以上のような調整が速やかになされ，為替レートはドルの需要と供給が等しくなるE点に落ち着き，**均衡為替レート**は1ドル＝100円の水準に決まることになる．なお，E点では，ドルの需要と供給は一致する．すなわち，均衡為替レートにおいては，外国への支払い（外国通貨の需要）と外国からの受け取り（外国通貨の供給）がちょうど等しくなり，国際収支の均衡が実現する，と考えられる．

5-3　為替レートの変動

　為替レートeは，外国通貨の需要や供給に変化があると変動する．いま，図9-2の**パネル(B)**において，日本の景気が拡大して，輸入需要が増加したとする．このとき，ドルに対する需要が増加して，ドルの需要曲線はDDから$D'D'$へ右方にシフトする．その結果，ドルの需要と供給が一致する外国為替（通貨）市場の均衡は，E_0点からE_1点に移り，均衡為替レートは1ドル100円から120円へと，円安・ドル高の方向に変動する．

　また，日本の利子率が外国の利子率に比べて低くなり，しかも，円高・ドル安による為替差損のリスクは小さいときには，高い利子収入をもたらす外国の株式や債券を保有することが有利になる．そのため，日本から外国へ資本が流出し，ドル需要が増大する．この場合も，ドルの需要曲線はDDから$D'D'$へ右方にシフトして，為替レートは円安・ドル高の方向に変動する．

　一方，外国の景気が拡大すると，その支出増加の一部は輸入品に向かう．これは日本の輸出を増大させるので，ドルの供給が増加する．図9-2(B)の状況では，ドルの供給曲線はSSから$S'S'$へ右方にシフトする．その結果，外国為替市場の均衡は，E_0点からE_2点に移り，均衡為替レートは1ドル100円から80円へと，円高・ドル安の方向に変動する．

　また，日本の利子率が外国の利子率と比べて高くなると，外国から日本へ資本が流入する．これは，ドルの供給を増加させ，ドルの供給曲線はSSから

$S'S'$ へ右方にシフトして，為替レートは円高・ドル安の方向に変動する。

さらに，為替レートを誘導するため，政府・中央銀行が外国為替市場に介入することもある。たとえば，日本銀行が手持ちのドルを外国為替市場で売りに出せば，ドルの供給は増大するので，この「為替介入」により，為替レートは円高・ドル安の方向に変動する。反対に，日本銀行がドルを買いに出ると，ドルに対する需要が増大するので，為替レートは円安・ドル高の方向に変動する。

6 為替レートと貿易収支

前節では，外国通貨（ドル）の需要曲線は右下がり，供給曲線は右上がりの形で描かれるものとした。すなわち，為替レートが円高・ドル安の方向に変化すると，日本の輸入量と輸入額は増加，輸出量と輸出額は減少して，貿易収支は悪化（黒字の縮小，赤字の拡大）する一方，為替レートが円安・ドル高の方向に変化すると，日本の輸出量と輸出額は増加，輸入量と輸入額は減少して，貿易収支は改善（黒字の拡大，赤字の縮小）する，と考えた。

ただし，以上の説明は，輸出量や輸入量が為替レート（価格）の変化に大きく反応することを前提にしたものである。本節では，為替レートと輸出入額および貿易収支との関係について，より厳密に見ていくことにする。

6-1 円高・円安と貿易収支

まず，**円建ての貿易収支**（円表示の輸出額と輸入額の差）NX は，

$$NX = PX(e) - eP^*M(e, Y)$$

と表されるものとする。ここで，e は円建て為替レート（円ドル・レート），P は円建ての輸出財価格，P^* はドル建ての輸入財価格，Y は GDP の水準である。また，輸出量 X は為替レート e の上昇（円安・ドル高）により増加し，輸入量 M は為替レート e の低下（円高・ドル安）および GDP（Y）の拡大によって増加すると考える。さらに，輸出財価格 P と輸入財価格 P^* は，どちらも一定で変化しないものとする。

いま，為替レートeが円高・ドル安の方向に変化すると，円建ての輸出額PXは減少するが，円建ての輸入額eP^*Mについては，輸入量Mは増加するが為替レートeは低下するため，どうなるか明言できない。ただ，**輸入の価格弾力性**(輸入量の変化率$\Delta M/M$を，為替レートの変化率$\Delta e/e$で割った値にマイナスを付けたもので，輸入財価格1%の下落が何%の輸入需要の増加をもたらすかを示す指標)が1より大きく，輸入量が為替レートの変化に対して敏感に反応する場合には，輸入額eP^*Mは増加する。この場合，円高により輸出額は減少，輸入額は増加するので，貿易収支は悪化する。

反対に，為替レートeが円安・ドル高の方向に変化すると，円建ての輸出額PXは増加するが，円建ての輸入額eP^*Mについては，為替レートeの値は上昇する一方で輸入量Mは減少するので，増減は確定できない。ただ，輸入の価格弾力性が1より大きい場合には，輸入額は減少する。ゆえに，円安により輸出額は増加，輸入額は減少するので，貿易収支は改善する。

以上の為替レートと貿易収支の関係を一般化していうと，為替レートが円高・ドル安の方向に変化するとき，**マーシャル＝ラーナー条件**(輸出の価格弾力性と輸入の価格弾力性の合計が1より大きいこと。Column：マーシャル＝ラーナー条件と貿易収支を参照)が満たされる場合には，貿易収支は悪化する。逆に，為替レートが円安・ドル高の方向に変化するとき，マーシャル＝ラーナー条件が満たされる場合には，貿易収支は改善する。ここで，**輸出の価格弾力性**とは，輸出財価格1%の下落が，何%の輸出供給の増加をもたらすかを示す指標で，輸出量の変化率$\Delta X/X$を，為替レートの変化率$\Delta e/e$で割った値である。

Column　マーシャル＝ラーナー条件と貿易収支*

円建ての貿易収支$NX = PX(e) - eP^*M(e, Y)$は，為替レートの動きによってどのような影響を受けるのかを，厳密に検討してみる。

そのため，為替レートeが変化したとき，円建ての貿易収支NXがどのように変化するかを計算すると，

$$\frac{\Delta NX}{\Delta e} = \frac{PX}{e} \cdot \frac{\Delta X}{\Delta e} \frac{e}{X} - P^*M - P^*M \cdot \frac{\Delta M}{\Delta e} \frac{e}{M}$$

になる。ここで，輸出の価格弾力性$(\Delta X/\Delta e)\cdot(e/X)$を$\eta_X$で，輸入の価格弾力性$-(\Delta M/\Delta e)\cdot(e/M)$を$\eta_M$で表し，また，当初の貿易収支は均衡しており，$PX=eP^*M$という関係が成り立つとすれば，上式は，

$$\frac{\Delta NX}{\Delta e} = \frac{PX}{e}(\eta_X + \eta_M - 1)$$

と書き換えることができる。

したがって，$\eta_X + \eta_M > 1$という関係(これを**マーシャル＝ラーナー条件**と呼ぶ)が満たされていれば，$\Delta NX/\Delta e > 0$となる。つまり，為替レートが円安・ドル高の方向に変化(eが上昇)するときには，貿易収支は改善(NXは増加)する。逆に，為替レートが円高・ドル安の方向に変化(eが下落)するときには，貿易収支は悪化(NXは減少)する。

けれども，マーシャル＝ラーナー条件が成り立たず，$\eta_X + \eta_M < 1$であれば，$\Delta NX/\Delta e < 0$となる。この場合には，為替レートが円安・ドル高の方向に変化(eが上昇)すると，貿易収支は悪化(NXは減少)する。逆に，為替レートが円高・ドル安の方向に変化(eが下落)すると，貿易収支は改善(NXは増加)することになる。

6-2　Jカーブ効果

現実には，とくに短期では，為替レートが変化しても，輸出量や輸入量が速やかに反応しない場合が多い。たとえば，円高になっても，長期の輸出契約があるときには，輸出量はすぐには減少しない。また，輸入需要は国内の景気状態に依存するため，円高で輸入財の価格が下がっても，それが直ちに輸入量の拡大に結びつくとは限らない。

このように，輸出量Xと輸入量Mが為替レートeの動きに反応せず，一定にとどまるとすれば，輸出の価格弾力性と輸入の価格弾力性はともにゼロになる。このとき，為替レートeが円高・ドル安の方向に変化しても，円建ての輸出額PXは変わらない。一方，為替レートeの値は低下するから，円建ての輸入額eP^*Mはむしろ減少する。したがって，円高が起こると，短期的には輸出額は一定で，輸入額は減少するため，貿易収支NXは改善すること

になる。

　逆に，為替レートeが円安・ドル高の方向に変化すると，円建ての輸出額PXは変わらないが，為替レートeの値は上昇するので，円建ての輸入額eP^*Mはかえって増加する。ゆえに，円安が起こると，短期には輸出額は一定で，輸入額は増加するため，貿易収支は悪化することになる。

　以上で述べた内容を一般化すると，マーシャル＝ラーナー条件は短期的には満たされない可能性がある。その場合，貿易収支は円高の局面で当初は改善することになる。また，円安の局面では，貿易収支は当初は悪化することになる。

　図9-3は，以上で考察した為替レートと貿易収支の関係を，図に示したものである。為替レートの変化に対して輸出量・輸入量の調整に時間がかかる場合には，為替レートが円高・ドル安の方向に変化すると，当初は，貿易収支NXはむしろ改善する。そして，時間tの経過につれて，円高の影響が貿易量に現れていき，貿易収支は悪化していく。また，為替レートが円安・ドル高の方向に変化すると，当初は，貿易収支はむしろ悪化する。そして，時間の経過とともに，円安の影響が徐々に浸透していき，貿易収支は改善の方向に向かう。この現象は，貿易収支の動きがJの字の形をしていることから，**Jカーブ効果**と呼ばれている。

図9-3　Jカーブ効果

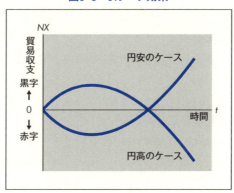

7 マンデル＝フレミング・モデル

　これから，国際間で財・サービスや資本の取引が行われる「開放経済」において，政府・中央銀行の実施する財政政策や金融政策は，マクロ経済に対してどのような効果をもつのかを検討する。その準備として，本節では，マンデル(R. Mundell)およびフレミング(J. M. Fleming)が提唱した**マンデル＝フレミング・モデル**を紹介する。

7-1　モデルの仮定

　マンデル＝フレミング・モデルは，閉鎖経済の「*IS-LM*分析」を開放経済に拡張したものである。このモデルでは，採用する為替レート制の相異により，マクロ経済政策(金融政策と財政政策)の効果に大きな違いが現れることを際立たせるため，かなり強い仮定が設けられている。

　第1に，物価は硬直的で，物価水準は一定で変わらないとする。すなわち，ケインズの「有効需要の原理」と同様に，経済は不完全雇用の状態にあり，GDPの水準は総需要の大きさによって決まる，と考える。

　第2に，自国は**小国**と仮定する。すなわち，自国の経済活動は外国の経済変数(所得・生産，物価，利子率など)に何ら影響を与えることはなく，外国の経済変数は所与の条件として扱う。

　第3に，現在の為替レートが将来にわたって変化しない，と人びとは予想しているものとする。この場合，為替レートの変動によって生じる為替差益や為替差損を考慮する必要はなくなる。

　第4に，国際間の資本移動は完全であるとする。この**完全資本移動**の仮定は，人びとが自由に取引コストなしに，きわめて速やかに国際間で資本を移動させる(証券の売買を行える)ことを意味する。

　さて，第3，4の仮定が成り立つ状況では，自国の利子率rが外国の利子率r^*よりも高いときには，自国の高い投資収益を求めて，資本が迅速かつ大量に流入するため，自国の利子率はすぐに低下する。反対に，自国の利子率rが外国の利子率r^*よりも低いときには，資本が迅速かつ大量に外国へ流

出するため、自国の利子率はすぐに上昇する。

このように、為替リスクのない完全資本移動の状況では、自国の利子率rと外国の利子率r^*は速やかに等しくなり、

$$r = r^*$$

という**利子率の均等関係**が成立する。

7-2 *IS*曲線と*LM*曲線

完全資本移動を伴う小国開放経済を想定する「マンデル＝フレミング・モデル」は、以上の「利子率の均等関係」に加えて、「*IS*曲線」と「*LM*曲線」の3つの関係式から構成される。

まず、**開放経済の*IS*曲線**(生産物市場の均衡を示す関係)は、

$$Y = C(Y-T) + I(r) + G + NX(e, Y)$$

と表されるものとする。ここで、円建て為替レートeの上昇(円安・ドル高)が起こると、輸出Xは増加、輸入Mは減少するので、貿易収支NX(純輸出、輸出Xと輸入Mの差)は改善の方向へ向かう(つまり、Jカーブ効果は発生しないものとする)。また、GDP(Y)の増加は輸入Mを拡大させるので、貿易収支NXは悪化する。

*IS*曲線にかかわる総需要の構成要素は、貿易収支(純輸出)が加わった以外、前章の閉鎖経済の*IS*曲線の場合と同じである。すなわち、家計部門の消費支出Cは、可処分所得$Y-T$(GDP(Y)から租税Tを差し引いた値)が高まるにつれて増加する。また、企業部門の投資支出Iは、利子率rが低くなるほど増加する。さらに、政府支出Gと租税Tは、ともに政府の決める政策変数であり、所与の値とする。

開放経済の*IS*曲線は、図9-4のように、右下がりの形で描かれる。利子率rが低下すると、投資支出Iが増加して、均衡GDPの水準は上昇するからである。ただし、GDPの増加は同時に輸入を誘発し、その分GDPの増加は抑制されるため、閉鎖経済の*IS*曲線よりも急な形状になる。

それから、政府支出Gの増加や租税Tの減少があると、総需要が増加して均衡GDPは拡大するため、*IS*曲線は右方にシフトする。また、為替レートeの上昇(円安・ドル高)は、貿易収支NXの改善(純輸出の拡大)をもたら

図9-4 マンデル=フレミング・モデルの均衡

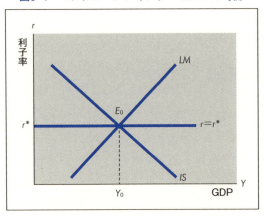

し，均衡GDPを拡大させるので，IS曲線は右方にシフトする。

つぎに，**開放経済のLM曲線**(貨幣市場の均衡を示す関係)は，前章の閉鎖経済の場合とまったく同じで，

$$\frac{M}{P} = L(Y, r)$$

と表される。ここで，右辺の実質貨幣需要量Lは，GDP(Y)の上昇および利子率rの低下に伴って増加する。また，左辺の実質貨幣供給量は，名目貨幣供給量Mを物価水準P(一定)で割った値である。図9-4には，開放経済のLM曲線が右上がりの形で示してある。

7-3 マンデル=フレミング・モデルの均衡

「変動為替レート制」のもとでは，為替レートeは外国為替(外国通貨)の需要と供給を反映して自由に変動し，自国と外国の利子率の均等，生産物市場の均衡，貨幣市場の均衡が同時に達成されるように調整される。したがって，マンデル=フレミング・モデルの**内生変数**は，為替レートe，GDP(Y)，自国の利子率rの3変数で，政府支出G，租税T，貨幣供給量M，物価水準P，外国の利子率r^*は**外生変数**になる。

そして，マンデル=フレミング・モデルの均衡は，自国と外国の利子率の

均等,生産物市場の均衡,貨幣市場の均衡という3つの均衡関係が同時に成り立つところで実現する。図9-4の状況では,$r=r^*$で水平な直線,IS曲線,LM曲線の3つの曲線が交差するE_0点において,マクロ経済は均衡し,GDPはY_0の水準に,自国の利子率rは外国の利子率r^*に等しい水準に決定されることになる(なお,モデルの内生変数が決定される過程については,章末の練習問題6と解答を参照)。

8 変動為替レート制におけるマクロ経済政策の効果

それでは,前節で説明した「マンデル=フレミング・モデル」を使い,変動為替レート制におけるマクロ経済政策(金融政策と財政政策)の効果を検討する。

8-1 金融緩和政策の効果

いま,図9-5のパネル(A)において,マクロ経済は当初,IS曲線,LM曲線,$r=r^*$線が互いに交差するE_0点で均衡しているものとする。このとき,中央銀行が景気拡大をはかり,「金融緩和政策」を実施して貨幣供給量を増加させると,LM曲線はLMからLM'へ右方にシフトする。その結果,マク

図9-5 変動為替レート制におけるマクロ経済政策の効果

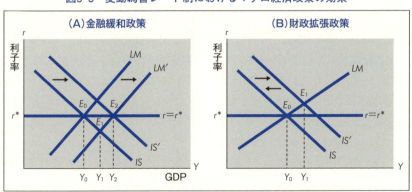

ロ経済の均衡はE_0点からE_1点へ移り，GDPはY_0からY_1の水準へ増加する。

ただし，E_1点では，貨幣供給量が増加したことにより，自国の利子率は外国の利子率と比べ低くなっている。このため，資本が迅速かつ大量に外国へ流出して，外国為替市場では，自国通貨(円)の供給増加と外国通貨(ドル)の需要増加が起こり，為替レートの上昇(円安・ドル高)が発生する。この円安・ドル高は自国の輸出拡大と輸入減少をもたらし，純輸出が拡大(貿易収支が改善)するので，IS曲線が右方にシフトする。IS曲線の右方シフトは，自国の利子率が外国の利子率と同じ高さになるまで続くから，結局，IS曲線はIS'の位置に移る。その結果，マクロ経済の新しい均衡はE_2点で実現し，GDPはY_2の水準にまで大幅に増加することになる。

このように，変動為替レート制における金融緩和政策は，自国通貨の減価(円安)による貿易収支の改善を引き起こすため，閉鎖経済の場合に比べて景気拡大効果は大きく，景気調整手段として有効であることがわかる。

8-2 財政拡張政策の効果

つぎに，図9-5の**パネル(B)**において，「財政拡張政策」(政府支出の増加，減税)が実施されたとすれば，IS曲線はISからIS'へ右方にシフトする。その結果，マクロ経済の均衡はE_0点からE_1点へ移動して，GDPはY_0からY_1の水準へ増加する。

しかし，E_1点では，財政拡張によって，自国の利子率は外国の利子率よりも高くなっている。このため，資本が迅速かつ大量に自国に流入して，外国為替市場では，自国通貨(円)の需要増加と外国通貨(ドル)の供給増加が起こり，為替レートの低下(円高・ドル安)が発生する。この円高・ドル安は，自国の輸出減少と輸入増加をもたらし，純輸出が縮小(貿易収支が悪化)するので，IS曲線は左方に反転する。IS曲線の左方シフトは，自国の利子率が外国の利子率と同じ水準に下がるまで続くから，結局，IS曲線は当初のISの位置に戻ることになる。そして，マクロ経済の均衡はE_0点で再び達成され，GDPは当初の水準Y_0で変わらないことになる。

このように，変動為替レート制のもとでは，財政拡張政策は自国通貨の増価(円高)による貿易収支の悪化を引き起こし，財政拡張によるGDPの拡大

効果を完全に相殺してしまう。つまり，為替レートの増価による**完全なクラウディング・アウト**が生じるため，財政拡張政策は景気拡大効果をまったくもたないことがわかる。

9 固定為替レート制におけるマクロ経済政策の効果

ここまでは，「変動為替レート制」を対象にしてきたが，本節では，「固定為替レート制」における金融政策と財政政策のマクロ経済効果を検討する。

9-1 固定為替レート制

固定為替レート制(fixed exchange rate system)のもとでは，為替レートは公的にある一定の水準に決められ固定される。同時に，中央銀行はいつでも外国通貨と自国通貨を固定した為替レートで交換する義務を負う。

1970年代初めまでの国際通貨制度(ブレトン・ウッズ体制)では，固定為替レート制が採用された。また，現在でも，多くの発展途上国や新興工業国は，為替レートを基軸通貨の米ドルや複数通貨のバスケットにペッグする形で，為替レートを固定している。さらに，EU諸国は，ユーロという共通通貨を使用する通貨同盟を結成し，ユーロ参加国間では，各国通貨はいわば1対1の固定レートで交換されることから，ユーロは固定為替レート制の究極的な姿とみることもできる。

固定為替レート制を採用する場合には，為替レートは一定の水準に固定されて安定するが，中央銀行は固定レートを維持するため，いつでも外国通貨と交換に自国通貨を売買しなければならない。そのため，自国の貨幣供給量は外国通貨の需給に応じて増減することになり，政策当局の意図したとおりに制御することはできなくなる。したがって，固定為替レート制のもとでは，マンデル＝フレミング・モデルの内生変数は，貨幣供給量M，GDP (Y)，自国の利子率rの3変数で，為替レートe，政府支出G，租税T，物価水準P，外国の利子率r^*が外生変数になる。

9-2 金融緩和政策の効果

さて、図9-6のパネル(A)において、マクロ経済は当初、IS曲線、LM曲線、$r = r^*$線の3つの曲線が交差するE_0点で均衡しているものとする。ここで、「金融緩和政策」が実施されて、貨幣供給量が増加すると、LM曲線はLMからLM'へ右方にシフトする。そのため、マクロ経済の均衡はE_0点からE_1点へ移り、GDPはY_0からY_1の水準へ増加する。

しかし、E_1点では、自国の利子率は外国の利子率に比べて低くなっている。このため、資本が迅速かつ大量に外国へ流出して、外国為替市場では、自国通貨(円)の供給増加と外国通貨(ドル)の需要増加が起こり、為替レートに円安・ドル高の圧力が発生する。この場合、中央銀行は固定レートを維持するため、円を買ってドルを売る必要がある。その結果、自国の貨幣供給量は減少して、LM曲線が左方に反転することになる。LM曲線の左方シフトは、自国の利子率が外国の利子率と同じ水準に上昇するまで続くから、結局、LM曲線は当初のLMの位置に戻ってしまう。そして、マクロ経済の均衡はE_0点で再び実現し、GDPは当初の水準Y_0で変わらないことになる。

このように、固定為替レート制のもとでは、貨幣供給量を増加させて金融緩和をはかっても、固定為替レートを維持するために貨幣供給量がその分だけ減少するので、金融緩和によるGDPの拡大効果は完全に相殺されてしまう。金融緩和政策には景気拡大効果がまったくないことがわかる。

図9-6 固定為替レート制におけるマクロ経済政策の効果

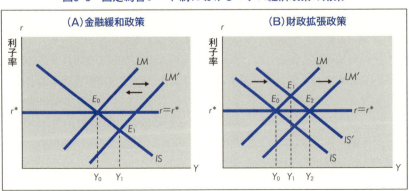

9-3 財政拡張政策の効果

つぎに，図9-6のパネル(B)において，「財政拡張政策」がとられて，政府支出の増加あるいは減税が実施されると，IS曲線がISからIS′へ右方にシフトする。そのため，マクロ経済の均衡はE_0点からE_1点へ移り，GDPはY_0からY_1の水準へ増加する。

ただし，E_1点では，自国の利子率は外国の利子率よりも高くなっている。このため，資本が迅速かつ大量に自国に流入して，外国為替市場では，自国通貨(円)の需要増加と外国通貨(ドル)の供給増加が起こり，為替レートに円高・ドル安の圧力が発生する。この場合，中央銀行は固定レートを維持するため，円を売ってドルを買う必要がある。その結果，自国の貨幣供給量は増加して，LM曲線は右方にシフトする。LM曲線の右方シフトは，自国の利子率が外国の利子率と同じ水準に低下するまで続くから，結局，LM曲線はLM′の位置に移る。そして，マクロ経済の新しい均衡はE_2点で実現し，GDPはY_2の水準にまで大幅に増加する。

このように，固定為替レート制のもとで財政拡張を行うと，固定レートを維持するために貨幣供給量が付随して増加するため，GDPは財政拡張によるIS曲線の右方シフト幅だけ増加する(乗数効果が完全に作用する)ことになる。ゆえに，財政拡張政策は景気拡大手段として有効であることがわかる。

9-4 マンデル＝フレミングの命題

以上，完全資本移動を伴う小国開放経済を想定すると，GDPに与える効果に関して，「変動為替レート制のもとでは，金融政策は有効であるが，財政政策は効果をもたない。その一方，固定為替レート制のもとでは，財政政策は有効であるが，金融政策は効果をもたない」というマンデル＝フレミングの命題が成り立つことを明らかにした。

もちろん，マンデル＝フレミングの命題は，いくつかの極端な仮定(物価一定，小国，為替レート一定の予想，完全資本移動)を置くことによって得られたものである。したがって，これらの仮定のうち，どれか1つでも欠ければ，マンデル＝フレミングの命題は厳密な形では成立しない。

すなわち，より一般的な仮定のもとでは，マンデル＝フレミング・モデル

の枠組みから，「変動為替レート制および固定為替レート制において，金融政策と財政政策は，それぞれ効果の程度に違いはあるが，どちらも景気調整手段として有効である」という結論が導かれる(練習問題7を参照)。

キーワード

国際収支　輸入関数　限界輸入性向　外国貿易乗数　貿易収支　為替レート　変動為替レート制　固定為替レート制　マーシャル＝ラーナー条件　Jカーブ効果　マンデル＝フレミング・モデル

練習問題

1. 表9-1の日本の国際収支を観察して，その特徴を指摘しなさい。
2. 総需要の関係式 $AD = C + I + G + X - M$ と，GDPの関係式 $Y = C + S$(貯蓄)$+ T$(租税)を利用して，開放経済における「生産物市場の均衡条件($Y = AD$)」はどのように書き換えられるかを示しなさい。
3. あるマクロ開放経済において，消費支出は $C = 50 + 0.6(Y - T)$，投資支出は $I = 110$，政府支出は $G = 60$，租税は $T = 50$，輸出は $X = 70$，輸入は $M = 10 + 0.1Y$ で表せるものとして，以下の問いに答えなさい(単位は兆円)。
   (1) 均衡GDPの水準はいくらか。
   (2) 均衡における貿易収支(純輸出)の大きさはいくらになるか。
   (3) 外国貿易乗数の値はいくらか。
   (4) 輸出が5兆円だけ減少すると，均衡GDPおよび貿易収支はどのように変化するか。
4. 為替レートの水準はどのような要因に影響を受けるのかを説明しなさい。
5. 為替レートの動きが貿易収支に与える効果を，マーシャル＝ラーナー条件に留意して説明しなさい。
6. 変動為替レート制および固定為替レート制のもとで，マンデル＝フレミング・モデルの内生変数は，それぞれどのように決まるかを示しなさい。
7*. 変動為替レート制のもとで，国際間の資本移動が不完全であれば，金融政策と財政政策の効果は，それぞれどのようになるのかを説明しなさい。

第10章　総需要・総供給と物価水準

　第4～9章においては，マクロ経済の供給サイドを，一定の物価水準のもとで生産や雇用の水準が調整されるものと単純化し，需要サイドの要因に焦点を合わせて，GDP（国内総生産）の決定や変動の問題を考察した。しかし，GDPとならび，最も重要な経済指標である物価水準の動きを理解するには，供給サイドについてよく知る必要がある。
　この章では，供給サイドの状況を詳しく検討するとともに，**総需要−総供給分析**にもとづき，GDPや物価水準がどのように決定され，変動するのかについて明らかにする。IS-LM分析では物価水準は一定として，主にGDPと利子率の動きに注目したが，IS-LM分析を拡張した総需要−総供給分析では，物価水準の動きも明らかにできる。

1　総需要曲線

　はじめに，マクロ経済の需要サイドの状況を，物価水準と総需要（実質GDP）との間の関係を表す**総需要曲線**（aggregate demand curve）にまとめることにする。この総需要曲線は，IS曲線とLM曲線を結びつけることにより求められる。
　第8章で見たとおり，「閉鎖経済」の総需要ADは，消費支出$C(Y-T)$，投資支出$I(r)$，政府支出Gの合計であるから，生産物（財・サービス）の総供給AS，つまりGDP（Y）と総需要$AD(=C+I+G)$が等しくなることを示す「生産物市場の均衡条件」は，

$$Y = C(Y-T) + I(r) + G$$

と表せる。ここで，GDP（Y），消費支出C，租税T，投資支出I，利子率r，政府支出Gはすべて実質値とする。以上の関係式は，生産物市場の均衡を実現させるGDP（Y）と利子率rの関係を示すものであり，これを**図10-1**の

図10-1　物価水準と総需要

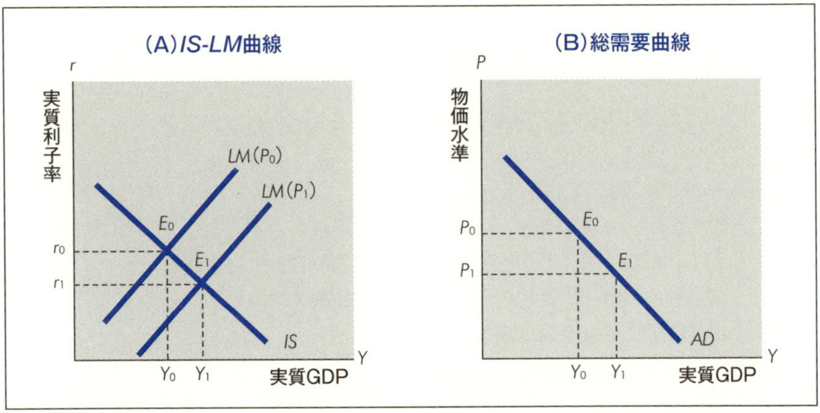

(A) IS-LM曲線 / **(B) 総需要曲線**

パネル(A)に図示すると，右下がりのIS曲線が得られる。

また，実質貨幣供給量M/Pと実質貨幣需要量Lが等しくなることを示す「貨幣市場の均衡条件」は，

$$\frac{M}{P} = L(Y, r)$$

と表せる。ここで，貨幣供給量Mと物価水準Pは名目値，そのほかの貨幣需要L，GDP(Y)，利子率rは実質値である。以上の関係式は，貨幣市場の均衡を実現させるGDP(Y)と利子率rの関係を示すものであり，これを図10-1(A)に描くと，右上がりのLM曲線が得られる。

いま，物価水準はP_0として，LM曲線を$LM(P_0)$と示す。この場合，生産物市場と貨幣市場を同時に均衡させる実質GDPと実質利子率の均衡値は，IS曲線と$LM(P_0)$曲線の交点E_0において，それぞれY_0とr_0の水準になる。

つぎに，物価水準がP_1へ低下したとする。この物価下落は実質貨幣供給量M/Pを増加させるため，LM曲線は$LM(P_1)$へ右方にシフトして，利子率を低下させる。その結果，投資支出が誘発されて総需要が増加し，乗数効果が働いてGDPの水準は高まる。マクロ経済の新しい均衡は，IS曲線と$LM(P_1)$曲線の交点E_1で成り立ち，均衡利子率はr_1に下がり，均衡GDPはY_1の水準に増加する。

そして，図10-1(A)のマクロ経済の均衡点E_0，E_1における物価水準Pと実質GDP(Y)の関係を，**パネル(B)**に移しかえると，右下がりのAD曲線が得られる。このAD曲線は，物価水準が低くなるにつれて，実質GDPの水準は高まるという関係を示し，「総需要曲線」と呼ばれる。なぜなら，IS-LM分析から得られる均衡GDPは，需要サイドの要因が主導的な役割を果たすことにより求められたGDPであり，実質的には，支出(需要)面から見たGDP(総需要)を意味するからである。

2 総供給と決定要因

前節で，マクロ経済の需要サイドの状況を「総需要曲線」に集約したので，これから，供給サイドについて本格的に考察することにしたい。この節では，総供給の意味とその決定要因について説明する。

2-1 総供給とは

第2章で指摘したように，**総供給**とは，生産面から見たGDP(国内総生産)のことであり，一定期間中に経済全体で作り出された財・サービスの生産額の総計，ないしは，マクロ経済の各部門が生み出す付加価値の合計である。ただし，ここでは，名目GDPではなく，実質GDPを考察の対象としているので，総供給とは，経済全体の財・サービスの総生産量あるいは実質生産額を意味するものとする。

実際は，総供給(総生産量)の水準Yはさまざまな要因に依存するが，ここでは簡単に，労働L，資本ストックK，天然資源N，技術Aの4つの要因によって決まると考える。その場合，経済全体の生産量とその決定要因との間の関係を表す「マクロ生産関数」は，

$$Y = F(L, K, N, A)$$

と表すことができる。

ここで，労働Lの量的増大および質的向上は，経済の生産能力を高めて総供給を増加させる。また，工場，建物，機械，設備，器具などの資本ストッ

クKが増加すれば，経済の潜在的な生産能力は上昇して，総供給は増加する。さらに，エネルギー，原材料，土地などの天然資源Nが，廉価で容易に入手可能であれば，生産活動は活発化して総供給は増加する。そして，技術Aの水準が向上すると，生産効率が高まり総供給は増加する。

なお，長期的な経済成長の問題を扱うときには，総供給の決定要因をそれぞれ詳細に検討する必要があるが，当面の関心事は，実質GDPや物価水準の短期的な動きを知ることにある。そのため，「総需要-総供給分析」では，短期には，総供給の決定要因のうち労働以外の要因は不変として，労働Lが総供給の水準を決める主な要因とする。

2-2 生産量と労働雇用量の関係：マクロ生産関数

マクロ経済の資本ストック，天然資源，技術などは一定で変化がなく，労働のみが可変的な生産要素であるとした場合，労働の雇用量と総供給（総生産）の間には，どのような関係があるのかを考える。

一般に，経済全体の労働雇用量Lと総生産量（実質GDP）Yとの間には，労働雇用量が増えるにつれて経済全体の生産量は増加していく，という関係が見いだせる。この関係は，単純化した**マクロ生産関数**

$$Y=F(L) \qquad \frac{\Delta Y}{\Delta L}>0$$

によって表され，図10-2の$Y=F(L)$曲線のように描かれる。

この図を見ると，$Y=F(L)$曲線は右上がりの形であるから，労働雇用量が拡大するのにつれて，総生産量は増加していく。ただし，労働雇用量が高まるにつれて，生産活動に使用される労働1単位当たりの固定生産要素は次第に少なくなるため，**労働の限界生産物**（労働を1単位増やすことから生じる生産量の増加分，$\Delta Y/\Delta L$）は徐々に小さくなる，と考えられる。つまり，労働投入に関して**収穫逓減の法則**が作用するため，マクロ生産関数は上に凸型の形になる。なぜなら，労働の限界生産物は，マクロ生産関数上の任意の点における接線の傾きに等しく，労働投入が増えるにつれて，この接線の傾きは次第に小さくなっていくからである。

図10-2のマクロ生産関数は，労働雇用量が決まれば，それに呼応して総

図10-2 マクロ生産関数

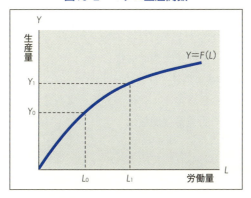

供給(総生産)の水準が決まることを意味する。たとえば,労働雇用量がL_0の水準であれば,総生産量はY_0の水準になる。また,労働雇用量がL_1の水準に高まれば,総生産量はY_1の水準に上昇することになる。

3 労働雇用量と賃金の決定

つぎに,労働の雇用量と賃金水準はどのように決まるのかを検討する。本節では,賃金と価格がともに伸縮的に変化する状況を仮定して,労働の需要と供給が一致するように労働雇用量と賃金が決定されることを示す。

3-1 労働需要

まず,労働市場において,労働を需要するのは企業である。企業は利潤が最大になるように,生産量や労働需要量を決める。つまり,生産物市場と労働市場がともに完全競争の状態にあれば,企業は,労働の限界生産物価値(労働の限界生産物に生産物価格を掛けた値)と名目賃金が等しくなる水準に,労働需要量を決める。言い換えると,労働の限界生産物が実質賃金(名目賃金を物価水準で割った値)と一致するところに,労働需要量は決定される。

経済のすべての企業が，以上のような行動をとるとすれば，マクロ経済の労働需要量L_Dは，労働の限界生産物$\Delta Y/\Delta L_D = F'(L_D)$と実質賃金$W/P$が一致するところで，すなわち，$F'(L_D) = W/P$という関係が成り立つように決められる。ここで，$P$は生産物の価格(物価水準)，$W$は名目賃金，$W/P$は実質賃金，$L_D$は労働需要量，$F'(L_D)$は労働の限界生産物を表す。

さらに，この関係を書き換え，労働需要量を実質賃金W/Pの関数の形にすれば，マクロ経済の**労働需要関数**は，

$$L_D = L_D\left(\frac{W}{P}\right) \qquad \frac{\Delta L_D}{\Delta(W/P)} < 0$$

という形で表せる。以上の実質賃金と労働需要量との関係は，**図10-3**の右下がりの曲線D_Lのように描ける。これが，マクロ経済の**労働需要曲線**である。

ここで，労働投入に関しては「収穫逓減の法則」が作用すると仮定しているので，労働の投入量が増加するにつれて，労働の限界生産物は次第に低くなる。したがって，もし実質賃金が下がると，企業としては，労働の限界生産物がその実質賃金水準に低下するまで，労働雇用を増やして生産を拡大することが，利潤最大化にかなう行動となる。ゆえに，労働需要量L_Dは実質賃金W/Pの減少関数として表され，労働需要曲線は右下がりの形になるのである。

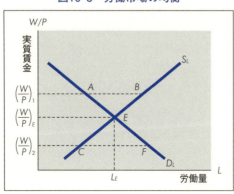

図10-3　労働市場の均衡

3-2 労働供給

つぎに，労働市場において，労働を供給するのは家計である。家計は実質賃金の水準を見て，効用が最大になるように労働供給量を決める。この場合，実質賃金が上昇すると，自己の限られた時間を余暇に使うことによって犠牲にしなければならない金額(余暇の機会費用)は高まるので，家計は余暇の時間を減らして，労働供給量を増加させる。反面，実質賃金の上昇は家計の実質的な所得を高めるので，家計は余暇時間を増やして，労働供給量を減少させる。

このように，実質賃金が上昇すると，労働供給量は前者の「代替効果」により増加する一方，後者の「所得効果」により減少する。それゆえ，実質賃金と労働供給量との関係については，明確なことはいえないが，ここでは，代替効果が所得効果よりも強く現れるものとして，実質賃金が上昇すると，家計の労働供給量は増加する，と考える。

経済のすべての家計が，同じように行動するとすれば，実質賃金 W/P の上昇は，マクロ経済の労働供給量 L_S を増加させる。つまり，実質賃金と労働供給量との間には正の関係が見られ，マクロ経済の**労働供給関数**は，

$$L_S = L_S\left(\frac{W}{P}\right) \qquad \frac{\Delta L_S}{\Delta(W/P)} > 0$$

という形で表せる。この関係は，労働供給量 L_S が実質賃金の増加関数であることを示しており，図10-3では，右上がりの曲線 S_L のように描ける。これが，マクロ経済の**労働供給曲線**である。

3-3 労働市場の均衡

さて，図10-3において，労働市場の需要サイドは労働需要曲線 D_L によって，また，供給サイドは労働供給曲線 S_L によって表されるとした場合，賃金と価格が伸縮的に変化する状況では，実質賃金の需給調整機能が働いて，労働の需要と供給は等しくなり，労働市場は E 点で均衡することになる。

なぜなら，実質賃金が $(W/P)_1$ のときには，労働市場では供給が需要を上回り，労働の超過供給は AB の大きさになる。このため，賃金に下方圧力がかかり低下する。反対に，実質賃金が $(W/P)_2$ のときには，労働市場で

は需要が供給を上回り,労働の超過需要は CF の大きさになる。このため,賃金に上昇圧力がかかり上昇する。

結局,実質賃金が $(W/P)_E$ のときに,労働の需要と供給は等しくなり,労働市場は均衡状態になる。したがって,**労働市場の均衡条件**は,

$$L_D\left(\frac{W}{P}\right) = L_S\left(\frac{W}{P}\right)$$

と表せる。そして,この均衡条件は,労働需要曲線 D_L と労働供給曲線 S_L が交差する E 点で成り立つ。ゆえに,マクロ経済の**均衡実質賃金**の水準は $(W/P)_E$ に,また,**均衡労働雇用量**は L_E の水準に決定される。

ところで,労働市場の均衡点 E では,均衡実質賃金 $(W/P)_E$ のもとで働く意欲のある労働者はすべて雇用されており,非自発的な失業は存在せず,一種の「完全雇用」状態にある。このため,均衡労働雇用量 L_E は労働の完全雇用水準を表す,とみることができる。

4 古典派の総供給曲線とマクロ均衡

前の2つの節で,マクロ経済の供給サイドについて検討したが,これを物価水準と総供給(実質GDP)の間の関係を表す**総供給曲線**(aggregate supply curve)にまとめてみる。さらに,総供給曲線を総需要曲線と結びつけた「総需要-総供給分析」によって,物価や実質GDPの水準がどのように決定されるのかを明らかにする。まず,本節では,賃金と価格が伸縮的に変化する状況を考察する。これは古典派経済学で一般的に想定される状況であるから,**古典派の状況**と呼ぶことにする。

4-1 伸縮的な賃金・価格と総供給曲線

さきの図10-3のように,賃金と価格がともに伸縮的に変化する「古典派の状況」では,労働雇用量はいつも,実質賃金の需給調整作用により,労働需要と労働供給が等しくなる均衡点 E で,完全雇用の水準 L_E に決定される。これより,総生産量(実質GDP)も物価水準とは関係なく,つねに完全

図10-4　古典派の総供給曲線とマクロ均衡

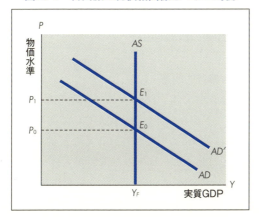

雇用水準Y_Fになる。ゆえに，各物価水準のもとで，経済全体で財・サービスがどれだけ生産されるのかを示す「総供給曲線」は，図10-4のAS線のように，実質GDPの完全雇用水準Y_Fのところで垂直な直線として描かれる。

より詳しくいえば，図10-3の労働市場の均衡点Eにおいて，物価水準Pが上昇すると，実質賃金W/Pは下がり，労働市場は超過需要の状態になる。すると，賃金に上昇圧力が加わり，名目賃金Wおよび実質賃金W/Pは速やかに上昇する。その結果，労働の超過需要がすぐに解消され，再び，労働市場はE点で均衡する。逆に，物価水準が下落すると，実質賃金は高まり，労働市場は超過供給の状態になる。すると，賃金に下降圧力が加わり，名目賃金および実質賃金が速やかに低下する。その結果，労働の超過供給はすぐに解消され，当初の均衡点Eに戻る。

このように，労働市場の均衡点Eでは，たとえ物価水準に変化があっても，それに即応して名目賃金も比例的に変化するため，実質賃金はいつも，労働の需要と供給が一致する水準$(W/P)_E$に維持される。したがって，労働雇用量はつねに，E点に対応する完全雇用水準L_Eになる。さらに，この労働雇用量L_Eを「マクロ生産関数」に代入すると，$Y_F = F(L_E)$という関係が得られる。

すなわち，総生産量(総供給)は物価水準にかかわらず，いつも実質GDP

の完全雇用水準Y_Fになるので，総供給曲線は，図10-4のAS線のように，実質GDPの完全雇用水準Y_Fのところで垂直な直線として表されるのである。これをとくに**古典派の総供給曲線**と呼ぶ。

4-2 マクロ経済の古典派的均衡

さて，「古典派の状況」を示す図10-4には，垂直な総供給曲線ASに加えて，第1節で求めた右下がりの総需要曲線が描いてある。

当初の総需要曲線はADによって表されるものとする。この場合，物価水準がP_0よりも低いと，財・サービスの総需要が大きくなり，生産物市場は超過需要の状態になる。これは物価に対して上昇圧力を与え，物価水準はP_0に向かって上昇する。反対に，物価水準がP_0よりも高いと，財・サービスの総需要は小さくなり，生産物市場は超過供給の状態になる。これは物価に対して下降圧力を与え，物価水準はP_0に向かって低下する。

結局，物価水準がP_0のときに，財・サービスの総需要は総供給と等しくなる。つまり，総需要曲線ADと総供給曲線ASが交差するE_0点で総需要と総供給は一致し，そこで**マクロ経済の均衡**が成り立つ。そして，均衡物価水準はP_0に，均衡実質GDPは完全雇用水準Y_Fに決定される。

このように，物価水準Pと実質GDP(Y)の均衡値が決まれば，均衡実質賃金$(W/P)_E$との関係から名目賃金Wが，消費関数$C(Y-T)$から消費支出Cが決まる。また，生産物市場の均衡条件$Y=C(Y-T)+I(r)+G$から実質利子率rが決まるので，投資関数$I(r)$より投資支出Iも決まり，すべてのマクロ経済変数が決定されることになる。

なお，図10-4の「古典派の状況」のように，総供給が実質GDPの完全雇用水準Y_Fにおいて一定で，総供給曲線が垂直線によって表される場合には，総需要の変化はすべて物価水準の変化に反映されることになる。たとえば，総需要が高まり，総需要曲線がADからAD'へ右方にシフトすれば，マクロ経済の均衡はE_0点からE_1点に移る。この新しい均衡点E_1では，実質GDPは完全雇用水準Y_Fで変わらないが，物価水準は総需要曲線の上方シフト幅だけ上がり，P_1の水準に高まる。

ところで，現実には(とくに，短期では)，賃金や価格は速やかに変化しな

い面もあり，古典派経済学のように，賃金と価格の完全伸縮性を仮定することは適当ではないかもしれない。ただ，少し長い期間で見れば，賃金や価格はかなり伸縮的に変化して，需要と供給を調整する役割を果たしている。そのため，「古典派の状況」はむしろ長期に当てはまるものとみなされ，古典派の総供給曲線やマクロ均衡の考え方は，マクロ経済の長期の状況を説明する理論として適していると思われる。

5 ケインジアンの総供給曲線とマクロ均衡

以上では，賃金や価格は伸縮的に変化すると仮定したが，本節においては，賃金や価格が硬直的な場合，総供給曲線やマクロ経済の均衡はどうなるのかを検討する。なお，**賃金と価格の硬直性**は，ケインズ経済学で広く想定される状況であり，**ケインジアンの状況**と呼ぶことにする。

5-1 賃金と価格の硬直性

実際，賃金や価格には，さまざまな理由で硬直性が見られる。

第1に，**賃金の硬直性**について考えてみる。まず，企業に雇用されている労働者および労働組合は，ほかの企業や産業の労働者との「相対賃金」に強い関心を抱いている。このため，自分たちの名目賃金引き下げには強硬に反対するから，名目賃金（とりわけ，正規労働者の賃金）は上方には伸縮的に変化するが，下方には硬直的になる傾向がある。また，「最低賃金法」により，名目賃金は最低賃金以下には下げられない。

さらに，企業側からしても，労働市場に超過供給（失業）があるからといって，すぐに自社の労働者の賃金を引き下げることは得策ではない。企業活動に不可欠な専門職や熟練した労働者を離職に駆り立て，賃金引き下げが労働者の生産性を低下させかねないからである。それから，企業と労働者の間には「賃金契約」があり，契約期間中は変更されないため，その間，名目賃金の水準は一定にとどまる。

第2に，**価格の硬直性**について考えてみる。まず，現実の市場は一般に不

完全競争の状態にある。不完全競争市場では、各企業は自社製品の価格をみずから決めることができるが、価格の安定を好む傾向がある。つまり、ライバル関係にある企業同士で価格競争を行うと、互いの利潤は低下して、ときには共倒れの危険もある。価格競争は避けて、製品の差別化や宣伝・広告活動など、非価格面で競争することが多い。この場合、需要や費用の面で若干の変化があっても、企業は価格を変更しない戦略をとることになる。

また、価格を変更するにはコストがかかる。たとえば、メニューを新たに作り直すとか、新しいカタログや価格リストを顧客や販売スタッフに配布するとか、商品の値札をつけかえるといった価格変更に伴う費用が発生する。これらの価格調整費用は、**メニュー・コスト**と呼ばれる。もしメニュー・コストが価格変更による利潤増加分よりも大きければ、企業にとっては価格を一定に維持するほうが得策になる。

さらに、「政府の価格規制」もある。政府は農産物の価格維持や公共料金の規制を行っており、一部の財・サービスの価格・料金は、必ずしも市場の需要と供給の状態を反映せず、規制された水準で硬直的になる。

5-2 極端なケインジアンの状況

まず、賃金や価格が硬直的で、物価水準が一定で変化しない場合を取り上げる。これは、「GDPの決定と変動」や「IS-LM分析」で仮定した状況であるが、とくに**極端なケインジアンの状況**と呼ぶことにする。

(1) 逆L字型の総供給曲線

「極端なケインジアンの状況」における総供給曲線は、図10-5のAS曲線のように表すことができる。すなわち、実質GDPが完全雇用水準Y_Fに至るまでは、物価は現行の水準P_0で一定であり、水平な直線によって描かれる。ただし、ひとたび完全雇用に到達すると、完全雇用GDPの水準Y_Fで垂直な直線で表され、全体としては、**逆L字型の総供給曲線**になる。

より詳しくいうと、GDPの水準が低く、失業や遊休資源が存在する状態では、たとえ生産が拡大されたとしても、賃金の上昇や労働の限界生産物逓減は起きない。そのため、賃金や価格を引き上げることなく、つまり物価水準は一定のままで、総生産の増加が可能となる。したがって、物価水準と総

図10-5 極端なケインジアンの状況

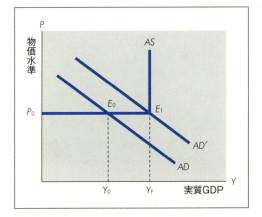

生産量（総供給）との関係を表す「総供給曲線」は，完全雇用が達成されるまでは，現行の物価水準 P_0 の高さで水平な直線によって描くことができる。

　しかし，完全雇用が達成されると，賃金や価格は上方に伸縮的に変化するようになる，とみる。すなわち，完全雇用の状態で，企業が生産を拡大するため雇用を増やすには，より高い賃金を提示する必要がある。これは賃金の上昇を招き，物価水準も上昇する。しかし，経済全体の労働雇用量は完全雇用水準で不変であり，財・サービスの総生産量（総供給）は実質GDPの完全雇用水準 Y_F よりは大きくなり得ない。このように，完全雇用のもとで生産を拡大しようとする試みは，物価水準の上昇を引き起こすだけであるから，「古典派の状況」と同じように，総供給曲線は完全雇用GDP（Y_F）で垂直な直線によって表されることになる。

(2) マクロ経済の均衡

　いま，図10-5の「極端なケインジアンの状況」において，マクロ経済の需要サイドは，右下がりの総需要曲線 AD で示されるものとする。このとき，第5章の「均衡GDPの決定」のところで説明したように，物価水準が一定のもとでは，実質GDPが Y_0 の水準より小さいと，総需要が総供給を上回るため生産量は拡大する。反対に，実質GDPが Y_0 よりも大きいと，総供給が総需要を上回るため生産量は縮小する。

このような「数量調整」によって，総需要と総供給は，総需要曲線と水平な総供給曲線が交差するE_0点で等しくなり，マクロ経済の均衡が実現する。その結果，実質GDPはY_0の水準に決まり，物価はP_0の水準になる。さらに，GDPと物価水準の均衡値が決まれば，消費支出，利子率，投資支出，貨幣需要量などマクロ経済の諸変数はすべて決定されることになる。

なお，物価水準が一定で，総供給曲線が水平な直線によって表される状況では，総需要の変化はすべて実質GDPの変化に反映されることになる。たとえば，総需要が増加して，総需要曲線がADからAD'へ右方にシフトすれば，マクロ経済の均衡はE_0点からE_1点に移る。その結果，物価水準はP_0で変わらないが，実質GDPは総需要曲線の右方シフト幅だけ大きくなり，完全雇用水準Y_Fが実現する。

5-3 標準的なケインジアンの状況

つぎに，名目賃金は，たとえ労働市場に超過供給（失業）があっても硬直的で下がらず，完全雇用になるまでは現行の水準で一定であるが，ひとたび完全雇用が達成されると上方に伸縮的に変化する場合を検討する。この**名目賃金の下方硬直性**は，ケインズ自身や多くのケインジアンが重視した状況であり，**標準的なケインジアンの状況**と呼ぶことにする。

(1) 硬直的賃金と労働市場

図10-6のパネル(A)には，労働市場の需要曲線D_Lと供給曲線S_Lが描いてある。ただし，名目賃金はW_0の水準で一定とする。この場合，物価水準と労働雇用量との間にはどのような関係があるのかを調べてみる。

いま，物価はP_0の水準であるとすれば，実質賃金の水準はW_0/P_0になる。このとき，労働供給は労働需要を上回り，失業が存在する。これは名目賃金に下方圧力を与えるが，名目賃金は硬直的で変わらないから，実質賃金もW_0/P_0の水準のままである。したがって，企業は労働雇用量を，労働需要曲線上のE_0点に応じてL_0の水準に決める。

つぎに，物価がP_1の水準に上昇したとする。このとき，実質賃金はW_0/P_1の水準に下がるが，依然として労働の超過供給（失業）は存在する。しかし，名目賃金は下方硬直的で変化しないので，実質賃金もW_0/P_1の水準に

図10-6 標準的なケインジアンの状況

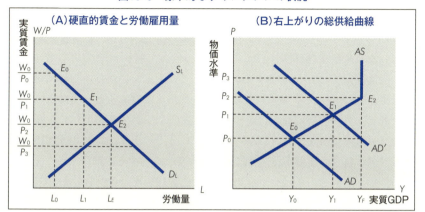

とどまり，企業は労働需要曲線上のE_1点で，労働雇用量をL_1の水準に決める。

さらに，物価水準がP_2に高まったとする。このときの実質賃金W_0/P_2は，労働需要と労働供給が等しくなる均衡実質賃金に一致するので，企業は労働雇用量を，労働市場の均衡点E_2に対応する完全雇用水準L_Eに決める。

物価がなおいっそう上昇して，P_3の水準に高まったとする。この場合の実質賃金W_0/P_3は，均衡実質賃金の水準よりも低くなる。このため，労働市場は超過需要の状態になり，賃金に上方圧力が加わる。名目賃金は完全雇用が達成された後では速やかに高まるので，実質賃金はすぐに上昇に転じて均衡水準に戻る。その結果，企業の労働雇用量は完全雇用水準L_Eで変わらないことになる。

まとめると，名目賃金が一定で，実質賃金が均衡水準を上回るときには，労働雇用量は右下がりの労働需要曲線に沿って決定される。しかし，実質賃金が均衡水準よりも低くなるときには，名目賃金が上方に伸縮的に変化して，実質賃金は即座に均衡水準に戻るため，労働雇用量は完全雇用の水準に維持される。

(2) **右上がりの総供給曲線とマクロ経済の均衡**

前項で調べた物価水準と労働雇用量の関係に，マクロ生産関数を結びつけ

れば，「標準的なケインジアンの状況」における総供給曲線が導ける。

さて，図10-6のパネル(A)において，物価水準がP_0のときには，労働雇用量はL_0の水準であるから，マクロ生産関数$Y=F(L)$より，労働雇用量L_0に対応した総生産量（総供給）Y_0が決まる。つぎに，物価水準がP_1に上昇すると，労働雇用量はL_1に増加するので，マクロ生産関数から，これに対応する総生産Y_1が決まる。さらに，物価水準がP_2まで高まると，労働市場は均衡状態になり，労働雇用量は完全雇用水準L_Eに一致するので，総生産も実質GDPの完全雇用水準Y_Fになる。物価がいっそう上昇してP_3の水準になっても，名目賃金の速やかな上昇により，実質賃金はすぐに均衡水準に戻る。このため，労働雇用量は完全雇用水準L_Eに維持され，総生産も実質GDPの完全雇用水準Y_Fで変わらない。

以上で述べた物価水準と総供給との間の関係を図示すると，図10-6の**パネル(B)**のAS曲線のような**標準的なケインジアンの総供給曲線**が得られる。名目賃金が硬直的なところでは，右上がりの形で描かれるが，完全雇用に到達すると，完全雇用GDP（Y_F）で垂直な直線によって表される。

いま，図10-6(B)において，マクロ経済の需要サイドは，右下がりの総需要曲線ADで示されるものとする。このとき，マクロ経済の均衡は，物価水準の需給調整機能により，総需要曲線ADと右上がりの総供給曲線ASが交差するE_0点で実現する。そして，物価水準はP_0，実質GDPはY_0の水準に決定される。

また，名目賃金が一定で，総供給曲線が右上がりの形状になる状況では，総需要の変化は実質GDPと物価水準の両方の変化に反映されることになる。たとえば，総需要が高まり，総需要曲線がADからAD'へ右方にシフトすれば，マクロ経済の均衡はE_0点からE_1点に移る。これに伴い，実質GDPはY_0からY_1に増加する一方，物価水準もP_0からP_1の水準に上昇する。

なお，章末の練習問題6に，総需要－総供給分析の数値モデルが示してあるので，読者はこれに取り組んで欲しい。

Column　新しいマクロ経済学の総供給曲線

　新しい古典派のルーカス(R. Lucas)やニュー・ケインジアンのマンキュー(N. G. Mankiw)は，物価水準と総生産の関係を表す総供給関数として，
$$Y = Y_F + a(P - P^e) \quad \text{あるいは} \quad P = P^e + \frac{1}{a}(Y - Y_F)$$
という式を提示している。ここで，P^e は期待物価水準，a は生産が物価水準の予想外の変化にどれだけ反応するかを示す正の係数である。

　この総供給関数は，総生産(実質GDP)Y の水準を，実質GDPの完全雇用水準 Y_F と物価水準の予測誤差 $(P-P^e)$ に関係づけるものである。すなわち，現実の物価水準が期待物価水準を上回るときには $(P>P^e)$，総生産は完全雇用水準より大きくなる $(Y>Y_F)$。反対に，現実の物価水準が期待物価水準を下回るときには $(P<P^e)$，総生産は完全雇用水準より小さくなる $(Y<Y_F)$。そして，現実の物価水準が期待物価水準と一致するとき $(P=P^e)$，総生産は完全雇用水準に等しくなる $(Y=Y_F)$。

　以上の総供給関数は包括的な性質をもち，本章で検討した総供給関数の形状(右上がり，垂直，水平)をすべて表現できる。まず，短期には，期待物価水準 P^e は一定とすれば，総供給曲線の傾き $1/a$ は正であるから，総供給曲線は1本の右上がりの曲線で描かれる。そして，期待物価水準 P^e が変化すれば，その変化分だけ総供給曲線は上下にシフトする。また，長期には，現実の物価水準と期待物価水準は一致するとすれば $(P=P^e)$，長期の総供給曲線は実質GDPの完全雇用水準 Y_F で垂直な直線によって表される。さらに，係数 a が無限大(つまり，総生産が物価水準の予測誤差にきわめて敏感に反応する状況)であれば，総供給曲線の傾き $1/a$ はゼロになるから，総供給曲線は期待物価水準 P^e の高さで水平な直線として表される。

6 総需要政策の効果

本節では、「総需要-総供給分析」によって、**マクロ経済政策**(金融政策と財政政策)の景気調整効果を検討する。なお、マクロ経済政策は、総需要に影響を及ぼすことを通じて、景気を調整する政策であるから、ここでは、**総需要政策**と呼ぶことにする。また、総需要曲線は右下がり、総供給曲線は右上がりの形で表される標準的な状況を対象にする。

6-1 金融政策の効果

図10-7において、当初、マクロ経済は、**パネル(A)**ではIS曲線と$LM(P_0)$曲線が交差するE_0点で、同じく、**パネル(B)**では総需要曲線ADと総供給曲線ASが交差するE_0点で均衡しており、実質GDPはY_0、物価水準はP_0、実質利子率はr_0の水準にあるものとする。

このとき、実質GDPの水準Y_0は完全雇用水準Y_Fよりも低く、失業が存在する。もし名目賃金が速やかに低下すれば、パネル(B)の総供給曲線ASは右方へシフトして、やがてE_3点をとおる位置にまで移動する。また、物価水準が速やかに低下すれば、パネル(A)のLM曲線も右方へシフトして、やがて

図10-7 金融緩和の効果

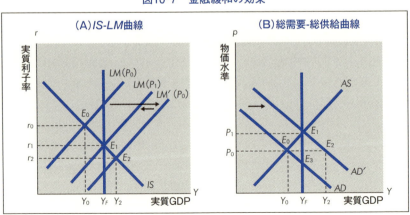

E_1 点をとおる位置にまで移動する結果，完全雇用が自動的に達成される。しかし，賃金や価格が硬直的であれば，長期間にわたり生産水準は停滞して，失業が存在し続けることになり，価格調整機能による完全雇用の自動的達成を期待して，何ら政策措置を講じないことは適切な判断とはいえない。

そこで，中央銀行は金融緩和政策をとり，貨幣供給量を増加させたとする。このとき，図10-7のパネル(A)では，LM 曲線が貨幣供給量の増加により $LM(P_0)$ から $LM'(P_0)$ へ右方にシフトする。これに伴い，実質利子率が r_0 から r_2 の水準に低下して，投資支出を刺激するため，パネル(B)では，総需要曲線は AD から AD' へ右方にシフトする。物価が当初の水準 P_0 で変わらなければ，マクロ経済は E_0 点から E_2 点に移り，実質GDPは Y_2 の水準に増加する。しかし，E_2 点では，総需要が総供給を $(Y_2 - Y_0)$ だけ上回り，生産物市場は超過需要の状態にあるから，物価が上昇を始める。

この物価上昇は，実質貨幣供給量 M/P を減少させるので，LM 曲線は $LM'(P_0)$ から $LM(P_1)$ へと左方に反転する。このため，実質利子率は r_1 の水準へ上昇する。その結果，投資支出が抑制されて，総需要の水準は Y_2 から Y_F へ低下していく。この動きは，IS 曲線および AD' 曲線に沿った E_2 点から E_1 点への移動によって示される。その一方，物価上昇は実質賃金を引き下げ，労働雇用量を増加させる。このため，総生産量の水準は Y_0 から Y_F へ高まる。この動きは，AS 曲線に沿った E_0 点から E_1 点への移動によって示される。

結局，マクロ経済の新しい均衡は，総需要と総供給が等しくなる E_1 点において実現する。その結果，金融緩和政策により，実質GDPは Y_0 から完全雇用GDPの水準 Y_F に増加する。また，物価水準は P_0 から P_1 へ上昇し，実質利子率は r_0 から r_1 の水準へ低下する。

6-2 財政政策の効果

つぎに，財政拡張政策がとられて，政府支出が増加したとする。このとき，**図10-8のパネル(A)**では，IS 曲線が IS' へ右方にシフトして，マクロ経済は E_0 点から E_2 点に移る。これに伴い，実質GDPは Y_0 から Y_2 の水準に増加して，実質利子率は r_0 から r_2 の水準に上昇する。また，**パネル(B)**では，各物

図10-8　財政拡張の効果

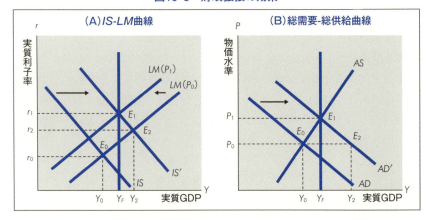

価水準のもとで総需要が増加するので，総需要曲線はADからAD'へ右方にシフトする。物価水準が当初のP_0で変化しなければ，マクロ経済はE_0点からE_2点に移動して，実質GDPはY_2の水準に増加する。しかし，E_2点では総需要が総供給を(Y_2-Y_0)だけ上回り，生産物市場は超過需要の状態にあるから，物価の上昇が始まる。

この物価上昇は，実質貨幣供給量M/Pを減少させるため，LM曲線は$LM(P_0)$から$LM(P_1)$へと左方に反転する。このため，実質利子率はr_2からr_1の水準へさらに上昇する。この後の調整過程は金融緩和の場合と同じで，投資支出が抑制されて，総需要の水準はY_2からY_Fへ低下していく。一方，物価上昇により実質賃金が下がり，労働雇用量は増加するため，総生産量の水準はY_0からY_Fへ高まる。

結局，マクロ経済の新しい均衡は，総需要と総供給が等しくなるE_1点において成り立つ。その結果，財政拡張政策により，実質GDPはY_0から完全雇用GDPの水準Y_Fに増加する。また，物価水準はP_0からP_1へ上昇し，実質利子率もr_0からr_1の水準へ上昇する。

なお，民間の消費支出や投資支出が外的な要因で増加する場合，言い換えると，民間経済にプラスの「需要ショック」が発生する場合も，以上の政府支出増加のケースと同じように分析できる。

7 総需要政策の有効性

この節では,総需要政策が実質GDPや物価水準に与える効果は,総供給曲線の形状によって異なることを,3つのケースを取り上げて検討する。

第1は,名目賃金を硬直的とする「標準的なケインジアンの状況」で,総供給曲線が右上がりになるケースを考える。ここで,労働の限界生産物がきわめて小さいとか,雇用増加に伴う収穫逓減の現象が著しいときには,生産が物価の変化に対して非弾力的となり,図10-9では,総供給曲線は傾きが急なAS_1のように表される。

この場合,金融緩和や財政拡張によって総需要が拡大し,総需要曲線がADからAD'に右方へシフトすると,マクロ経済の均衡はE_0点からE_1点へ移り,物価水準はP_0からP_1へ大幅に上昇する一方で,実質GDPはY_0からY_1へ少しだけ増加することになる。需要増加の影響は,主に物価上昇として現れ,実質GDPの増加は小さい。

反対に,労働の限界生産物がきわめて大きいとか,労働雇用が増加しても収穫逓減の現象はほとんど見られないときには,生産が物価の変化に対して

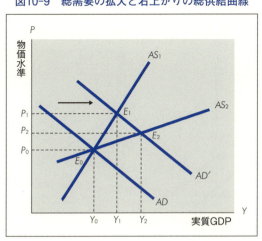

図10-9 総需要の拡大と右上がりの総供給曲線

弾力的となり，総供給曲線は傾きが緩やかなAS_2のように表される。この場合，総需要の拡大がはかられ，総需要曲線がADからAD'に右方へシフトすると，マクロ経済の均衡はE_0点からE_2点へ移り，実質GDPはY_0からY_2へ大きく増加する一方で，物価水準はP_0からP_2へわずかに上昇することになる。総需要増加の影響は，主に生産の増加として現れ，物価水準の上昇は小さい。

　第2は，物価水準は一定とする「極端なケインジアンの状況」で，図10-10のパネル(A)のように，総供給曲線ASがGDPの完全雇用水準Y_Fまでは現行の物価水準P_0で水平な直線によって表されるケースを考える。この場合，金融緩和や財政拡張によって総需要が拡大して，総需要曲線がADからAD'へ右方にシフトしても，物価の上昇はまったく起こらず，物価水準はP_0のままである。これに対し，実質GDPはY_0からY_Fへ，総需要の創出分だけ拡大する。つまり，物価が一定のため乗数効果が完全に作用するので，実質GDPを調整するという目的には，総需要政策がまさに有効である。

　第3は，賃金と価格の完全な伸縮性を想定する「古典派の状況」で，図10-10のパネル(B)のように，総供給曲線ASがGDPの完全雇用水準Y_Fで垂直な直線によって示されるケースを考える。この場合，総需要の拡大をはかっ

図10-10　総需要の拡大

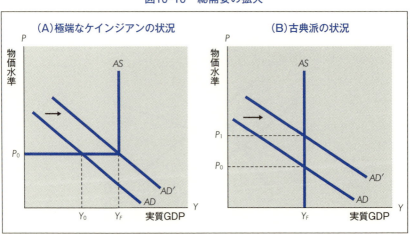

ても，マクロ経済はいつも完全雇用の状態にあるため，実質GDPは完全雇用水準Y_Fで変わらない．代わりに，総需要増加の影響はすべて物価に現れ，物価水準はP_0からP_1へ，総需要曲線の上方シフト幅だけ上昇する．つまり，総需要政策は，物価の変化を引き起こすだけで，実質GDPの調整という目的からするとまったく無力である．

8 供給ショック

総需要-総供給分析では，*IS-LM*分析を拡張して，マクロ経済の供給サイドも考慮に入れているので，供給サイドの要因に変化が生じたとき，GDPや物価はどのような影響を受けるのかを分析することもできる．

8-1 供給ショックの影響

図10-11において，マクロ経済は総需要曲線*AD*と総供給曲線*AS*の交点E_0で均衡しているものとする．このとき，原油の国際価格が急騰するとか，異常気象による凶作で農産物の価格が高騰するなど，労働以外の供給要因に

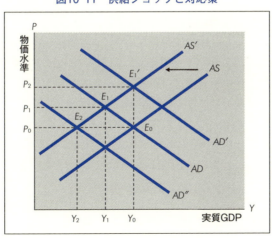

図10-11　供給ショックと対応策

好ましくないショックが発生したとする。以上のような**供給ショック**が起こると，多くの企業が生産コストの上昇に見舞われるため，生産の減少が生じて，総供給曲線はASからAS'へ左方にシフトする。当初の物価水準P_0のもとでは，(Y_0-Y_2)の供給不足の状態になり，物価水準の上昇が始まる。

この物価上昇は，貨幣市場で実質貨幣供給量を減少させ，実質利子率の上昇を引き起こす。すると，投資支出が抑制されて，財・サービスに対する総需要は低下の方向へ動く。これは，総需要線ADに沿ったE_0点からE_1点への動きとして示される。また，物価の上昇は企業の利潤を増やすので，生産の増加を誘発する。これは，総供給曲線AS'に沿ったE_2点からE_1点への動きで示される。

その結果，新しいマクロ経済の均衡は，総需要曲線ADと総供給曲線AS'の交点E_1において実現し，物価がP_0からP_1の水準に上昇すると同時に，実質GDPはY_0からY_1の水準に減少する。また，生産と雇用との間には，一般に正の関係があるので，労働雇用量も減少する。このように，供給ショックが発生すると，経済活動の停滞（stagnation）と物価の上昇（inflation）が同時に引き起こされることになり，この現象は**スタグフレーション**（stagflation）と呼ばれる。

なお，供給ショックが実質GDPや物価水準にどのような効果を与えるのかは，マクロ経済の需要サイドの状況，すなわち総需要曲線の形状に大きく依存する。一般に，短期には，需要の価格弾力性は小さいので，総需要曲線は急な形になる。このとき，供給ショックにより総供給曲線が左方にシフトすると，物価水準は大幅に上昇するが，実質GDPの減少は小幅である。つまり，短期では，供給ショックの影響は，主に物価の上昇として現れる。

これに対し，長期では，需要の価格弾力性は大きくなるので，総需要曲線は緩やかな形に変わる。この状況では，供給ショックにより，総供給曲線が左方にシフトすると，物価水準はそれほど上昇せず，実質GDPが大きく減少することになる。つまり，長期には，供給ショックの影響は経済活動に浸透して，主に実質GDPの減少として現れる。

8-2 供給ショックへの対応

　供給ショックが発生して，経済の停滞と物価の上昇が同時に起こるときには，総需要政策では適切に対処することができない．図10-11の状況において，供給ショックによる経済の停滞から抜け出すことを優先して，総需要拡大政策を実施すれば，総需要曲線はADからAD'に右方へシフトして，マクロ経済をE_1点からE_1'点へ移動させることは可能である．ただ，E_1'点では，実質GDPは供給ショック前の水準Y_0に回復するが，物価はP_2の水準までさらに上昇し，インフレーションが悪化してしまう．

　あるいは，物価の安定を優先して，インフレーションを抑えるため総需要縮小政策を実施すれば，総需要曲線はADからAD''に左方へシフトして，マクロ経済をE_1点からE_2点へ移動させることは可能である．ただ，E_2点では，物価水準は供給ショック前の水準P_0に戻るが，実質GDPはY_2の水準までさらに低下し，景気の落ち込みを大きくしてしまう．

　したがって，供給ショックに対しては，総需要政策だけで対処するのではなく，総供給の調整をはかり，総供給曲線を右方にシフトさせる措置が必要である．そのためには，規制の緩和・撤廃，社会・経済環境の整備と拡充，投資や研究開発の促進，租税負担の軽減などにより，民間の経済活動を活性化させる政策を実施することが望ましい．これらの措置は，一般的には**成長政策(戦略)**と呼ばれ，即座に効果を現すものではないが，時間の経過につれて，マクロ経済の生産力を高め，総供給曲線を右方にシフトさせることにより，実質GDPの拡大と物価水準の安定に寄与することが期待される．

キーワード

　　総需要曲線　総供給　マクロ生産関数　労働需要曲線　労働供給曲線
　　総供給曲線　古典派の状況　ケインジアンの状況　賃金と価格の硬直性
　　総需要政策　供給ショック　スタグフレーション

練習問題

1. 労働供給は名目賃金の増加関数として，労働市場の状況を説明しなさい．また，総供給曲線はどのようになるかも示しなさい．

2. 物価の上昇を考慮に入れると，財政政策や金融政策の景気拡大効果は，IS-LM分析から得られるものより小さくなることを説明しなさい。
3. マクロ経済が完全雇用GDPよりも低い水準で均衡しているとき，賃金と価格が下方に伸縮的であれば，一般に，どのようなことが起こるかを説明しなさい。
4*.「流動性のわな」および「投資のわな」の状況（第8章の図8-6を参照）では，それぞれ総需要曲線はどのような形になるか。また，この状況では，たとえ賃金や価格が伸縮的に変化しても，完全雇用の実現は不可能であることを説明しなさい。
5. 総需要の変化および総供給の変化は，それぞれ，実質GDPと物価水準にどのような影響を与えるのかを比較検討しなさい。
6*. あるマクロ経済において，消費関数は $C = 20 + 0.6(Y - T)$，投資関数は $I = 80 - 5r$，政府支出 G と租税 T はともに50，貨幣需要関数は $L = 164 + 0.52Y - 6r$，名目貨幣供給量 M は440，物価水準は P，実質GDPの完全雇用水準は300であるものとして，以下の問いに答えなさい。

(1) IS曲線とLM曲線から，総需要曲線を求めなさい。

(2) 古典派的均衡では，実質GDP（Y）と物価水準（P）はいくらになるか。

(3) 標準的なケインジアンの総供給曲線が，

$$P = 0.75W + \frac{1}{160}Y \qquad W = 1$$

と表されるものとする。このとき，マクロ均衡点における実質GDPと物価水準はいくらになるか。さらに，総需要拡大政策を実施して完全雇用を達成するとき，物価水準は何パーセント上昇することになるか。

第11章　失業とインフレーション／デフレーション

　今日では，失業を克服して完全雇用を実現すると同時に，インフレーションやデフレーションを抑えて物価の安定をはかることが，各国の最も重要なマクロ経済の課題である。本章においては，失業およびインフレーション，デフレーションとはなにか，どのようにして生じるのか，社会的にどのような弊害があるのか，また，失業とインフレーション／デフレーションとの間にはいかなる関係があるのか，さらに，これらの問題を解決するには，どのような政策を実施したらよいのかについて検討する。

1　失　業

　マクロ経済にとって重大な問題に，失業およびインフレーション／デフレーションがあげられる。実際には，これらの間には密接な関係があるが，この点については第6節以降で取り上げることにして，まずは，失業，インフレーション，デフレーションについてそれぞれ個別に検討する。
　はじめに，本節では，失業の意味，種類，社会的コストについて考える。

1-1　失業とは

　総務省統計局『労働力調査』によれば，**失業**(unemployment)とは，すぐに就業可能な人びとが，仕事がなくて求職活動をしている状態をいう。失業の理由としては，「非自発的な失業」（定年や雇用契約の満了，勤め先や事業の都合），「自発的な失業」（自分や家族の都合），「新たな求職」（学卒，収入を得る必要性など）があげられる。
　わが国の就業状態は，表11-1のように区分される。ここで，**労働力人口**とは，就業可能年齢(15歳以上)人口から非労働力人口(通学・家事・高齢な

表11-1 就業状態の区分(2013年)

単位：万人

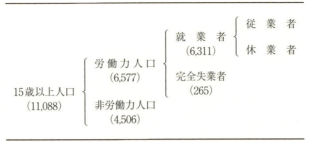

出所：総務省『労働力調査年報』(2013年)。

どで，仕事に就くことが不可能であるか，実際に求職活動をしなかった者)を引いたものである。そして，労働力人口のうち，仕事があればすぐ就くことができるが，調査期間中に収入になる仕事を少しもせず，仕事を探す活動をしていた者を**完全失業者**と定義する。さらに，完全失業者が労働力人口に占める割合を，**完全失業率**と呼んでいる。

わが国における完全失業者と完全失業率の推移が，**表11-2**に示してある。長期にわたる失業率については，第1章の図1-4に示したとおり，高度経済成長期には1％台であった。その後は上昇傾向を見せて，2000年代には5％台を記録したが，最近は低下傾向にある。

なお，失業者や失業率の大きさは，就業可能な人がどれだけ仕事に就くことを希望するかに影響を受ける。たとえば，家事に専念している主婦，就学中の学生，退職した中高年，家にこもっている人などは，非労働力人口に分類されるため失業者ではないが，これらの人たちが求職活動を始めれば労働力人口になる。しかし，すぐに全員が新しい仕事口を見つけるのは難しいから，一部の人は失業者になる。その結果，就業者と失業者(失業率)が同時に高まるという現象も起こりうる。

また，統計上は失業者として表面化しない**潜在的失業**の存在に留意する必要がある。正規雇用を希望しながら，パートタイマーやアルバイトとして非正規雇用の仕事に就かざるを得ない人や，不本意ながら自分の能力以下の条件面で恵まれない仕事に就いている人などは，部分的には失業状態にある

表11-2 わが国の失業者と失業率

年	完全失業者(万人)	完全失業率(%)
1980	114	2.0
1985	156	2.6
1990	134	2.1
1995	210	3.2
2000	320	4.7
2005	294	4.4
2010	334	5.1
2013	265	4.0

出所：内閣府『経済財政白書』(平成26年度)の長期経済統計より作成。

が，統計上は失業者ではない。それに，長期間に及ぶ職探しに嫌気がさして求職活動をやめてしまった人は，実質的には失業者であるが，労働力人口から除外されるため，統計上は失業者にはならない。

さらに，失業率は産業，職種，地域，年齢，性別などの相違によって異なる。一般に，不況業種，衰退地域，高齢者，女性，未熟練労働者，非正規労働者などの失業率は高くなる。したがって，経済全体の失業率の大きさを見るだけでは，失業の実態を把握するのは難しい。

1-2 失業の種類

前項で述べたように，『労働力調査』では，失業の理由として，非自発的な失業，自発的な失業，新たな求職の3つがあげられているが，マクロ経済学では，失業はつぎの3つの種類に分けることが多い。

第1に，総需要の水準が，労働力をすべて吸収できるほど十分ではない場合に発生する失業は，**循環的失業**(cyclical unemployment)と呼ばれる。これは，景気循環の後退期や不況期には，財・サービスの総需要の水準が小さくなるので，労働市場では求人数が求職者数を下回り，労働は超過供給の状態になることから生じる失業である。非自発的な失業は，主に循環的失業が原因と思われる。

第2に，労働市場が正常に機能するうえで不可避的に生じる失業があり，これは**摩擦的失業**(frictional unemployment)といわれる。なぜなら，いつでも

転職や労働市場への新規参入を希望する者がおり，これらの人びとは仕事に就くまでは，統計上は失業者として計上されるからである。自発的な失業と新たな求職の多くは，この摩擦的失業にあたる。

第3に，需要条件や生産技術などの面で，経済の構造的変化に対して十分に適応し得ないために発生する失業を，**構造的失業**(structural unemployment)と呼ぶ。たとえば，教育や訓練が欠如するため，資格，経験，技能，能力などの面で，新しい仕事に就くことが難しい場合，また，社会的・制度的要因などにより，職種間・企業間・地域間の労働移動が円滑に行かず，仕事口はあっても雇用が進まない場合，さらに，労働市場は超過供給の状態にあっても，賃金が下方硬直的で，失業の状態は改善しない場合など，労働の需給にミスマッチが起こり，多くの人が仕事に就けず，失業が発生することになる。

1-3 失業の社会的コスト

つぎに，失業はなぜ社会的に好ましくないのかを整理してみる。

第1に，経済面では，失業が存在する場合，実際のGDPはこれらの人びとが仮に雇用されていたならば実現したであろう生産量だけ小さくなる。つまり，もし失業者が仕事に就いたとすれば生産可能となった分だけ，潜在的な生産能力が無駄にされ，経済資源が効率的に利用されていないことを意味する。また，失業は労働者の収入の途を断ち，所得分配の不公正を助長させる。とくに失業期間が長びくときには，失業者は貧困の奈落に陥り，最低限度の生活水準を維持することすら困難になる。さらに，失業はむしろ社会的な弱者に重くのしかかる傾向が強い。

第2に，社会・政治面からしても，失業の影響は重大である。失業は労働者の生活環境を悪くさせるだけでなく，人間としての尊厳を傷つけることもある。また，大量の失業が国全体に蔓延するようになると，深刻な社会不安や政治的に不安定な事態が発生することになりかねない。

したがって，政府が完全雇用の実現を最重要課題として，雇用の確保をめざすことは，資源配分の効率性と所得分配の公正に寄与するとともに，社会の構成員に対して健全な市民生活を保障する最善の方法と考えられる。

2 失業の発生原因と対策

前節において，失業の意味，種類，社会的コストについて説明したので，この節では，失業はなぜ発生するのか，また，いかなる対策を講じたらよいのかについて検討する。

2-1 失業の原因

失業が発生する原因を，前章の第3節で説明した労働市場に着目して考えてみる。いま，図11-1において，労働市場は労働需要曲線D_Lと労働供給曲線S_Lが交差するE_0点で均衡しており，均衡実質賃金の水準は$(W/P)_0$に，均衡労働雇用量はL_0の水準に決定されているものとする。均衡点E_0では，実質賃金$(W/P)_0$のもとで，働く意欲のある労働者はすべて雇用されており，非自発的な失業は存在せず，その意味で完全雇用の状態にある。

ここで，景気の悪化により生産活動が停滞して，労働需要が減少すると，労働需要曲線はD_LからD'_Lへ左方にシフトする。また，経済状態の悪化により，それまで働く意思のなかった人びとが新たに労働市場に参入すると，労

図11-1 失業の原因

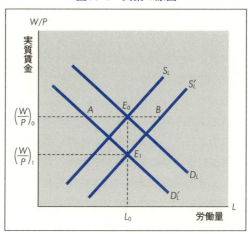

働力人口は増加して，労働供給曲線が S_L から S'_L へ右方にシフトする。このとき，実質賃金が，新しい労働需要曲線 D'_L と労働供給曲線 S'_L が交差する E_1 点に対応する $(W/P)_1$ まで速やかに低下すれば，労働雇用量は L_0 の水準のままで，完全雇用が維持されることになる。

だが，名目賃金や価格に硬直性があり，実質賃金が十分に下がらなければ，労働供給は労働需要を上回り，両者の差だけ失業が発生することになる。もし実質賃金が当初の水準 $(W/P)_0$ で変わらなければ，労働供給量は B 点，労働需要量は A 点で示されるので，線分 AB の大きさの失業が発生する。ゆえに，図11-1の労働市場の枠組みでは，失業の発生原因は，労働需要の減少，労働供給の増加，および名目賃金や価格の硬直性に求められる。

2-2 雇用政策

失業はさまざまな原因によって発生するので，失業を解消して完全雇用を実現するには，多岐にわたる雇用政策が必要とされる。

第1に，**総需要政策**があげられる。総需要の水準が完全雇用GDPをはるかに下回ることになれば，需要不足による深刻な失業問題が発生しかねない。総需要を高い水準で安定させて，十分な労働需要を確保することは，完全雇用の実現にとって最も基本的な要件といえる。

総需要の調整は，財政政策と金融政策を主要な手段とするマクロ経済政策によって行われることは，すでに説明したとおりである。総需要の不足から循環的失業が存在するときには，政府支出の増加や減税，あるいは買いオペレーションなどの政策によって，総需要の拡大をはかることが要請される。乗数効果が作用して，総需要そして生産・所得の増加が引き起こされ，雇用の創出が期待される。

第2に，経済全体の需要を調整して失業の克服をめざす総需要政策では，摩擦的失業や構造的失業には，適切に対処し得ない面もある。そのため，失業発生の諸原因に根ざした**ミクロ的な雇用政策**が不可欠になる。たとえば，職業紹介と職業指導，教育・訓練計画，賃金や労働移動の硬直性の是正，労働供給の調整(週休2日制，年次休暇の消化，定年延長など)，雇用誘発効果の高い産業の育成・開発などが，雇用対策の一環としてあげられる。

3 インフレーションとデフレーション

つぎに，インフレーションとデフレーションの問題に移ることにする。本節では，まず，インフレーションおよびデフレーションとはいかなる現象をいうのか，また，なぜ社会的に好ましくないものとされるのかを考える。

3-1 インフレーション／デフレーションとは

はじめに，**インフレーション**(inflation)とは，さまざまな価格の一般的な水準が持続的に上昇する現象のことである。つまり，個々の財・サービスの価格が，そのときの需要と供給を反映して上がることではなく，経済全体の財・サービスのうち，大部分の価格が継続して上昇する結果，平均的な物価水準が持続的に上昇する現象を，インフレーション(略して，**インフレ**)と呼ぶのである。

なお，第1次大戦後のドイツ，第2次大戦後のハンガリーや日本，1980年代のボリビア，2000年代のジンバブエなどで実際に起きたように，物価の上昇が加速的に進み，物価水準が天文学的な数値にまで達する状況は，**ハイパー・インフレーション**といわれる。

つぎに，**デフレーション**(deflation)とは，インフレーションとは逆に，さまざまな価格の一般的な水準が持続的に低下する現象をいう。以前は，デフレーションという言葉には，実質GDPの低下や失業の増大など，経済活動が低迷しているという意味も含まれていたが，現在では経済活動とは関係なく，物価水準が継続して下がっていくことをデフレーション(略して，**デフレ**)と呼んでいる。1930年代の世界大恐慌のときには，多くの国で深刻なデフレーションに見舞われたが，第2次大戦後の先進経済諸国(日本を除く)では，デフレはむしろまれな出来事である。

なお，インフレーションとデフレーションは反対の現象であるが，両者は必ずしも対称的ではない。一般に，賃金や価格は上方には伸縮的であるが，下方には硬直的であり，インフレ期には上昇を続けるが，デフレ期には低下のスピードが遅く，それほど下がらない。また，名目利子率は通常マイナス

の水準にはならないことから，インフレ期には名目利子率は物価の上昇に応じて上がっていくが，デフレ期にはゼロまでしか下がらない。

　第1章の図1-3には，1955年以降の消費者物価指数(CPI)の対前年変化率が，また，第2章の図2-3には，1980年以降の消費者物価指数(CPI)，国内企業物価指数，GDPデフレーターの対前年変化率が示してある。これらのデータから，高度経済成長期には，インフレ率(物価上昇率)は毎年5%ほどであったこと，また，1970年代には，2度の石油ショックに見舞われて，急激なインフレーション(とくに，第1次石油ショック時)を経験したことがわかる。さらに，1980年代には，株価や地価の資産価格は急上昇したが，一般の物価は安定しており，インフレ率は比較的低い水準にあったことが見てとれる。このように，日本経済は1990年代までは「インフレーション」の状態であったが，1990年代の後半から2010年代にかけて，「デフレーション」の状態が続いている。とりわけ，GDPデフレーターの動きで見ると，デフレ現象が顕著である。

3-2　インフレーションの弊害

　「インフレーション」については，適度な物価上昇は経済活動を活発にするので好ましい，という肯定論もあるが，一般には，インフレはさまざまな理由で社会的に好ましくない現象とされている。

　第1に，ほとんどの人がインフレーションを嫌う最大の理由は，インフレーションのもとでは，手持現金，預貯金，公社債，給与・賃金など，貨幣タームで固定された資産や所得の価値が目減りして，実質購買力が低下してしまうことにある。インフレは，とりわけ，賃金の上昇率が低い労働者，過去の貯蓄に依存して生活している世帯，年金生活者，生活保護世帯などに，大きな打撃を与える可能性が高い。

　第2に，インフレーションは，貸借契約における負債額の実質価値を低下させるので，債務者には有利に，債権者には不利に作用する。仮に，債務者の大半は貧しい者，債権者の大半は豊かな者であれば，インフレは所得再分配の役割を果たす面もあるが，インフレ下では貸し借り額の実質値が大きく変動するため，資金の貸借行動は阻害される。

第3に，インフレーションの過程で，価格や賃金がすべて同じように上昇するわけではない。たとえば，特定の職種の賃金上昇率が低いと，それが社会的に重要なものでも求職者は大きく減り，労働配分面で不都合が生じる。

第4に，インフレーションによる国内物価水準の上昇は，自国製品の価格を高騰させるので，「国際競争力」が低下する。そのため，輸出の減少と輸入の増加が起こり，国際収支の悪化や自国通貨の価値低下が懸念される。

第5に，累進課税制度のもとでは，インフレーションそれ自体が税収を増大させる作用をもつ。つまり，インフレは一種の租税であり，これに伴い民間から政府へ資金の移転が生じる。

第6に，インフレーションに見舞われると，企業は価格を頻繁に変更する必要性に迫られ，「メニュー・コスト」（価格変更の費用）が発生する。また，インフレが激しくなると，貨幣価値が急速に下がるので，人びとは頻繁に金融機関に通って，入手した貨幣をできるだけ速やかに，もの（財・サービス，実物資産）に換えようとする。これに伴うコストも甚大になる。

さらに，「ハイパー・インフレーション」が発生するような事態になれば，貨幣価値は刻一刻，急速に低下していく。そのため，貨幣を媒介とした市場経済制度が正常に機能しなくなり，社会・政治的不安が増すことになる。

3-3 デフレーションの弊害

つぎに，「デフレーション」については，利子率や生産コストを低下させ，また，資産や所得の実質価値を高める効果があるため，経済活動を刺激するプラス面もあるとされるが，一般には（とくに，デフレが長期間に及ぶ場合には），デメリットのほうがメリットよりも大きく，マクロ経済に深刻な影響を与えるとみなされている。

第1に，デフレーションが続き，物価の下落が将来も続くと予想される場合，消費者や企業は財・サービスの購入や投資支出を先延ばしする可能性があり，消費支出や投資支出が減少する。また，デフレ期には，株価や地価などの資産価格が大幅に低下することが多く，資産保有者に「逆資産効果」が働き，消費支出や投資支出が抑えられる。

第2に，デフレーションの時期には，インフレ率（物価上昇率）はマイナス

の値になるが，名目利子率はゼロ以下には下がらない。このため，名目利子率がたとえ低い水準まで下がっても，実質利子率（＝名目利子率－物価上昇率）はプラスの値になる。たとえば，名目利子率がゼロ，物価上昇率が－2％のときには，実質利子率は2％の高さになる。このように，デフレのもとでは，名目利子率を引き下げても，実質利子率がプラスの水準に維持されるため，投資の実施が阻害される。

　第3に，名目賃金のほうが財・サービスの価格よりも下方硬直的な場合が多く，デフレーションによって物価が下落しても，名目賃金はそれほど下がらない。その結果，実質賃金が高止まりして，失業を生み出すことになる。

　第4に，デフレーションは，貸借契約における負債額の実質価値を上昇させるので，債権者には有利に，債務者には不利に作用する。債権者のほうが債務者よりも概して豊かとすれば，デフレに伴う債務者から債権者への再分配により，所得分配の公正さが損なわれる。

　第5に，デフレーションの時期には，債務負担の増加に耐えられなくなり，債務不履行や倒産の事態が起こりやすい。そのため，金融機関は不良債権の増加による自行の経営破綻を懸念して，貸し出しにきわめて慎重になり，金融システムが健全な形で機能しなくなる。

　第6に，デフレーションにより，多くの企業の製品価格が下がり，売り上げは減少して，企業業績は悪化する。そのため，企業は雇用量を減らし，賃金の引き下げを実施する。このことは，家計の所得を減少させて，消費支出を抑制する。それゆえ，企業の製品はさらに売れなくなり，価格は低下していく。以上のように，企業も家計も「デフレ期待」をもって行動する場合には，物価の下落が景気を悪化させ，さらに景気の悪化が物価をいっそう下落させる，という悪循環に陥る。このデフレがデフレを呼ぶ現象を**デフレ・スパイラル**という。

4 インフレーション／デフレーションの発生原因

　さて，インフレーションやデフレーションが発生する原因は，前章の「総

需要−総供給分析」の枠組みで考えれば，需要サイドの要因と供給サイドの要因に求められる。

4-1 インフレーションの原因

まず，総需要の拡大という需要サイドの要因が主な原因となり，物価水準が持続的に上昇するとき，これを**ディマンドプル・インフレーション**（demand-pull inflation）あるいは**需要インフレーション**（demand inflation）という。これは，総需要を構成する消費支出，投資支出，政府支出，あるいは純輸出が増加すると，財・サービスの超過需要が発生して，賃金や価格の上昇が引き起こされ，一般的な物価水準が上昇する現象のことである。

いま，**図11-2のパネル(A)**において，総需要の増加により，総需要曲線がADからAD'へ右方にシフトすれば，マクロ経済の均衡はE_0点からE_1点へ移り，物価水準はP_0からP_1へ高まる。同時に，実質GDPの水準はY_0からY_1へ増加する。このような事態が持続して起こる状況が，ディマンドプル・インフレーションにあたる。総供給曲線ASが右上がりの一般的な状況では，ディマンドプル・インフレーション時には，物価の上昇とともに，実質GDPの拡大が起こる。これは，景気状態が良好で，経済が成長しているときによく見られる現象である。

図11-2　インフレーション／デフレーションの原因

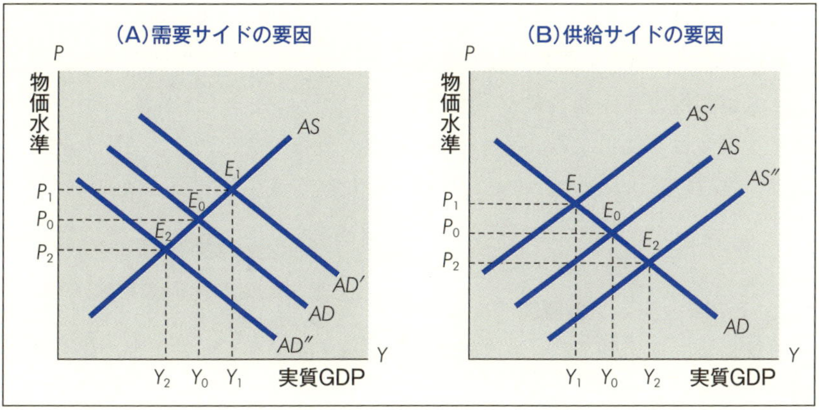

ディマンドプル・インフレーションの程度は，図11-2のパネル(A)から推察できるように，総供給曲線ASの形状に強く依存する。生産（供給）が賃金や価格の変化に対して非弾力的で，総供給曲線が急な傾きをもつ状況では，総需要が増加すると，物価は大きく上昇する一方で，実質GDPはあまり増加しない。反対に，生産が賃金や価格の変化に対して弾力的で，総供給曲線の傾きが緩やかな状況では，総需要が増加しても，物価はほとんど上昇しないが，実質GDPは大きく増加する。

つぎに，供給サイドの要因による生産コストの上昇が主な原因となり，物価水準が持続的に上昇するとき，これを**コストプッシュ・インフレーション**(cost-push inflation)と呼ぶ。たとえば，労働組合による労働生産性上昇率を超えた賃金引き上げ要求，大企業の市場支配力を行使した価格引き上げ，原材料の価格高騰や円安の進行，人びとの抱く「インフレ期待」の高まりなどは，コストプッシュ・インフレを導く。

図11-2の**パネル(B)**において，生産コストの上昇により，総供給曲線がASからAS′へ左方にシフトすれば，マクロ経済の均衡はE_0点からE_1点へ移り，物価水準はP_0からP_1へ高まる。同時に，実質GDPの水準はY_0からY_1へ減少する。これは，前章で見た「供給ショック」と同じ現象であるが，こうした事態が持続して起こる状況がコストプッシュ・インフレーションにあたる。コストプッシュ・インフレは，物価の上昇と経済の停滞を引き起こすから，スタグフレーションの一因といえる。

コストプッシュ・インフレーションの程度は，総需要曲線ADの形状に強く依存する。総需要が価格の変化に対して非弾力的で，総需要曲線が急な傾きをもつ状況では，総供給が減少すると，物価は大きく上昇するが，実質GDPの減少は小幅になる。反対に，総需要が価格の変化に対して弾力的で，総需要曲線の形状が緩やかな状況では，総供給が減少しても，物価はほとんど上昇しないが，実質GDPは大きく減少する。

4-2 デフレーションの原因

デフレーションが発生する原因については，インフレーションの場合を反対にして考えることができる。

4 インフレーション／デフレーションの発生原因

　まず，デフレーションは**総需要の不足**によって発生する。ディマンドプル・インフレーションとは反対に，総需要を構成する消費支出，投資支出，政府支出，あるいは純輸出が停滞している状況では，財・サービスの需要不足（超過供給）が生じる。そのため，賃金や価格が低下して，一般的な物価水準が下落することになる。

　いま，さきの**図11-2**の**パネル(A)**において，総需要の減少により総需要曲線がADからAD''へ左方にシフトすれば，マクロ経済の均衡はE_0点からE_2点へ移り，物価水準はP_0からP_2へ低下する。同時に，実質GDPの水準はY_0からY_2へ減少する。こうした事態が持続して起こる状況が，需要サイドの要因によるデフレーションである。この種のデフレでは，物価の下落と実質GDPの低下が起こり，景気低迷期にしばしば観察される現象である。

　需要サイドの要因によるデフレーションの程度は，総供給曲線ASの形状に強く依存する。生産（供給）が賃金や価格の変化に対して非弾力的で，総供給曲線が急な形状のときには，総需要が減少すると，物価は大きく下落する一方で，実質GDPはそれほど減少しない。反対に，生産が賃金や価格の変化に対して弾力的で，総供給曲線が緩やかな形状のときには，総需要が減少しても，物価はほとんど低下しないが，実質GDPは大きく減少する。

　つぎに，**総供給の拡大**によってもデフレーションは発生する。たとえば，技術の改善・進歩，新しい製品・生産方法の開発などの「技術革新」，労働の生産性や資本の効率の高まり，原材料の価格下落や円高の進行，人びとの抱くインフレ期待の沈静化などは，生産コストを引き下げ，生産活動を活発にすることを通じて物価の低下を引き起こす。

　いま，図11-2の**パネル(B)**において，コストプッシュ・インフレーションの場合とは反対に，生産コストが低下して，総供給曲線がASからAS''へ右方にシフトすれば，マクロ経済の均衡はE_0点からE_2点へ移り，物価水準はP_0からP_2へ低下すると同時に，実質GDPの水準はY_0からY_2へ増加する。このような事態が持続して起こる状況が，供給要因によるデフレーションである。この種のデフレでは，物価水準が低下する一方で，実質GDPの水準は拡大することから，「良いデフレ」とも考えられる。

　供給要因によるデフレーションの程度は，総需要曲線ADの形状に強く依

存する。総需要が価格の変化に対して非弾力的で，総需要曲線の傾きが急なときには，総供給が増加すると，物価は大きく下落するが，実質GDPはそれほど増加しない。反対に，総需要が価格の変化に対して弾力的で，総需要曲線の傾きが緩やかなときには，総供給が増加しても，物価はあまり下落しないが，実質GDPは大きく増加する。

5 インフレーション／デフレーションの対策

それでは，インフレーションやデフレーションを解消して，物価の安定をはかるには，どのような対策を講じたらよいのかを検討する。

5-1 インフレ対策

第1に，インフレーションが主に需要サイドの要因にもとづくディマンドプル型であれば，適切なインフレ対策は「総需要縮小政策」の実施である。すなわち，金融政策や財政政策によって総需要を抑え，財・サービスの超過需要を解消させることが要請される。具体的には，政府支出の抑制，所得税・法人税・消費税などの増税，あるいは，売りオペレーションによる金融引き締めを実施して，総需要を抑制すれば，ディマンドプル・インフレーションは沈静化の方向へ向かう。

前節の図11-2のパネル(A)に戻ると，総需要縮小政策を実施することにより，総需要曲線AD'をADへと左方にシフトさせれば，物価水準はP_1からP_0へ低下して，インフレーションを抑えることができる。しかし，実質GDPの水準はY_1からY_0へ減少して，景気の停滞を招くことになる。

第2に，インフレーションが主に供給サイドの要因にもとづくコストプッシュ型であれば，インフレ対策として「総供給の拡大」が求められる。図11-2のパネル(B)において，総供給曲線AS'をASへ右方にシフトさせるような総供給の調整が行われれば，物価水準はP_1からP_0へ低下するとともに，実質GDPの水準はY_1からY_0へ増加して，景気の回復も期待できる。

そのためには，もし賃金や価格が上方にのみ伸縮的に変化することがイン

フレーションの主因であれば，需要と供給の状態を反映して，賃金や価格が上下に変化するような環境を整えることが望まれる．たとえば，「独占禁止法」の運用により市場の競争促進をはかること，労働の職業間・地域間の移動を円滑化させること，労使間の対立を和らげることなどが，物価を安定させるうえで役立つ．

また，生産要素の価格上昇や生産性低下にもとづくインフレについては，原材料の安定供給を実現すること，企業減税を実行して，生産コストの低下・生産性の上昇を促進することなどが必要である．さらに，人びとの抱くインフレ期待を鎮めるには，政府・中央銀行は貨幣供給量を抑えて，物価安定政策をゆるぎない姿勢で実施することを明白にする必要がある．

5-2 デフレ対策

デフレーションがマクロ経済に深刻な影響を与えるのは，生産・所得が縮小して，雇用状態が悪化するなど，経済全体の活動が委縮する場合である．その意味で，総需要不足によるデフレがとくに問題になる．

この種のデフレから脱却する方法は，「総需要拡大政策」を実施して，総需要の不足を解消することである．つまり，金融緩和政策や財政拡張政策によって総需要の刺激をはかり，超過供給(需要不足)の状態を改善することが要請される．具体的には，政府支出の増加，所得税・法人税・消費税などの減税，あるいは，買いオペレーションによる金融緩和を実施して，総需要を拡大すれば，デフレは収まっていく．

さきの図11-2のパネル(A)において，総需要拡大政策により，総需要曲線AD''がADへと右方にシフトすれば，物価水準はP_2からP_0へ上昇して，デフレからの脱却に成功する．同時に，実質GDPの水準はY_2からY_0へ増加するので，景気も好転する．

ただし，この種のデフレーションには生産・雇用活動の停滞が伴っているので，真にデフレから脱却するには，供給面の政策的なテコ入れも必要である．前節で見たとおり，確かに総供給の拡大はデフレの一因であるが，反面，生産や所得を増大させて，人びとに豊かな将来の生活を約束する．ゆえに，デフレ的な膠着状態から抜け出すには，総供給の拡大は不可欠である．

さらに、経済全体に「デフレ期待」が蔓延して閉塞感が強い状況では、「インフレーション・ターゲティング」(インフレ目標政策)を採用して、人びとにインフレ率の目標値を明確にすることも一考である。同時に、社会保障や年金の制度を改革して、人びとの将来に対する不安を払拭し、消費意欲が高まるようにすること、また、規制緩和や税制改革を通じて、企業が積極的に活動できる環境を整えることなども重要である。

6 フィリップス曲線

　ここまでは、失業とインフレーション／デフレーションを別々に扱ってきたが、両者は互いに独立した現象とはいえない。なぜなら、総供給曲線は通常は右上がりの形をとるので、物価が上昇するにつれて生産や雇用が増え、それに伴い失業は減少する。つまり、失業と物価との間には、負の関係が存在するはずである。実際、マクロ経済の供給サイドに関する研究は、1950年代末から、主に失業率とインフレ率(物価上昇率)との関係を示す「フィリップス曲線」をめぐって展開されてきた。

　そこで、本節では、まず、フィリップス曲線とはいかなるものか、また、それはどのようなマクロ経済政策上の意味をもつのかについて説明する。なお、デフレーションはインフレーションと反対の現象で、インフレ率(物価上昇率)がマイナスになるケースであるから、以下では、デフレーションやデフレ率といった用語は使わず、インフレーションおよびインフレ率(物価上昇率)という言い方に統一する。

6-1 フィリップス曲線とは

　1958年に、フィリップス(A. W. Phillips)は、イギリスの1861～1957年のデータにもとづき、名目賃金の上昇率と失業率との間には安定的な負の関係があることを発見した。すなわち、失業率が低い時期には名目賃金上昇率は高くなり、反対に、失業率が高い時期には名目賃金上昇率は低くなることを見つけた。この状況を、縦軸に賃金上昇率、横軸に失業率をとった図で示せ

図11-3　フィリップス曲線

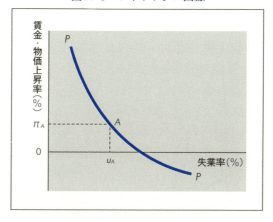

ば，両者の関係は**図11-3**の右下がりの曲線PPのように描くことができる。これを**フィリップス曲線**(Phillips curve)と呼ぶ。

　通常，失業率が低いときは景気の良好なときで，労働市場は超過需要の状態にある。このため，賃金の上昇圧力が強く，賃金上昇率も高くなる。一方，失業率が高いときは景気が悪いときで，労働市場には，働きたいと思っているが仕事に就けない人が数多く存在する。それゆえ，賃金の上昇はわずかであるか，場合によっては引き下げられる。こうした賃金上昇率と失業率の関係を図示すると，右下がりのフィリップス曲線が得られるのである。

　さらに，賃金は労働サービスの価格であり，物価の主要な決定要因であるから，賃金上昇率と物価上昇率との間には，密接な関係がある。そのため，図11-3の縦軸を，インフレ率(物価上昇率)としても，失業率との間にはやはり右下がりの関係が見いだせる。このように，フィリップス曲線が右下がりの形で描けることは，失業率が高いほどインフレ率は低く，失業率が低くなるほどインフレ率は高くなることを示している。言い換えれば，インフレを抑えようとすると失業が増大し，逆に，失業を解消しようとするとインフレが悪化するという**失業とインフレーションのトレード・オフ**関係が存在することを意味する。

　なお，**図11-4**は，1955年から2013年に及ぶ日本の「フィリップス曲線」

図11-4 日本のフィリップス曲線（1955〜2013年）

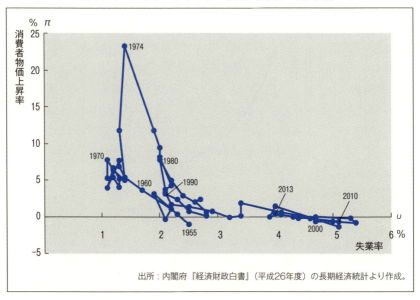

出所：内閣府『経済財政白書』（平成26年度）の長期経済統計より作成。

である。これは，各年の失業率と消費者物価上昇率の値を実線で結んだものであり，全体的に見れば右下がりの形をしていることが見てとれる。

6-2 フィリップス曲線と総需要政策

　フィリップス曲線が右下がりで，失業とインフレーションの間にトレード・オフ関係が存在するとなれば，総需要に影響を与えることにより，景気の調整をはかる金融政策や財政政策はジレンマに直面する。

　具体的にいうと，金融緩和や財政拡張などの「総需要拡大政策」は，GDPの水準を高めて失業を解消するのに有効であるが，インフレーションを併発させる。これに対して，金融引き締めや緊縮財政などの「総需要縮小政策」は，インフレーションを抑制するのに有効であるが，GDPの低下や失業の増加を招く。したがって，総需要政策によって，完全雇用の実現と物価の安定を同時に達成することはできない。

　この状況では，政府・中央銀行にとって最適な政策は，右下がりのフィ

リップス曲線上の中から，失業の社会的コストとインフレーションの弊害を比較検討して，最適な組み合わせを選択することである．仮に，最適な組み合わせが図11-3のA点であれば，政策当局はA点の失業率u_Aとインフレ率π_Aを実現するように総需要政策を運営することになる．

7 自然失業率仮説

つぎに，古典派経済学の伝統を受け継ぐフリードマンが提唱した「自然失業率仮説」を紹介するとともに，マクロ経済政策への含意を明らかにする．

7-1 期待で調整されたフィリップス曲線

前節では，フィリップス曲線は1本の右下がりの曲線によって表されると考えた．ところが，アメリカでは1960年代末から，フィリップス曲線がシフトする事態が発生するようになった．

実際，図11-4の日本の「フィリップス曲線」についても，詳しく見ると，1970年代以降，時間の経過につれてシフトしていることがわかる．つまり，1970年代には，フィリップス曲線は右上に大きくシフトした．その後，1980年代から90年代中頃には，やや高めの物価上昇率と低めの失業率の領域で，右下がりの関係を示していたが，1990年代中頃以降はさらに右下方へシフトして，低めの（多くの年で，マイナスの）物価上昇率と高めの失業率の領域で，右下がりの形をしていることが観察できる．このように，フィリップス曲線がシフトする事態を整合的に説明するとともに，長期的には失業とインフレーションとの間にトレード・オフ関係は存在しないことを主張するものが，**自然失業率仮説**である．

フリードマンによれば，労働市場の需要と供給は名目賃金ではなくて実質賃金に依存し，均衡雇用量は市場の構造，情報の不完全性，労働移動コストなどの実質的要因によって決まる．そして，この労働市場の均衡に対応する失業率を，**自然失業率**(natural rate of unemployment)と呼ぶ．したがって，自然失業率とは，完全雇用のもとでも不可避的に存在する自発的失業，ないし

は摩擦的失業の比率と同じような概念である。

さて,簡単に,失業とインフレーションとの間のトレード・オフ関係は1次式(直線)で示されるものとすれば,「自然失業率仮説」は**期待で調整されたフィリップス曲線**(expectations-adjusted Phillips curve)を表す式,

$$\pi = \pi^e + \alpha(u - u_N) \qquad \alpha < 0$$

に集約される。ここで,πはインフレ率(物価上昇率),π^eは人びとの抱く期待インフレ率(期待物価上昇率),uは失業率,u_Nは自然失業率を示す。また,α(負の一定値)は,現実の失業率と自然失業率の差$(u-u_N)$がインフレ率に与える影響を表す係数である。

上式において,期待インフレ率が現実のインフレ率に一致すれば$(\pi=\pi^e)$,$u=u_N$という関係が導かれる。ゆえに,自然失業率とは,現実のインフレ率と期待インフレ率が等しい場合の失業率といえる。

また,現実の失業率uが自然失業率u_Nを上回るときには,現実のインフレ率πは期待インフレ率π^eよりも低くなる。反対に,現実の失業率uが自然失業率u_Nを下回るときには,現実のインフレ率πは期待インフレ率π^eよりも高くなる。さらに,期待インフレ率π^eが上昇すると,現実のインフレ率πはその分だけ上昇する。このことは,インフレ期待の変化は現実の賃金や価格のインフレ率に完全に反映されることを意味する。

「期待で調整されたフィリップス曲線」の式を図示すると,**図11-5**の右下がりの直線P_0P_0,直線P_1P_1,直線P_2P_2のように描ける。まず,期待インフレ率がゼロであれば,失業率とインフレ率のトレード・オフ関係は,直線P_0P_0によって示される。つぎに,期待インフレ率がπ_1に上がると,失業率とインフレ率のトレード・オフ関係はπ_1だけ上方にシフトした直線P_1P_1で表される。さらに,期待インフレ率がπ_2に高まると,直線P_2P_2がインフレ率と失業率のトレード・オフ関係を示す。このように,右下がりの直線P_0P_0,P_1P_1,P_2P_2は,それぞれ期待インフレ率をゼロ,π_1,π_2で一定とした場合の失業率とインフレ率のトレード・オフ関係を表し,**短期フィリップス曲線**と呼ばれる。

図11-5　短期と長期のフィリップス曲線

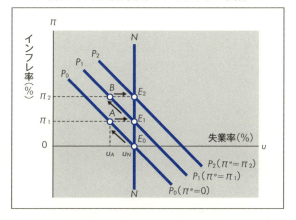

7-2　長期フィリップス曲線と総需要政策の無効論

　さらに，自然失業率仮説によれば，失業とインフレーションの間のトレード・オフ関係は短期的なもので，長期的に見ると両者の間にトレード・オフは存在しない，と主張される。すなわち，図11-5において，期待インフレ率が現実のインフレ率と一致する長期均衡点（$E_0, E_1, E_2, \cdots$）を結んで得られる**長期フィリップス曲線**は，自然失業率u_Nの水準で垂直な直線NNによって示される。

　なぜなら，当初，経済はE_0点にあり，政策当局が失業率の水準を自然失業率u_Nよりも低めようとして，総需要拡大政策を実施したとする。すると，賃金や価格の上昇が起こり，現実のインフレ率（π_1）は予想インフレ率（ゼロ）を上回るようになる。このため，労働者はみずからの実質賃金が高まったと錯覚して労働供給を増加させ，企業も自社の製品価格が相対的に上昇したものと錯覚して労働需要を増加させる。その結果，雇用量が高まり失業率が低下し，経済は直線P_0P_0に沿ってE_0点からA点に移り，失業率は一時的にu_Aまで減少する。

　しかし，やがてインフレ率の正確な情報が利用可能になると，各経済主体は実際にはインフレがπ_1の率で進行しているのに気づき，インフレ期待をゼロからπ_1へ上方に修正する。その結果，フィリップス曲線はπ_1だけ上方

にシフトして，経済は A 点から直線 P_1P_1 上の E_1 点に移る。ここでは，実質賃金は当初の E_0 点と同じ水準に戻り，現実の失業率も自然失業率 u_N の水準になる。ただし，インフレ率はゼロから π_1 に高まっている。

再び，E_1 点において，政策当局は失業率の引き下げをめざして，総需要拡大政策を実施したとすれば，以上の説明と同様に，経済は E_1 点→ B 点→ E_2 点の経路をたどることになる。E_2 点では，現実のインフレ率 π_2 と期待インフレ率は等しく，現実の失業率は自然失業率の水準 u_N になる。すなわち，失業率は E_1 点と変わらないが，インフレーションはいっそう進行している。

このように，期待インフレ率と現実のインフレ率が一致する点，つまり，図11-5の E_0 点，E_1 点，E_2 点などを結んでいくと，自然失業率 u_N の水準で垂直な直線 NN が得られる。これは，期待と現実が一致する長期均衡における失業率とインフレ率の組み合わせを示すものであり，「長期フィリップス曲線」とみることができる（なお，長期フィリップス曲線の形状については，章末の練習問題8を参照）。

さて，長期には，フィリップス曲線が垂直な形になるのであれば，インフレ率がどんな水準であっても，失業率はつねに自然失業率の水準で変わらないので，失業とインフレーションの間にはトレード・オフ関係は存在しない。この場合，総需要拡大政策をつぎつぎと実施しても，長期的には，経済は E_0 点→ E_1 点→ E_2 点→と進んでいくことになるから，失業率は自然失業率の水準で一定にとどまる。反面，インフレ率は次第に高まっていき，インフレーションの加速化が起こる。

それゆえ，「総需要拡大政策は，失業率を一時的に自然失業率の水準よりも低下させることはできるが，長期的には，インフレーションを加速させるにすぎない」とのケインズ的な**総需要政策の長期無効論**が導かれる。

8 インフレ期待と自然失業率仮説

この節では，インフレ期待の形成方式を具体的に考えて，前節の自然失業

率仮説の理解を深めることにする。

8-1 適応的期待

前節の自然失業率仮説の議論では，暗に，人びとの抱くインフレ期待は**適応的期待**(adaptive expectation)にもとづいて形成される，という仮定が置かれている。ここで，適応的期待とは，人びとは過去の予測誤差からの学習を通じて，予測値を逐次修正しながら期待を形成する，もっと簡単にいうと，人びとは過去の観察値にもとづいて予想する，と考えるものである。

いま，簡単に，人びとは今期の物価は前期のインフレ率と同じ割合で上昇する，と予想しているものとする。この場合，期待インフレ率π^eは前期のインフレπ_{-1}に等しくなるので($\pi^e = \pi_{-1}$)，「期待で調整されたフィリップス曲線」を表す式は，

$$\pi = \pi_{-1} + \alpha(u - u_N)$$

と示される。このとき，**図11-5**のE_0点においては，今期(0期)の期待インフレ率π^eは前期のインフレ率($=0$)に等しいから，総需要拡大政策が実施されると，経済は直線P_0P_0に沿ってE_0点からA点に移行する。そして，次期(1期)になると，人びとはインフレ期待を前期のインフレ率に修正するので，期待インフレ率は前期(0期)のインフレ率π_1に修正され，経済はA点からE_1点にジャンプする。E_1点で，再び総需要拡大政策が実施されると，経済は直線P_1P_1に沿ってE_1点からB点に移行する。さらに，そのつぎの期(2期)になると，期待インフレ率が前期(1期)のインフレ率π_2に上方修正されるので，経済はB点からE_2点にジャンプする。

以上のように，期待インフレ率π^eは前期のインフレπ_{-1}に等しいと仮定すれば，図11-5の状況は明瞭に説明することが可能になる。

8-2 合理的期待*

最近，マクロ経済学の専門分野で一般的に使われている期待形成仮説は，ルーカスやサージェント(T. Sargent)によって提唱された**合理的期待**(rational expectation)である。ここで，合理的期待とは，各経済主体が利用可能な情報を最大限に活用しながら予想を立てることを意味する。

期待が合理的に形成される場合，利用可能な情報の中には，経済のすべての内生変数および外生変数の値，真の経済構造に関する知識も含まれる。したがって，各経済主体は予想すべき経済変数が実際にたどる経路を正しく予測するに足る情報をもっているので，人びとの主観的予想は真の経済モデルから導かれる客観的予想と等しくなる，と主張される。

いま，インフレ率 π を例にとれば，合理的期待のもとでは，期待インフレ率 π^e は，

$$\pi^e = E\pi$$

という方式によって形成される。ここで，左辺の期待インフレ率 π^e は，人びとのインフレ率に関する主観的予想値，右辺の $E\pi$ は，予想形成時点で利用可能なすべての情報を使って得られる真のインフレ率 π の数学的期待値（客観的予想値）である。

さて，期待インフレ率 π^e が合理的期待にもとづいて形成されるとすれば，「期待で調整されたフィリップス曲線」を表す式は，

$$\pi = E\pi + \alpha(u - u_N)$$

と示される。この場合，様相は一変する。いま，経済は図11-5の直線 $P_0 P_0$ 上の E_0 点にあり，そこで総需要拡大政策が実施されたとする。総需要の拡大により，失業率の低下と物価の上昇が始まると同時に，人びとはインフレ率が高まることを合理的に予想する。もし真の経済モデルから，経済は E_2 点に至ることが予想されるならば，人びとは期待インフレ率を E_2 点に対応する π_2 の水準へ速やかに改訂する。

したがって，フィリップス曲線はすぐに直線 $P_2 P_2$ へ上方にシフトする。その結果，経済は E_0 点から E_2 点にジャンプすることになる。この E_2 点では，現実の失業率は自然失業率の水準 u_N に等しく，当初の E_0 点と変わらないが，インフレーションが大きく進行して，インフレ率は π_2 に高まることになる。

このように，合理的期待のもとでは，フィリップス曲線は短期的にも垂直な形状になる。それゆえ，「人びとの期待が合理的に形成されるならば，短期的に見ても，ケインズ的な総需要政策はインフレーションを加速させるだけで，景気拡大効果をもたない」という総需要政策の無効論が得られる。

ただし，こうした極端な結論は，合理的期待のほかに，自然失業率仮説，賃金・価格の完全伸縮性などの仮定を置くことによって導かれるものである。これらの仮定のうちどれか1つが欠ければ，ケインズ的な総需要政策は景気調整手段として有効である，という標準的な結論が得られる。

> **Column　等価定理**
>
> 　合理的期待形成仮説の主要な提唱者のひとりであるバロー(R. Barro)は，人びとが「合理的期待」のもとで行動する場合には，減税などの財政拡張政策は景気拡大効果をもたない，と主張する。
> 　たとえば，政府が景気を刺激するために所得税の減税を実施して，それに必要な財源を公債発行(政府借り入れ)によって調達したとする。この場合，現在世代は減税の恩恵を直接受けることになるが，合理的な人であれば，将来，政府が公債を償還するために，元本に利子を加えた額だけ増税が行われると予想する。つまり，自分の生涯所得(あるいは，将来世代も含めた所得総額)は変化しないとみるため，現在の消費を増加させる誘因はなく，減税分は将来の増税に備えて貯蓄に回すことになる。したがって，人びとが合理的に行動する場合には，公債発行にもとづく減税政策が景気を拡大させる効果はない，とされる。
> 　この考え方は，政府がある一定の支出を，公債(借り入れ)によって資金調達しようと，租税によって資金調達しようと，現在の消費には影響がなく経済に与える効果は同じである，という趣旨のものであり，リカードの**等価定理**あるいはバローの**中立命題**と呼ばれている。
> 　ただし，実際には，等価定理が厳密な形で成立するとは言いにくい。なぜなら，人びとは必ずしも合理的に行動せず，近視眼的に公債を資産とみなして，現在の消費を増加させるかもしれない。また，先行きについては不確実性が大きいため，将来のことを合理的に予想するのはきわめて難しい。さらに，資本市場は完全ではなく，現在と将来の所得・消費を考慮して，自由に資金の貸し借りができるわけではない。

キーワード：

失業　完全失業率　ディマンドプル・インフレーション　コストプッシュ・インフレーション　デフレーション　フィリップス曲線　インフレーションと失業のトレード・オフ　自然失業率仮説　期待で調整されたフィリップス曲線　短期・長期フィリップス曲線　適応的期待　合理的期待　等価定理（中立命題）

練習問題

1. 失業の意味，種類，社会的コスト，発生原因，および対策について説明しなさい。
2. わが国において，失業率はどのように推移してきたかを述べなさい（図1-4，表11-2，図11-4を参照）。また，各時代の失業は，主にどのような要因で生じたと思われるかを考えなさい。
3. インフレーションとデフレーションの社会的影響を比較検討しなさい。
4. インフレーションとデフレーションについて，それぞれ発生原因を明らかにし，また，どのような対策が望ましいかを説明しなさい。
5. フィリップス曲線が示す失業率とインフレ率の負の関係は，なぜ生じるのかを考えなさい。また，フィリップス曲線の存在は，マクロ経済政策の運営に対してどのような意味をもつかを述べなさい。
6. 自然失業率仮説とはどのような考え方をいうのか。また，これより，いかなるマクロ経済政策に関する主張が導かれるかを説明しなさい。
7*. マクロ経済は図11-5のE_2点にあるものとして，総需要縮小政策がつぎつぎと実施される場合，経済はどのような経路をたどることになるのか，自然失業率仮説にもとづいて説明しなさい。
8. 期待で調整されたフィリップス曲線が，
$$\pi = \beta \pi^e + \alpha(u - u_N) \quad \beta > 0, \ \alpha < 0$$
と表される場合，期待係数βの値（つまり，βが1より大，1に等しい，1より小）に応じて，長期フィリップス曲線の形状はどのようになるのかを明らかにしなさい。

第12章　経済成長

　一国の経済を長期的に見ると，ほとんどの国で，経済全体の活動規模は拡大傾向にあるが，同時に，成長率では上下変動を繰り返している。日本経済の実質GDP（国内総生産）の規模と成長率を見ても（図12-2を参照），わが国の経済活動は，実質値では趨勢的に拡大を続けてきたが，成長率からすると，循環的な変動を繰り返してきたことがわかる。このように，長期的なマクロ経済の動きは，一般に，「景気循環」と「経済成長」の2つの現象によって特徴づけられる。
　景気循環にかかわるマクロ経済の活動規模と変動の問題は，これまでの章において詳しく考察したので，本章では，経済成長の問題に焦点を合わせ，マクロ経済の長期的な動きについて検討する。

1　経済成長とはなにか

　まず，**経済成長**(economic growth)とは，一国の経済活動が長期間にわたり持続的に拡大する現象をいう。経済の構造・制度の変化や質的向上を含めて考えるときには，これを「経済発展」と呼ぶ。経済成長とは狭義に，経済活動規模の量的な拡大を意味することが多い。
　経済成長の意味合いを，図12-1を使って明らかにする。いま，経済全体の生産物は，有形の「財」と無形の「サービス」の2種類からなるものとする。そして，現時点で経済全体に存在する経済資源を完全に利用したとき，財・サービスが最大限どれだけ生産できるかを表す**生産可能性曲線**は，右下がりのAB曲線によって表されるものとする。
　この場合，現在の生産能力のもとでは，経済はAB曲線の範囲内の生産規模を達成することができ，人びとはAB曲線の範囲内（たとえば，C点）の財・サービスを消費できる。しかし，人びとが物的な豊かさを求めて，たと

図12-1　経済成長の効果

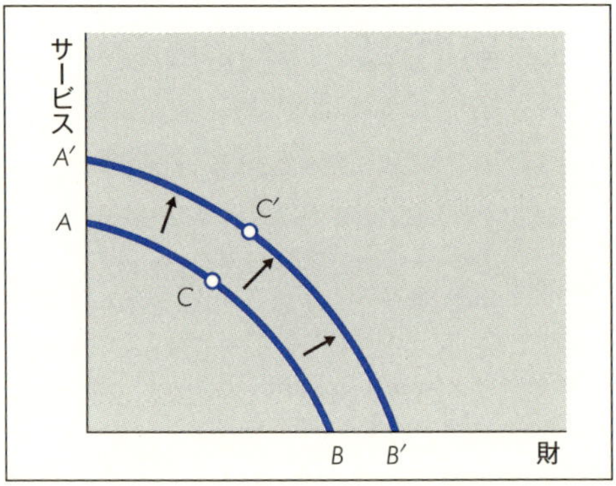

えば C' 点の示す財・サービスの消費を望んだとしても，現在の生産能力では C' 点の数量は生産不可能である。

ところが，経済全体の生産能力が高まり，経済成長が実現すれば，生産可能性曲線は AB 曲線から $A'B'$ 曲線へ右方にシフトする。そして，C' 点やそれまで達成できなかった生産規模も達成可能となり，人びとを物的な面でより豊かにすることができるのである。

実際，経済成長の現象は多面的で，それを1つの指標でとらえることは難しいが，一般には，GDP（国内総生産）の動きによってマクロ経済の成長を把握する。その際，一国の経済活動が年々（各期に）どのような比率で変化するのかを表す**経済成長率**は，

$$経済成長率(\%) = \frac{比較時のGDP - 基準時のGDP}{基準時のGDP} \times 100$$

という公式によって算出する。

なお，経済成長の指標として「名目GDP」を用いるときには，第2章で述べたように，物価の変動分も含まれる。このため，長期にわたる経済活動の実質的な動きを把握するには，物価の変動分を除去した「実質GDP」が利用される。

2 日本経済の成長

　日本経済は，明治維新以来，かなりの速度で拡大してきた。実質国民総生産(GNP)で見ると，1870(明治3)年から第1次大戦直前の1913(大正2)年までは，平均して3%程度，1913年から1938(昭和13)年までは，4%程度の成長率で拡大したと推計されている。

　さらに，実質GDPの規模と成長率を示した図12-2から見てとれるように，1950年代以降，日本の実質GDPは趨勢的に拡大を続けてきた(詳しくいうと，1974年，1998・99年，2008・09年，2011年には，実質GDPの成長率はマイナスを記録している)。また，実質GDPの各年の成長率を，10年ごとに単純平均してみると，表12-1のようになる。とりわけ，1960年代は高度経済成長期のピークにあたり，年平均成長率は10%を超えた。それ以降は安定成長の時代になり，1970・80年代の成長率は平均すると年4%台であった。しかし，1990年代からは成長の鈍化が著しく，成長率は年平均1%前後

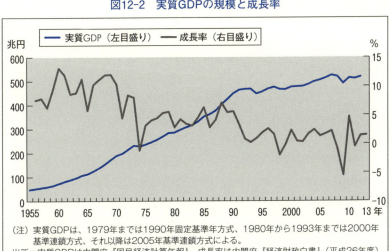

図12-2　実質GDPの規模と成長率

(注) 実質GDPは、1979年までは1990年固定基準年方式、1980年から1993年までは2000年基準連鎖方式、それ以降は2005年基準連鎖方式による。
出所：実質GDPは内閣府『国民経済計算年報』、成長率は内閣府『経済財政白書』(平成26年度)の長期経済統計より作成。

表12-1　実質GDPの平均成長率

期間	平均成長率(年率)
1956～1960年	8.8%
1961～1970	10.2
1971～1980	4.5
1981～1990	4.7
1991～2000	1.1
2001～2010	0.8
2011～2013	0.7

出所：内閣府『経済財政白書』(平成26年度)の長期経済統計より作成。

にまで下がっている。

　このような経済成長の結果，日本経済の生産能力は飛躍的に高まり，1968年以降，GDPの規模はアメリカに次いで自由主義世界第2位であった。1990年代からほぼ20年間に及ぶ長期停滞を経験した現在でも，中国に次いで第3位の地位を占めている。

　経済成長によって，人びとの生活の物的側面は豊かになったし，余暇活動を含め生活水準の質的な向上も見られる。また，成長による経済的繁栄が，国民に自信と誇りをもたらすという側面もある。反面，経済成長はコストを伴う。資源の浪費，環境の汚染や破壊，都市や交通の過密化，経済至上主義の蔓延，社会問題の深刻化など，国民の幸福感を低下させるような事態が，経済の成長に付随して発生する。

　経済成長を真に価値あるものとするには，成長のマイナス面をできるだけ小さくし，適度な成長を推し進めることが望まれる。

③ 経済成長の実現

　本節では，第10章で学んだ「総供給曲線」と「総需要曲線」を使い，経済成長はどのようにして実現するのかを検討する。
　一国の経済成長は，総供給の持続的拡大とそれに見合う総需要の拡大に

図12-3　経済成長の実現

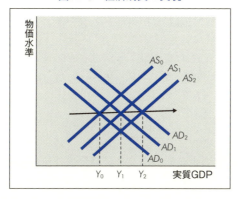

よって実現する。ただ，総需要の拡大が起きても，それに供給能力が伴わなければ成長は実現しないから，経済の潜在的な生産能力が時間を通じて高まることが，経済成長の基本要件である。

図12-3は，「総供給曲線」と「総需要曲線」を使って，経済成長の姿を示したものである。経済成長が実現するためには，まずは，総供給曲線が時間を通じてAS_0, AS_1, AS_2へと，右方につぎつぎとシフトしていくことが必要である。

同時に，生産能力の拡大を経済活動の成果として結実させるには，需要の支えがなければならない。総供給の拡大に伴って，総需要曲線がAD_0, AD_1, AD_2と右方にシフトしていけば，経済全体の活動規模(実質GDP)はY_0, Y_1, Y_2と拡大を続けて，経済成長が実現するのである。

さて，マクロ経済の総供給を持続的に拡大させて，総供給曲線の右方シフトを実現する要因としては，第10章の第2節で言及したように，労働，資本ストック，天然資源などの生産要素の増加，および技術の進歩があげられる。また，総需要を持続的に拡大させて，総需要曲線の右方シフトを引き起こす要因としては，第4～9章で詳しく見たように，消費支出，投資支出，政府支出，純輸出の増加がある。これらの成長要因については，節を改めて検討する。

4 経済成長の要因

前節の議論を受け，この節では，経済成長を可能にするさまざまな要因（生産要素の量的増加と質的向上，技術進歩，総需要の拡大）について，順を追って説明する．

4-1 生産要素の量と質

まず，マクロ経済の生産能力を高め，経済成長を実現させる要因としては，労働力，資本ストック，天然資源などの「生産要素」の量と質がある．

第1に，労働人口の増加は**労働力**を増大させるので，経済の生産能力は拡大する．ただし，経済の成長につれて，若年層の就学年数の増加，1人当たり労働時間の短縮，女性の就業割合の上昇，定年延長などの現象が現れるため，労働力は人口に比例して変化するわけではない．

また，普通は，一国の人口が急激に変化することはない．したがって，経済が工業化の進展により急速に成長する状況では，労働力は一般に，第1次産業（農林水産業）から第2次産業（鉱業，製造業，建設業）および第3次産業（卸売・小売業，サービス業，金融・保険業，運輸・通信業，不動産業，公務その他）へ，産業間の移動を通じて供給される．

つまり，第1次産業に存在する「潜在的失業者」を吸収する形で，第2次産業や第3次産業における労働力が増加して，経済成長に寄与するのである．このように，就業者や生産の比重が，経済の成長につれて第1次産業から第2次産業へ，さらには第3次産業へと移っていく現象は，**ペティ＝クラークの法則**と呼ばれている．

さらに，教育，訓練，経験など**人的投資**を通じて，労働力が質的に向上すれば，経済の生産能力は高まる．なぜなら，教育や訓練の度合いが高い労働者は，一般に，各種の仕事や技術革新に対して適応力があり，高い労働生産性を有するからである．

第2に，生産を行うためには，労働に加えて，工場，建物，設備，機械，器具などの物的な生産手段が必要であり，これらの**資本ストック**が増加する

と，経済の潜在的な生産能力は高まり，経済成長が可能になる。同時に，資本ストックの増加は労働生産性を高める役割も果たし，その面からも総生産の増加に貢献する。実際に，資本ストックが拡大するには，有利な投資機会が存在して，民間企業による設備投資が行われるとか，社会資本への公共投資が実施される必要がある。また，投資が実現するには，これを支えるに足る国内貯蓄や外資の導入がなければならない。

第3に，原材料，エネルギー，土地など天然資源の供給増加は，企業の生産活動そしてマクロ経済の生産能力を高める働きをもつ。既存資源の効率的利用・再利用，土地の転用・開発，新しい資源の発見・開発などにより，天然資源が廉価で豊富に供給されれば，資源面の制約が緩和されて，経済成長にとってはプラスに作用する。

4-2 技術進歩

生産要素の量的増加と質的向上に加えて，技術進歩は生産能力の拡大に重要な役割を果たす。すなわち，技術の改善，新しい製品・生産方法の開発などの技術進歩が見られると，生産活動は活発になり，総生産は拡大する。また，技術進歩により労働生産性や資本の効率が高まり，たとえ生産要素の投入量が一定でも，生産量は高まることになる。同時に，生産物の質的向上も可能になる。したがって，積極的な研究開発や先端技術の導入，既存技術の改善などによる技術進歩の実現は，経済成長にとってきわめて重要な要因である。

技術進歩と経済成長の関係については，古くはシュンペーターの「革新説」がある。資本主義経済の動態的な発展の原動力は，創造的な企業家による技術革新であり，これが利潤動機と相まって経済を成長過程に導く，と考えるものである。ただし，現在の経済成長理論では，一般に，技術進歩とは「生産要素の投入量が増加しなくても，生産量を増加させる要因」と解釈されている。そして，技術進歩は，労働の効率を高めるもの，労働と資本の効率を同一割合だけ高めるもの，資本の効率を高めるものの3つのタイプに分類され，それぞれ「労働増大的(ハロッド中立的)」，「生産量増大的(ヒックス中立的)」，「資本増大的(ソロー中立的)」な技術進歩と呼ばれている。

このように，技術進歩を生産増加要因として扱うことにより，技術進歩の経済成長に与える効果が明確になる。たとえば，ソロー(R. Solow)の先駆的研究では，GDPの成長のうち，約80%は技術進歩の貢献によるとされた。また，デニソン(E. Denison)は，生産要素の量的拡大によって経済成長のほぼ半分が説明され，残りの半分は技術進歩にもとづくとした。現在でも引き続き，GDPの増加のうち，技術進歩の貢献割合はどれほどかを見いだす実証研究が行われている。

4-3 総需要の拡大

経済成長の基本要件は，潜在的な生産能力の持続的拡大であるが，これに見合った「総需要」の持続的拡大があってはじめて，経済成長は具体化する。総需要の構成要素やその決定要因については，これまでの章で詳しく扱ったので，ここでは，経済成長と関連する事柄のみを述べることにする。

第1に，国内に大きな消費財市場がある場合には，大規模な消費支出が期待でき，それが大量の生産を生み出すことになる。また，高い所得水準は多くの消費需要をもたらし，それが乗数効果を通じて再び生産・所得を高め，経済成長を支える役割を果たす。

第2に，民間の設備投資や住宅投資の増加は，投資支出を増やし，総需要を増加させる。また，投資支出は，総需要を拡大させるだけではなく，資本ストックの増加や技術進歩の導入媒体となり，経済の生産能力にプラスの効果を与える。このように，投資が需要創出と生産力拡大の2つの効果をもつ現象を，投資の二重性という。

第3に，政府支出とくに公共投資は，経済成長にとって重要な要因である。成長志向の強い政府は，公共投資を積極的に実施して，高成長を誘導する。あるいは，経済活動が停滞し，民間の消費支出や投資支出が振るわない状況では，政府は公共投資を増加させることによって，景気を下支えすると同時に，プラスの経済成長を実現しようとする。

最後に，純輸出(輸出－輸入)の動向も，経済成長にとって深いかかわりがある。国内の景気が不調で，需要が低迷しているときには，「輸出」の増加が景気を上向かせる要因になる。つまり，国際競争力が高まり輸出が好調に

なれば，国内経済にプラスの効果が及ぶので，これは経済成長にとって有利な条件となる。

> **Column　経済成長と制度的要因**
>
> 　最近の経済成長の研究では，経済成長を規定する要因として，「制度」の重要性に注目するものが多い。たとえば，「政府」は経済成長の鍵を握る。大半の国民が経済成長を望んでいるとしても，成長の成否は政府の在り方に大きく左右される。政府が国民の生活レベルを向上させるために，インフラの整備，公共投資・人的投資・研究開発の推進，民間の投資や貯蓄の奨励・優遇，成長産業の保護・育成などを積極的に実行する場合には，経済成長を実現できる可能性は高い。
>
> 　また，「社会・政治制度」が安定していること，「金融制度」が整い信用の供与が容易なこと，「競争的な市場制度」が確立していること，「公正な所得分配の制度」が整っていることなども，経済成長が実現するためには不可欠な制度的要因である。

5　新古典派成長理論*

　これから，代表的な経済成長理論を紹介する。まず，現代の経済成長理論の基本モデルとなっているソローの**新古典派成長理論**(neoclassical growth theory)を取り上げる。

　ソローの経済成長理論においては，生産要素市場では価格調整機能が働いて，資本や労働の完全雇用が実現すると仮定する。また，生産要素間の円滑な代替が可能で，資本係数(資本ストックと生産量の比率)は可変的と考える。さらに，貯蓄率，労働人口の増加率，労働生産性の上昇率は，いずれもモデルの外部で決まる外生変数であり，所与とする。

　この状況のもとでは，均衡成長経路は安定的で，均衡成長率は労働人口の増加率と労働生産性の上昇率の和に等しくなる。また，貯蓄率の上昇によっ

て1人当たりの所得水準は高まり，反対に，労働人口増加率の上昇によって1人当たりの所得水準は低下する，との結論が得られる。

本節と次節では，以上の結論がどのようにして得られるのかを解説する。

5-1　ソロー・モデル

資本と労働によって生産が行われ，両生産要素間の円滑な代替が可能な場合，経済全体の生産量とその決定要因との間の技術的関係は，

$$Y = F(K, L)$$

という**マクロ生産関数**によって表すことができる。ここで，Kは総資本ストック量，Lは総労働量，Yは資本と労働を完全雇用して得られる総生産量（実質GDP）である。

ただし，労働量Lは，労働人口の数に労働増大的な技術進歩を表すパラメーターを掛けた値であり，技術進歩による労働生産性の上昇を考慮に入れた「効率単位で測った労働量」を意味する。また，資本と労働のいずれについても**収穫逓減の法則**が作用して，限界生産物は逓減するものとする。

さらに，生産関数Fは「1次同次」であり，**規模に関する収穫一定**の性質をもつと仮定する。これは，資本と労働が同じ割合$\alpha (>0)$だけ増加すると，生産量もそれと同じ割合αだけ増加する，という性質である。つまり，生産関数Fについて，$\alpha Y = F(\alpha K, \alpha L)$という関係が見られるものとする。そこで，$\alpha = 1/L$と置けば，$Y/L = F(K/L, 1) = f(K/L)$という関係が成り立つ。

ゆえに，効率労働1単位当たりの生産量Y/Lをy，資本–労働比率K/Lをkで表すと，上のマクロ生産関数は，

$$y = f(k)$$

と書き直せる。この関係は，**図12-4**の$f(k)$曲線のように描くことができる。$f(k)$曲線に沿って，資本–労働比率kが上昇するにつれ（言い換えると，資本係数K/Yが上昇するにつれ），効率労働1単位当たりの生産量yは増加するが，その増加の程度は次第に小さくなっていくように示されている。

つぎに，生産量の決定要因である資本と労働は，それぞれどのように成長していくのかを述べる。第1に，資本に関しては，投資$I (= \Delta K)$と貯蓄Sが

図12-4　ソロー・モデル

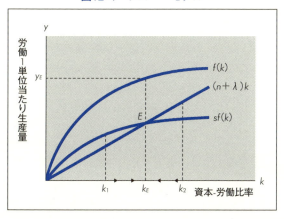

等しくなる生産物市場の均衡状態に注目する。また，簡単に，$S=sY$という1次式の貯蓄関数を仮定する。ここで，sは貯蓄率(一定値)である。すると，投資と貯蓄の均等関係より，$\Delta K=sY$が得られる。これに，マクロ生産関数から導ける関係$Y=f(k)L$を代入すると，

$$\Delta K=sf(k)L$$

という関係を得る。さらに，上式を$K(=kL)$で割れば，**資本の成長率$\Delta K/K$**は，

$$\frac{\Delta K}{K}=\frac{sf(k)}{k}$$

と示すことができる。なお，ソロー・モデルでは，資本市場において価格調整機能が働き，資本はつねに完全利用されると想定しているので，資本の成長率$sf(k)/k$は，資本の完全利用を保証する成長率を意味する。

第2に，効率単位で測った労働量は，労働人口の増加率nに，労働増大的な技術進歩による労働生産性の上昇率λを加えた大きさで成長していく。つまり，**労働の成長率$\Delta L/L$**は，

$$\frac{\Delta L}{L}=n+\lambda$$

と示せる。ソロー・モデルでは，労働市場においても価格調整機能の働きに

より，労働はつねに完全雇用の状態にあると考えているので，労働の成長率$n+\lambda$は，労働の完全雇用を実現する成長率である。また，労働人口の増加率n，労働生産性の上昇率λはともに外生変数で所与としているので，労働は年々，一定の率$n+\lambda$で成長することになる。

5-2 均衡成長経路の安定性

さて，資本の成長率と労働の成長率が等しければ，資本の完全利用と労働の完全雇用がともに実現して，経済は**均衡成長**(balanced growth)の状態に至る。この均衡成長経路上では，資本と労働の成長率が等しいから，

$$\frac{sf(k)}{k}=n+\lambda \qquad \text{あるいは} \qquad sf(k)=(n+\lambda)k$$

という関係が成り立つ。

図12-4では，均衡成長は，$sf(k)$曲線と$(n+\lambda)k$線の交点Eで実現する。E点では，資本の完全利用成長率$sf(k)/k$と労働の完全雇用成長率$n+\lambda$は等しく，資本-労働比率はk_E，効率労働1単位当たりの生産量はy_Eになる。

このとき，資本ストックK，労働量L，総生産量Y，貯蓄S，投資Iなどはすべて同一の比率$n+\lambda$で成長している。そのため，資本-労働比率kと効率労働1単位当たりの生産量yは一定の値（k_Eとy_E）となり，経済は**定常状態**になる。ただし，総生産量Yが$n+\lambda$の率で，また労働人口はnの率で成長しているから，両者の差をとれば，労働者1人当たりの生産量は，技術進歩による労働生産性の上昇率λで成長していることがわかる。

では，資本の成長率と労働の成長率が異なるときには，マクロ経済はどのような動きをするのであろうか。もし，資本の成長率が労働の成長率よりも高ければ，$sf(k)>(n+\lambda)k$という関係にあり，図12-4では，資本-労働比率はk_1のような位置にある。このときには，資本のほうが労働より速いスピードで成長しているから，資本-労働比率kは上昇して，均衡成長の水準k_Eに下方から近づいていく。反対に，資本の成長率が労働の成長率よりも低ければ，$sf(k)<(n+\lambda)k$という関係にあり，資本-労働比率はk_2のような位置にある。このときには，労働のほうが資本より速いスピードで成長しているから，資本-労働比率kは低下して，均衡成長の水準k_Eに上方から近づいてい

く。

結局，資本の成長率と労働の成長率が異なっていたとしても，長期的には，資本-労働比率kは均衡成長の水準k_Eに収束する。これより，資本の完全利用と労働の完全雇用がともに実現する均衡成長経路は安定的で，経済は長期的にはこの均衡成長経路を進んでいく，との結論が得られる。

6 貯蓄率と労働人口増加率の変化*

前節のソロー・モデルにおいては，貯蓄率や労働人口の増加率は一定としたが，これらが変化したとき，マクロ経済にどのようなことが起こるのかを検討する。

6-1 貯蓄率の上昇

図12-5において，当初，マクロ経済は，$sf(k)$曲線と$(n+\lambda)k$線の交点E_0で，均衡成長の状態にあるとする。このとき，貯蓄率がsからs_1へ上昇すると，$sf(k)$曲線は$s_1f(k)$へ上方にシフトし，投資が活発に行われて資本の蓄積が進む。そのため，資本は労働よりも高い率で成長するようになり，資本-労働比率kは上昇する。その結果，効率労働1単位当たりの生産量yも上

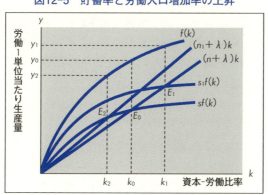

図12-5 貯蓄率と労働人口増加率の上昇

昇する．やがて経済は，$s_1f(k)$曲線と$(n+\lambda)k$線の交点E_1に至り，新しい均衡成長が実現する．

このように，貯蓄率がsからs_1へ上昇したことにより，資本-労働比率の均衡水準は当初のk_0からk_1へ高まる．これに伴い，効率労働1単位当たりの生産量はy_0からy_1に増加する．したがって，貯蓄率が高いほど，資本-労働比率の水準は高くなり，効率労働1単位当たりの生産量は大きくなる．

ただし，貯蓄率の上昇があっても，新しい均衡成長の状態に達すると，資本ストックK，労働量L，総生産量Yなどすべてが，以前と同じ比率$n+\lambda$で成長を続けることになる．また，資本-労働比率kと効率労働1単位当たりの生産量yは一定の値(k_1とy_1)となり，それらの成長率はゼロになる．つまり，成長率が高まるのは，新たな均衡状態に移行するまでの期間だけで，長期的な成長率は$(n+\lambda)$で，貯蓄率の大きさには影響を受けない．

6-2 労働人口増加率の上昇

つぎに，労働人口の増加率が上昇した場合を考える．同じく，図12-5において，マクロ経済は当初，E_0点で均衡成長の状態にあり，貯蓄率はsで一定とする．このとき，労働人口の増加率がnからn_1へ高まると，$(n+\lambda)k$線は，原点を軸にして左上方に回転して，$(n_1+\lambda)k$線に移る．すると，労働の成長率が資本の成長率を上回るようになるので，資本-労働比率kは低下して，効率労働1単位当たりの生産量yも減少する．

やがて，経済は$sf(k)$曲線と$(n_1+\lambda)k$線が交差するE_2点で，新しい均衡成長の状態に至る．その結果，資本-労働比率はk_0からk_2に低下し，効率労働1単位当たりの生産量はy_0からy_2に減少することがわかる．

なお，章末の練習問題4に，ソロー・モデルの数値問題が示してあるので，読者はこれに取り組んで欲しい．

7 新しい経済成長理論

本節では，まず，以上の新古典派成長理論の問題点を指摘して，つぎに，

新しい経済成長理論の動向を紹介する。

7-1　新古典派成長理論の問題点

新古典派成長理論の大きな問題点は，経済成長という長期的な現象を対象としているにもかかわらず，マクロ生産関数には「収穫逓減の法則」が作用して，資本の限界生産物は資本ストックの水準が高まるにつれて逓減する，と仮定していることにある。

この場合，労働人口の増加率や労働生産性の上昇率を一定とすれば，資本ストックの蓄積が進むにつれて，資本の生産性は次第に下がっていく。したがって，いずれは，企業が資本ストックをそれ以上は相対的に増加させようとはしなくなる均衡成長の状態に到達することになる。言い換えると，資本の限界生産物逓減を仮定することにより，長期的な経済成長率が労働人口の増加率や労働生産性の上昇率によって決定される，という結論に至るものといえる。

しかし，労働人口の増加率や労働生産性の上昇率は，経済の外部から与えられる変数であるため，長期的な経済成長率が外生変数だけで決まることになり，経済理論的に経済成長の決定要因を解明したとは言いにくい。

また，政府が政策的に経済成長を促進しようとしても，新古典派成長理論からは，成長政策に関する具体的な手がかりを得るのは難しい。さらに，労働人口の増加率と労働生産性の上昇率の差異だけで，各国の経済成長率の格差を説明することには無理がある。

7-2　内生的成長理論

以上のような新古典派成長理論の問題点を是正して，**新しい経済成長理論**を構築する動きが，1980年代後半から急速に広がり出した。とりわけ，ローマー（P. Romer）やルーカスによる新しい成長理論では，長期的な経済成長率は外生的な要因ではなく，経済の中で内生的に決定されるとしており，**内生的成長理論**（endogenous growth theory）と呼ばれている。

内生的成長理論では，マクロ生産関数には**収穫一定**あるいは**収穫逓増**の現象が見られ，資本の限界生産物は資本ストックの水準が高まっても逓減しな

い，と仮定する。このように考えられる理由はいくつもある。

まず，**生産技術や知識の外部性**の存在があげられる。たとえば，ある企業が研究開発投資を行うと，その成果である技術進歩や知識の向上は，自社の生産性を高めるだけではなく，正の外部性を発揮して，経済全体の生産性を高める効果もある。このような状況では，個々の企業レベルでは，資本の限界生産物は逓減するかもしれないが，技術や知識の外部性を考慮に入れたマクロレベルでは，資本の限界生産物は必ずしも逓減しない。

人的資本(教育や経験によって培われる労働者のもつ知識・技術・熟練度などの能力)の蓄積についても，上と同じようなことが当てはまる。資本ストックの蓄積が進むと，相対的に見て人的資本が不足するので，企業や個人は，資本ストックの蓄積に合わせて人的投資を行う。その結果，経済全体の人的資本の蓄積も進展して，経済全体の生産性を高める効果を発揮する。この場合も，マクロレベルでは資本の限界生産物は逓減しない。

また，政府が公共投資を行うことによって**公共資本**の蓄積を進めるときには，それが民間企業の生産活動に正の効果を及ぼす。つまり，公共資本の蓄積が，企業にとっては一種の「公共財」の供給のように作用して，マクロレベルでは資本の限界生産物逓減は起きない。

このように，資本の限界生産物が逓減しない状況においては，資本ストックの蓄積が進展しても資本の生産性は下がらず，資本の増加は生産の拡大に貢献し続ける。したがって，長期的にも，企業は資本ストックの増加をはかりながら，生産を増加させることが可能になる。資本の増加は，長期的な経済成長の重要な決定要因になるし，また，資本の蓄積率は企業の自由な投資行動の結果として決まるものであるから，長期的な経済成長率は経済の内部で決定されることにもなる。

8　AKモデル

ここでは，レベロ(S. Rebelo)の**AKモデル**を紹介して，新しい経済成長理論の一端を示す。AKモデルは内生的成長理論の最も簡単なモデルで，資本係

数や貯蓄率は一定とするが，資本の投入に関して収穫逓減の現象は起こらない，とする点に特徴がある。

まず，**マクロ生産関数**は，簡潔に，

$$Y = AK$$

と示される。ここで，Yは総生産量(実質GDP)，Aは資本の生産効率を表すパラメーター(正の定数)，Kは総資本ストック量である。ただし，このKは広義の資本ストックを意味して，企業の物的な資本ストックだけではなく，人的資本や公共資本も含むものとする。

上のマクロ生産関数によると，資本の限界生産物はつねに一定の大きさAであり，資本の生産性が逓減することはない。したがって，生産量は資本ストックに比例して増加する。

さて，労働者1人当たり(ここでは，労働量の単位は効率単位で測った労働ではなく，労働人口の数とする)の生産量Y/Lをy，資本-労働比率K/Lをkで表すと，上記のマクロ生産関数は，

$$y = Ak$$

と書き直せる。この関係は，**図12-6**の直線Akのように描くことができる。資本-労働比率kが上昇するにつれて，労働者1人当たりの生産量yは一定の割合Aで増加していく。

さらに，以上の関係$y = f(k) = Ak$を，前節で導いた「資本の成長率」を表

図12-6　AKモデル

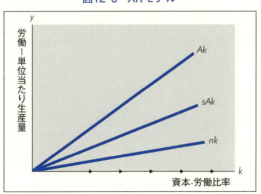

す式 $\Delta K/K = sf(k)/k$ の右辺に代入し,また,マクロ生産関数 $Y = AK$ より,生産量と資本ストックは同じ率で成長することを考慮すれば,

$$\frac{\Delta Y}{Y} = \frac{\Delta K}{K} = sA$$

という関係が求められる。これが**長期の経済成長率の決定式**であり,長期的に,生産量,資本ストック,貯蓄,投資などはすべて同一の比率 sA で成長していくことを表す。

また,労働人口の増加率は n で一定とすれば,労働者1人当たりの生産量 y および資本 k の長期的な成長率は,

$$\frac{\Delta y}{y} = \frac{\Delta k}{k} = sA - n$$

と表すことができる。もし,$sA > n$ であれば,労働者1人当たりの生産量 y と資本 k は,いずれも一定の比率 $sA - n$ で成長し続けることになる。

図12-6では,直線 sAk と直線 nk の傾きの差が,労働者1人当たりの生産量と資本の長期的な成長率の大きさを示す。この場合,資本-労働比率 k は,新古典派成長理論のように均衡成長の水準に収束することはなく,永続的に増加し続ける。それゆえ,労働者1人当たりの生産量 y も永続的に成長していくことになる。

キーワード

経済成長　経済成長率　経済成長の決定要因　新古典派成長理論　ソロー・モデル　マクロ生産関数　均衡成長　定常状態　収穫逓減・収穫一定・収穫逓増　内生的成長理論　生産技術や知識の外部性　人的資本・公共資本の蓄積　AK モデル

練習問題

1. わが国の経済成長の姿をあとづけ,とくに成長に貢献したと思われる要因をあげなさい。
2. 経済成長のプラスとマイナスの効果に留意しながら,経済成長の意義について考察しなさい。

3. 新古典派成長理論と内生的成長理論を比較検討しなさい。

4*.「ソロー・モデル」のマクロ生産関数は，$Y = K^{0.5} L^{0.5}$ と表されるものとして，以下の問いに答えなさい。

(1) この生産関数は，規模に関する収穫一定の性質をもつことを示しなさい。

(2) 効率労働1単位当たりの生産関数 $y = f(k)$ は，どのように表せるか。

(3) 貯蓄率 s は0.18(18%)，労働人口の増加率 n は0.02(2%)，労働生産性の上昇率 λ は0.04(4%)とすれば，効率労働1単位当たりの生産量と資本ストックの均衡水準は，それぞれいくらになるか。

(4) 貯蓄率 s が0.24(24%)に上昇すると，効率労働1単位当たりの生産量と資本ストックの均衡水準は，それぞれどのようになるか。

(5) また，(3)の状況において，労働人口の増加率 n が0.05(5%)に上昇すると，効率労働1単位当たりの生産量と資本ストックの均衡水準は，それぞれどのようになるか。

5.「AKモデル」のマクロ生産関数は，$Y = 0.2K$ と表されるものとして，以下の問いに答えなさい。

(1) 貯蓄率 s は0.3(30%)とすれば，生産量や資本の長期成長率はいくらになるか。

(2) 労働人口の増加率 n は0.01(1%)とすれば，労働者1人当たりの生産量や資本の長期成長率はいくらになるか。

《参考文献》

1. 本書を作成するにあたっては，編著者による以下の著書をベースにして，加筆・修正をしながら執筆した。

    嶋村紘輝『入門経済学〈第2版〉』中央経済社，1996年

    嶋村紘輝『マクロ経済学―理論と政策―』成文堂，1997年

    嶋村紘輝・佐々木宏夫・横山将義・昼間文彦・横田信武・片岡孝夫『入門マクロ経済学』中央経済社，1999年

2. また，本書の執筆において，数多くのマクロ経済学のテキスト（初級・中級レベル）を参考にした。たとえば，

    N. グレゴリー・マンキュー（足立英之・地主敏樹・中谷武・柳川隆訳）『マンキュー マクロ経済学〈第3版〉』Ⅰ・Ⅱ，東洋経済新報社，2011・2012年

    伊藤元重『マクロ経済学〈第2版〉』日本評論社，2012年

    伊藤元重・下井直毅『マクロ経済学 パーフェクトマスター〈第2版〉』日本評論社，2014年

    中谷巌『入門マクロ経済学〈第5版〉』日本評論社，2007年

    大竹文雄『スタディガイド 入門マクロ経済学〈第5版〉』日本評論社，2007年

    吉川洋『マクロ経済学〈第3版〉』岩波書店，2009年

    福田慎一・照山博司『マクロ経済学・入門〈第4版〉』有斐閣アルマ，2011年

    浅子和美・加納悟・倉澤資成『マクロ経済学〈第2版〉』新世社，2009年

    斉藤誠・岩本康志・大田聰一・柴田章久『マクロ経済学』有斐閣，2010年

    二神孝一・堀敬一『マクロ経済学』有斐閣，2009年

3. マクロ経済学の理解をさらに高めるうえで有益な著書（中級・上級レベル）を，いくつかあげておく。

    斉藤誠『新しいマクロ経済学〈新版〉』有斐閣，2006年

    加藤涼『現代マクロ経済学講義』東洋経済新報社，2007年

    O. J. ブランチャード・S. フィッシャー（高田聖治訳）『マクロ経済学講義』多賀出版，1999年

    デビッド・ローマー（堀雅博・岩成博夫・南条隆訳）『上級マクロ経済学〈原書第3版〉』日本評論社，2013年

《練習問題の解答・ヒント》

各章のおわりに練習問題があるので，読者はぜひ自分で解答を試みて欲しい。以下，学習の便宜をはかり，すべての計算問題の解答を示しておく。また，記述問題の多くは本テキストの該当箇所を参照すれば答えられるので，解答は省略するが，一部の応用・発展問題については，解答のヒントを示しておく。

[第2章]
3．(1) 2010年の名目GDP＝20×15＋40×5＝500，2014年の名目GDP＝25×20＋30×8＝740　(2) 2010年の実質GDP＝20×15＋40×5＝500，2014年の実質GDP＝20×20＋40×8＝720　(3) 2010年のGDPデフレーター＝(500／500)×100＝100，2014年のGDPデフレーター＝(740／720)×100＝102.8
4．GNP＝GDP＋(海外からの所得－海外に対する所得)＝480＋(30－10)＝500兆円，NNP＝雇用者報酬＋営業余剰・混合所得＋(海外からの所得－海外に対する所得)＋(間接税－補助金)＝250＋100＋(30－10)＋(45－5)＝410兆円，NI＝雇用者報酬＋営業余剰・混合所得＋(海外からの所得－海外に対する所得)＝250＋100＋(30－10)＝370兆円，固定資本減耗＝GNP－NNP＝500－410＝90兆円
5．(1)ラスパイレス型物価指数＝[(15×10＋40×20)／(20×10＋30×20)]×100＝118.8
(2)パーシェ型物価指数＝[(15×20＋40×15)／(20×20＋30×15)]×100＝105.9

[第3章]
1．表3-1，図3-2，および図1-2などのデータを観察せよ。
4．最新の「景気動向指数」と「日銀短観」は，それぞれ内閣府と日本銀行のホームページから利用可能である。
5．景気変動を発生させる要因については，第4節の説明を参照せよ。景気循環を政策的に緩和させるには，その発生原因を解消させる必要がある。もし総需要の不足により景気が低迷しているのであれば，拡張的な金融・財政政策を実施して総需要を刺激し，反対に，過剰な総需要により景気が過熱しているのであれば，縮小的な金融・財政政策を実施して総需要を抑制することが望まれる。

[第4章]
1．構成比の大きさと推移を観察せよ。
2．第3，5，6節の説明をまとめよ。
3．平均消費性向(APC)は$0.8＋30／Y$，限界消費性向(MPC)は0.8である。また，ケインズ型貯蓄関数は$S＝Y－C＝－30＋0.2Y$と表せるので，平均貯蓄性向(APS)は$0.2－30／Y$，限界貯蓄性向(MPS)は0.2である。この場合，消費関数は縦軸の切片が30，傾きが0.8の直線によって，また，貯蓄関数は縦軸の切片が－30，傾きが0.2の直線によって描ける。

5. 本問では，加速度原理の投資関数は，$I=4(Y-Y_{-1})$と示される。つまり，今期の投資支出は，今期と前期の生産量の変化分に資本係数4を掛けた値に等しいから，この関係式を使って，第2〜8期の投資支出をそれぞれ計算すると，0，4，8，12，12，8，4になる。

[第5章]

2. マクロ経済の貯蓄Sは，GDP(Y)から消費支出Cを差し引いた値であるから，$S=Y-C$と定義される。これより$Y=C+S$，つまりGDPは消費支出と貯蓄の和として表される。したがって，45度線図に貯蓄Sと投資Iを書き込んだ図A-1において，総供給(GDP)$Y=C+S$が総需要$AD=C+I$を上回るときには($Y>AD$)，貯蓄が投資を上回り($S>I$)，GDPは減少する。反対に，総供給(GDP)が総需要を下回るときには($Y<AD$)，貯蓄が投資を下回り($S<I$)，GDPは増加する。結局，総供給と総需要が等しく($Y=AD$)，貯蓄と投資が一致するときに，すなわち，

$$S=I$$

という**貯蓄と投資の均等関係**が成り立つときに，マクロ経済は均衡状態となり，GDPの水準が決定される。

図A-1　45度線図と貯蓄-投資図

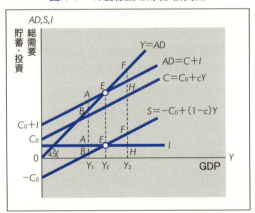

3. (1) $Y=C+I$に，$C=20+0.8Y$と$I=80$を代入してYについて解くと，均衡GDP＝500兆円。これを消費関数Cに代入すれば，消費支出＝420兆円　(2) デフレ・ギャップ＝$550-(20+0.8\times550+80)=10$兆円　(3) $I=90$として，$Y=C+I$をYについて解くと，均衡GDP＝550兆円。

4. 限界消費性向cが1より大きいと，図A-2のように，総需要線$AD=C+I$は45度線よりも急な形になる。この場合も，両曲線が交差するE点で生産物市場の均衡条件(総供給Y＝総需要AD)が成り立ち，均衡GDPはY_Eの水準に決定されることに変わりはない。しかし，GDPが均衡値Y_Eよりも低いY_1の水準では，総需要が総供給を下回るので，GDPは減少する。逆に，GDPが均衡値Y_Eよりも高いY_2の水準では，総需要が総

供給を上回るので，GDP は増加する．つまり，GDP が均衡水準ではないときには，マクロ経済は均衡からますます乖離するため，均衡は不安定な状態となる．言い換えると，均衡 GDP が安定的であるための条件は，限界消費性向 $c<1$ ということになる．

図A-2 不安定な均衡GDP

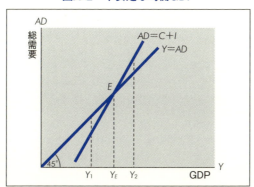

5. (1) $Y=C+I$ に，$C=100+0.5Y$ と $I=130$ を代入して Y について解くと，当初の均衡 GDP $=460$ 兆円．乗数の値は $1/(1-0.5)=2$．
(2) GDP の増加は，$\Delta Y=20+10+5+2.5+1.25+\cdots=20(1+0.5+0.5^2+0.5^3+\cdots)=20\times[1/(1-0.5)]=40$ 兆円．ゆえに，新しい均衡 GDP $=460+40=500$ 兆円．
6. $Y=C+I$ を Y について解くと，均衡 GDP は $Y=[1/(1-c-e)]\times(C_0+I_0)$．この場合，乗数は $1/(1-c-e)$ になる．

[第6章]

1. 表6-1, 表6-2, 図6-4などのデータを観察せよ．
2. (1) $Y=C+I+G$ に，$C=10+0.75(Y-T)$，$T=80$，$I=100$，$G=90$ を代入して Y について解くと，均衡 GDP $=560$ 兆円．
(2) 政府支出乗数 $=1/(1-0.75)=4$，租税乗数 $=0.75/(1-0.75)=3$．
(3) デフレ・ギャップ $=600-[10+0.75(600-80)+100+90]=10$ 兆円．
(4) GDP ギャップ／政府支出乗数 $=40/4=10$ 兆円，つまりデフレ・ギャップの大きさだけ政府支出 G を増加させればよい．あるいは，GDPギャップ／租税乗数 $=40/3=13.3$ 兆円の減税（T の減少）を実施して，デフレ・ギャップ10兆円を解消させればよい．
(5) $Y=10+0.75(Y-T)+100+90$ に，$T=40+0.2Y$ を代入して Y について解くと，均衡 GDP $=425$ 兆円．政府支出乗数 $=1/[1-0.75(1-0.2)]=1/(1-0.6)=2.5$，租税乗数 $=0.75/[1-0.75(1-0.2)]=0.75/(1-0.6)=1.875$．
3. 前章の表5-1, 図5-4を参考に，限界消費性向 c を0.5として乗数過程を明示せよ．なお，政府支出が1兆円増加する場合には（$\Delta G=1$ 兆円），GDP の増加は，$\Delta Y=\Delta G+c\Delta G+c^2\Delta G+c^3\Delta G+\cdots=\Delta G(1+c+c^2+c^3+\cdots)=1+0.5+0.5^2+0.5^3+\cdots=1/(1-0.5)=2$ 兆円．また，1兆円の減税が行われる場合には（$\Delta T=-1$ 兆円），GDP の増加は，$\Delta Y=-(c\Delta T+c^2\Delta T+c^3\Delta T+c^4\Delta T+\cdots)=-c\Delta T(1+c+c^2+c^3\cdots)=0.5(1+0.5+0.5^2+$

$0.5^3 + \cdots) = 0.5/(1-0.5) = 1$ 兆円。

[第7章]
2. マネタリー・ベースは，100円×100万＝1億円増加する。預金創造の過程が完了した段階では，預金通貨は総額で，1億円×(1/0.1)＝10億円増加する。
3. (1) 貨幣乗数 $m = (0.2+1)/(0.2+0.1) = 4$，貨幣供給量 $M = mB = 4 \times 200 = 800$ 兆円
   (2) 貨幣乗数が一定で変化しなければ，貨幣供給量は $4 \times 230 = 920$ 兆円になり，120兆円増加する。もしマネタリー・ベースの増加に伴い，現金・預金比率 α や準備・預金比率 γ が上昇すると，貨幣乗数 m が低下するので，貨幣供給量の増加は小さくなる。
   (3) 貨幣乗数は $m = (0.1+1)/(0.1+0.1) = 5.5$，貨幣供給量は $M = 5.5 \times 200 = 1100$ 兆円。
5. (1) 債券購入の収益率＝$[5+(100-102)]/102 = 0.029 (2.9\%)$ (2) 債券購入の収益率＝$[5+(100-98)]/98 = 0.071 (7.1\%)$。
6. 貨幣市場の均衡条件 $M/P = 400 + 0.6Y - 5r$（ただし，$P = 1$）を利用して答えればよい。 (1) $M = 660$，$Y = 450$ を貨幣市場の均衡条件に代入して，r について解くと，均衡利子率＝2％ (2) $Y = 460$として，貨幣市場の均衡条件を r について解くと，均衡利子率＝3.2％ (3) $M = 665$，$Y = 450$ を貨幣市場の均衡条件に代入して，r について解くと，均衡利子率＝1％。

[第8章]
1. 図8-2を参照せよ。また，政府支出が増加すると，IS 曲線を表す式(129頁)より，政府支出の増加分に政府支出乗数 $1/(1-c)$ を掛けた大きさだけ，IS 曲線は右方へシフトする。
2. 図8-3を参照せよ。また，貨幣供給量が増加すると，LM 曲線を表す式(131頁)より，貨幣供給量の増加分を，GDPの変化により貨幣需要量が影響を受ける度合い(e)に物価水準(P)を掛けた値で割った大きさだけ，LM 曲線は右方へシフトする。
4. 図8-5のケースとは反対に，金融引き締めは，中央銀行による売りオペレーション，基準利率の引き上げ，預金準備率の引き上げなどによって行われる。その結果，貨幣供給量が減少すると，LM 曲線は左方へシフトして，均衡利子率は上昇，均衡GDPは減少する。
5. 図8-7のケースとは反対に，政府が財政緊縮をはかり，政府支出の減少や増税を実施する場合には，総需要が低下するので，IS 曲線は左方へシフトする。その結果，均衡利子率は低下，均衡GDPは減少する。
6. 「流動性のわな」の場合：LM 曲線は水平（図8-6のパネル(A)を参照）。GDPへの効果に関して，財政政策は完全に有効であるが，金融政策は有効ではない。 貨幣需要が利子率に依存しない場合：LM 曲線は垂直（図8-8のパネル(A)を参照）。GDPへの効果に関して，金融政策は完全に有効であるが，財政政策は有効ではない。
7. 「投資のわな」の場合：IS 曲線は垂直（図8-6のパネル(B)を参照）。GDPへの効果に関して，財政政策は完全に有効であるが，金融政策は有効ではない。 投資需要の利子弾力性が無限大の場合：IS 曲線は水平（図8-8のパネル(B)を参照）。GDPへの効果に関して，金融政策は完全に有効であるが，財政政策は有効ではない。
8. 財政拡張政策の財源が，国債の市中消化によって調達されるときには，貨幣供給量

は不変であるからLM曲線に変化はなく，財政拡張によりIS曲線のみが右方へシフトする．これに対し，新規国債を日本銀行が実質的に引き受けるときには，新規国債の発行額だけマネタリー・ベースが増えて，貨幣供給量の増加を招くため，財政拡張によりIS曲線が右方へシフトすることに加えて，LM曲線も右方へシフトすることに留意せよ．

10. (1) $Y=C+I+G$に，$C=60+0.5(Y-T)$，$T=100$，$I=90-5r$，$G=100$を代入して整理すると，IS曲線を表す式は，$Y=400-10r$あるいは$r=40-0.1Y$となる．また，$M/P=100+0.2Y-4r$に$M=150$，$P=1$を代入して整理すると，LM曲線を表す式は，$Y=250+20r$あるいは$r=-12.5+0.05Y$となる．このIS曲線とLM曲線は，**図A-3**において，それぞれ右下がりのIS線と右上がりのLM線によって示される．

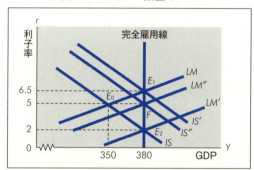

図A-3　IS-LMの数値モデル

(2) IS曲線とLM曲線を表す式を連立させて，Yとrについて解くと(すなわち，図A-3のIS線とLM線の交点E_0の座標を求めると)，均衡GDP(Y)＝350兆円，均衡利子率r＝5％．この均衡値を消費関数C，投資関数I，および貨幣需要関数Lに代入すれば，消費支出＝185兆円，投資支出＝65兆円，貨幣需要量＝150兆円．

(3) 図A-3において，IS曲線がIS'の位置に右方へシフトして，LM曲線とE_1点で交差するように政府支出を増加させればよい．まず，LM曲線を表す式に$Y=380$を代入すると，E_1点の利子率は6.5．つぎに，IS曲線を表す式に$Y=380$，$r=6.5$を代入してGについて解くと，$G=122.5$が求められる．ゆえに，政府支出の増加は122.5－100＝22.5兆円．さらに，$G=122.5$として，改めて$Y=C+I+G$からIS曲線を表す式を導くと，IS'線は$Y=445-10r$あるいは$r=44.5-0.1Y$と示せる．

(4) 図A-3において，LM曲線がLM'の位置に右方へシフトして，IS曲線とE_2点で交差するように貨幣供給量を増加させればよい．まず，IS曲線を表す式に$Y=380$を代入すると，E_2点の利子率は2．つぎに，LM曲線を表す式に$Y=380$，$r=2$を代入してMについて解くと，$M=168$が得られる．ゆえに，貨幣供給量の増加は168－150＝18兆円．さらに，$M=168$，$P=1$として，改めて$M/P=100+0.2Y-4r$からLM曲線を表す式を導くと，LM'線は$Y=340+20r$あるいは$r=-17+0.05Y$と示せる．

(5) 図A-3において，IS曲線とLM曲線がそれぞれIS''とLM''の位置に右方へシフトし

て，両曲線がF点で交差するように政府支出と貨幣供給量を増加させればよい．まず，F点の利子率は5であるから，IS曲線を表す式に$Y=380$，$r=5$を代入してGについて解くと，$G=115$が求められる．ゆえに，政府支出の増加は$115-100=15$兆円．つぎに，LM曲線を表す式に$Y=380$，$r=5$を代入してMについて解くと，$M=156$が求められる．ゆえに，貨幣供給量の増加は$156-150=6$兆円．

[第9章]
2．生産物市場の均衡条件$Y=AD$の左辺にGDPの関係式$Y=C+S+T$を，また，右辺に総需要の関係式$AD=C+I+G+X-M$を代入し，両辺からCを除いて整理すると，
$$S+T+M=I+G+X$$
という**開放経済における貯蓄と投資の均等関係**が得られる．つまり，総供給$Y=$総需要ADとなるマクロ経済の均衡では，総貯蓄と総投資の一致（ISバランス）が成り立ち，そこで均衡GDPの水準が決まる，ということができる．また，上式は，
$$(S-I)+(T-G)=X-M$$
と表現することも可能で，マクロ経済の均衡では，民間部門の超過貯蓄$S-I$と政府部門の超過貯蓄$T-G$の合計が，貿易収支$X-M$に等しくなることを表す．

3．(1) $Y=C+I+G+X-M$に，$C=50+0.6(Y-T)$，$T=50$，$I=110$，$G=60$，$X=70$，$M=10+0.1Y$を代入してYについて解くと，均衡GDP$=500$兆円．　(2) 貿易収支$X-M=70-(10+0.1\times500)=10$兆円．　(3) 外国貿易乗数$=1/(1-0.6+0.1)=2$．　(4) GDPは，輸出の減少分に外国貿易乗数を掛けた大きさだけ減少するので，均衡GDPの変化は，$\Delta Y=2\times(-5)=-10$兆円．また，貿易収支の変化は，$\Delta X-\Delta M=\Delta X-0.1\Delta Y=(-5)-0.1\times(-10)=-4$兆円．

6．マンデル＝フレミング・モデルでは，内生変数の均衡値が決定される過程は，変動為替レート制と固定為替レート制では異なる．変動為替レート制：まず，自国の利子率rが，利子率の均等関係から外国の利子率r^*の水準に等しく決まる．つぎに，GDP（Y）の水準がLM曲線から決まる．最後に，為替レートeの水準がIS曲線から決まる．固定為替レート制：まず，自国の利子率rが，利子率の均等関係から外国の利子率r^*に等しく決まる．つぎに，GDP（Y）の水準がIS曲線から決まる．最後に，LM曲線から貨幣供給量Mの水準が決まる．

7．国際間の資本移動が不完全な場合には，モデルのIS曲線とLM曲線に変わりはないが，利子率の均等関係に代わり，国際収支の均衡式$BP=NX(e,Y)+F(r-r^*)=0$が利用される．ここで，国際収支BPは，貿易（経常）収支NXと資本収支（純資本流入）Fの和であり，資本収支は自国利子率rが外国利子率r^*に比べて高くなると改善（増加）する，と考える．また，変動為替レート制のもとでは，国際収支に不均衡（赤字・黒字）があると，それを是正するように為替レートeが調整されて，国際収支は速やかに均衡状態に到達する，とみる．

図A-4には，国際収支均衡線BPは，資本移動性が高いためLM曲線よりも緩やかな右上がりの形になるケースが描いてある．このとき，変動為替レート制のもとで，金融・財政政策がマクロ経済に与える効果の過程は，資本が有限の速度で移動する点を除けば，基本的には完全資本移動の場合と同じである．

図A-4　不完全資本移動のもとでのマクロ経済政策の効果

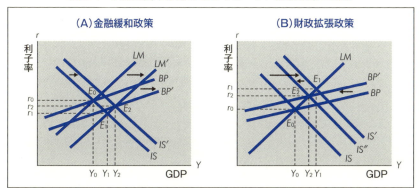

　まず，**パネル(A)**において，「金融緩和政策」が実施されて貨幣供給量が増加すると，LM曲線はLMからLM'へ右方にシフトして，マクロ経済の均衡はE_0点からE_1点へ移り，GDPはY_0からY_1の水準へ増加，利子率はr_0からr_1へ低下する。しかし，E_1点では，自国の利子率は外国の利子率と比べて低く，資本が外国へ流出して資本収支それゆえ国際収支が赤字になる。そのため，為替レートの上昇（円安・ドル高）が起こり，IS曲線はISからIS'へ，BP線はBPからBP'へそれぞれ右方にシフトする。その結果，マクロ経済の新しい均衡はE_2点で実現し，GDPはY_2の水準にまで大幅に増加する。同時に，利子率はr_1からr_2へ上昇する。

　つぎに，**パネル(B)**において，「財政拡張政策」が実施されて政府支出が増加すると，IS曲線はISからIS'へ右方にシフトする。その結果，マクロ経済の均衡はE_0点からE_1点へ移動して，GDPはY_0からY_1の水準へ増加，利子率はr_0からr_1へ上昇する。しかし，E_1点では，自国の利子率は外国の利子率と比べて高く，資本が外国から流入して資本収支それゆえ国際収支が黒字になる。そのため，為替レートの低下（円高・ドル安）が起こり，IS曲線はIS'からIS''へ反転し，BP線はBPからBP'へ左方にシフトする。その結果，マクロ経済の新しい均衡はE_2点で実現し，GDPはY_2の水準になる。同時に，利子率はr_1からr_2へ低下する。すなわち，財政拡張政策は，利子率上昇と円高・ドル安によるクラウディング・アウトを伴うが，GDPを増加させて，景気拡大効果をもつことになる。

[第10章]
1. 図10-3の縦軸は，名目賃金Wを表すものとする。このとき，労働供給は名目賃金の増加関数であるから，労働供給曲線S_Lは右上がりの形で示せる。また，労働需要は，実質賃金W/Pと労働の限界生産物$F'(L_D)$が一致するように決められるので，この関係を変形すると，$W=PF'(L_D)$になる。つまり，労働需要は，名目賃金Wと労働の限界生産物価値$PF'(L_D)$が等しくなるように決められる。これを図示すると，右下がりの労働需要曲線D_Lが得られる。以上の状況で，物価水準が上昇すると，労働の限界生産物

価値が高まるので，労働需要曲線D_Lは右方にシフトする．労働供給曲線S_Lには変化はないから，均衡雇用量は増加して，総生産量の拡大をもたらす．それゆえ，総供給曲線ASは右上がりの形状になる．

2．IS-LM分析では，「極端なケインジアンの状況」のように，物価水準は一定で変化しないと仮定する．いま，図10-6のパネル(B)において，マクロ経済はE_0点で均衡しているとすれば，総供給曲線は物価水準P_0の高さで水平な直線によって表される．この場合，財政・金融政策により総需要が高まり，総需要曲線がADからAD'へ右方にシフトすれば，実質GDPは完全雇用水準Y_Fまで拡大する．つまり，総需要の増加分だけ実質GDPが増加して，景気拡大効果が完全な形で現れる．

これに対して，「標準的なケインジアンの状況」のように，総供給曲線が右上がりのAS曲線によって表される場合には，総需要の増加は物価と実質GDPの両方の変化に反映されることになる．すなわち，財政・金融政策により総需要が高まり，総需要曲線がADからAD'へ右方にシフトすると，マクロ経済の均衡はE_0点からE_1点に移る．これに伴い，物価水準はP_0からP_1の水準に上昇し，実質GDPはY_0からY_1へ小幅に増加する．

3．図10-7あるいは図10-8のパネル(B)において，マクロ経済は，総需要曲線ADと総供給曲線ASが交差するE_0点で均衡しているものとする．このとき，実質GDPの水準Y_0は完全雇用水準Y_Fよりも低く，失業が存在する．もし名目賃金が速やかに低下すれば，総供給曲線ASは右方へシフトして物価も下がり，やがて総需要曲線ADと完全雇用線Y_Fの交点を通過する位置にまで移動する．その結果，賃金と価格の調整により，完全雇用が自動的に達成されることになる．ただし，賃金や価格の調整に時間がかかるときには，長い期間にわたり生産水準は停滞し，多くの失業が発生することになる．

4．「流動性のわな」（図8-6のパネル(A)を参照）の状況では，LM曲線は水平であるから，たとえ物価水準が変化してもIS曲線との交点は変わらず，均衡GDPの水準は一定にとどまる．また，「投資のわな」（図8-6のパネル(B)を参照）の状況では，IS曲線が垂直であるから，物価水準が変化してLM曲線がシフトしても，均衡GDPの水準は変化しない．ゆえに，どちらの状況においても，総需要曲線ADは均衡GDPの水準で垂直な直線によって表される．この場合，失業の存在により，名目賃金が低下して総供給曲線ASが右方にシフトし，その結果，物価水準が低下しても，総需要の増加は起きない．つまり，賃金や価格の調整によって，GDPが垂直な総需要曲線の水準から増加することはなく，完全雇用GDPの水準は実現できない．

6．(1) $Y = C + I + G$に，$C = 20 + 0.6(Y - T)$，$T = 50$，$I = 80 - 5r$，$G = 50$を代入して整理すると，IS曲線を表す式は，$Y = 300 - 12.5r$あるいは$r = 24 - 0.08Y$となる．また，$M/P = 164 + 0.52Y - 6r$に$M = 440$を代入すると，LM曲線を表す式は，$440/P = 164 + 0.52Y - 6r$となる．さらに，LM曲線を表す式の右辺rに，IS曲線を表す式を代入して整理すると，総需要曲線ADを表す式は，$Y = 440/P - 20$あるいは$P = 440/(Y + 20)$となる．
(2) 古典派の状況では，マクロ経済は，実質GDPの完全雇用水準で垂直な総供給曲線が総需要曲線ADと交差する点で均衡するから，実質GDP(Y)は完全雇用水準300に等しくなる．そして，$Y = 300$を総需要曲線ADの式に代入すると，物価水準は$P = 440/(300 + 20) = 1.375$となる．
(3) 総需要曲線ADを表す式と標準的なケインジアンの総供給曲線を表す式$P = 0.75 + (1$

/160)Yを連立させて，YとPについて解くと，実質GDP(Y) = 200，物価水準P = 2。さらに，総需要拡大政策により完全雇用を達成する場合，物価水準は$P = 0.75 + (300/160) = 2.625$になるから，物価上昇率は$[(2.625 - 2)/2] \times 100 = 31.25\%$。

[第11章]
2．総務省『労働力調査』にあたり，1950年代以降の完全失業率の数値を確認せよ。ほぼ完全雇用の状態にあった1960年代には，失業は主に，自発的失業つまり摩擦的失業によって発生したと思われる。その後，次第に非自発的失業つまり循環的失業や構造的失業が深刻さを増して，1990年代後半から2000年代にかけて，失業は最悪の状態になったが，2003年以降は，2008年の世界金融危機時を除き，循環的失業や構造的失業はやや改善の傾向にある。
5．一般に，景気が良いときには，財・サービスの需要は旺盛で，労働に対する需要も大きい。そのため，失業率は低く，賃金上昇率やインフレ率(物価上昇率)は高くなる。反対に，景気が悪いときには，財・サービスの需要は低迷し，労働に対する需要も小さい。そのため，失業率は高く，賃金上昇率やインフレ率(物価上昇率)は低くなる。安定的な右下がりのフィリップス曲線の存在は，政策当局に失業率とインフレ率の選択メニューを示し，一方を犠牲にすれば他方の目標は達成できることを教える。
6．労働市場の需要と供給は実質賃金に依存するものとし，フィリップス曲線がシフトする事態を整合的に説明するとともに，長期的には，失業とインフレーションとの間にトレード・オフ関係は存在しないことを主張するフリードマンの考え方。期待が一定のときは，フィリップス曲線は1つの右下がりの曲線で描けるが，期待が変化するとフィリップス曲線はシフトする。また，期待と現実が一致するときには，完全雇用の水準で垂直になる，と説く。そのため，総需要拡大政策は長期的に見ると，インフレーションを加速するだけで，失業率を低下させることはできない，と主張される。
7．図11-5を再掲した図A-5において，当初，マクロ経済はE_2点にあり，政策当局がイ

図A-5　総需要縮小政策の効果

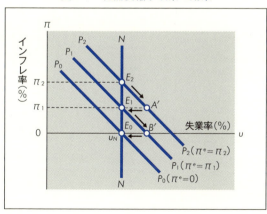

ンフレ率を低めようと総需要縮小政策を実施したとする。すると，賃金や価格の低下が起こり，労働者は実質賃金が下がったと錯覚して労働供給を減少させる。また，企業も自社の製品価格が相対的に低下したと錯覚して労働需要を減少させるので，雇用量が減り失業率が上昇する。このため，経済は直線P_2P_2に沿って，A'点に移る。やがてインフレ率の正確な情報が利用可能になり，各経済主体はインフレがπ_1の率で進行しているのに気づき，インフレ期待をπ_2からπ_1へ下方に修正する。その結果，フィリップス曲線は下方にシフトして，経済はA'点から直線P_1P_1上のE_1点に移る。ここでは，実質賃金は当初のE_2点と同じ水準に戻り，現実の失業率も自然失業率u_Nの水準になる。

再び，E_1点において，政策当局が総需要縮小政策を実施したとすれば，以上の説明と同様に，経済はE_1点→B'点→E_0点の経路をたどることになる。E_0点では，現実のインフレ率と期待インフレ率は等しく，現実の失業率は自然失業率の水準u_Nになるが，インフレーションは収まり，インフレ率はゼロになっている。

8．長期には期待と現実が一致するので，$\pi=\pi^e$と置けば，長期フィリップス曲線は$\pi=[\alpha/(1-\beta)](u-u_N)$と表せる。ゆえに，長期フィリップス曲線は，$\beta>1$ならば右上がりの形に，$\beta=1$ならば$u=u_N$の水準で垂直に，$\beta<1$ならば右下がりの形になる。

[第12章]

1．図12-2，表12-1，および図1-1，図1-2などのデータを観察して，日本の経済成長の実態を理解すると同時に，各時代における主な成長要因について考えよ。

4．(1) αは任意の正の定数とすると，$(\alpha K)^{0.5}(\alpha L)^{0.5}=\alpha K^{0.5}L^{0.5}=\alpha Y$という関係が成り立つので，マクロ生産関数$Y=K^{0.5}L^{0.5}$は，規模に関する収穫一定の性質をもつ。
(2) $y=Y/L=K^{0.5}L^{0.5}/L=(K/L)^{0.5}=k^{0.5}$。
(3) 均衡成長の条件$sf(k)/k=n+\lambda$に，$s=0.18$，$n=0.02$，$\lambda=0.04$を代入すると，$0.18k^{0.5}/k=0.02+0.04$になる。これより，$k^{0.5}=3$。ゆえに，$k=9$，$y=9^{0.5}=3$。
(4) $0.24k^{0.5}/k=0.02+0.04$ より，$k^{0.5}=4$。ゆえに，$k=16$，$y=16^{0.5}=4$。
(5) $0.18k^{0.5}/k=0.05+0.04$ より，$k^{0.5}=2$。ゆえに，$k=4$，$y=4^{0.5}=2$。

5．(1) $\Delta Y/Y=\Delta K/K=sA=0.3\times0.2=0.06$，つまり6％。
(2) $\Delta y/y=\Delta k/k=sA-n=0.06-0.01=0.05$，つまり5％。

《索引》

ア 行

IS-LM分析 …………………… 127, 168
IS曲線 ………………………………… 128
IS曲線を表す式 …………………… 129
赤字国債 ……………………………… 99
アジア通貨危機 ……………………… 5
新しい経済成長理論 …………… 243
新しい古典派 ……………… 41, 193
新しい古典派マクロ経済学 …… 12
粗付加価値 …………………………… 24
一致指数 ……………………………… 37
一般的交換手段 …………… 102, 125
一般的支払(決済)手段 ………… 102
移転支出 ……………………………… 84
　――の乗数公式 ………………… 93
インプリシット・デフレーター …… 31
インフレーション(インフレ)
　………………………… 5, 20, 71, 209
インフレーション・ターゲティング
　(インフレ目標政策) …………… 218
インフレ・ギャップ …………… 71, 97
売り操作(売りオペレーション) … 108, 136
営業余剰・混合所得 ……………… 21
AKモデル ………………………… 244
$M1$ …………………………………… 104
$M2$ …………………………………… 105
$M3$ …………………………………… 105
LM曲線 …………………………… 130
LM曲線を表す式 ………………… 131
円建ての貿易収支 ……………… 164
円建てレート ……………………… 160
円の供給曲線 ……………………… 161
円の需要曲線 ……………………… 162

カ 行

海外からの所得 …………………… 24
　――の純受取 …………………… 24
海外に対する所得 ………………… 24
外国 …………………………………… 9
外国通貨建てレート …………… 160
外国貿易乗数 ……………………… 158
外生変数 ……………………… 170, 173
買い操作(買いオペレーション) … 108, 136
回復 ……………………………………… 33
開放経済 ……………………… 155, 169
　――における均衡GDPの決定式 …… 156
　――における貯蓄と投資の均等関係
　………………………………………… 254
　――のIS曲線 ………………… 169
　――のLM曲線 ……………… 170
価格の硬直性 ……………………… 187
革新説 …………………… 36, 41, 235
家計 ……………………………………… 8
家計可処分所得(DI) ……………… 26
下降期(収縮期) …………………… 33
過少消費説 ………………………… 41
過剰投資説 ………………………… 41
可処分所得 ………………………… 87
加速度原理 …………………… 41, 59
　――の投資関数 ………………… 59
価値尺度 ……………………………… 103
価値貯蔵手段(富保有手段) …… 103, 125
貨幣 …………………………………… 102
貨幣供給曲線 ……………………… 120
貨幣供給量 ………… 104, 111, 119, 131
貨幣市場の均衡条件 …… 121, 125, 131, 178
貨幣需要曲線 ……………………… 117
貨幣需要の利子弾力性 …… 122, 138, 144

貨幣乗数 ……………………… 112, 120
貨幣数量説 ……………… 123, 144, 147
貨幣的景気理論 ………………………… 41
貨幣の流通速度 ……………………… 124
下方転換点 ……………………………… 34
為替相場(為替レート) ……………… 160
間接税 …………………………………… 85
間接税－補助金 ………………………… 22
完全雇用 …… 12, 69, 97, 138, 184, 221, 240
　　──GDP(GDPの完全雇用水準)
　　　…………………… 63, 69, 96, 135, 185, 195
完全失業者 …………………………… 6, 204
完全失業率 …………………………… 6, 204
完全資本移動 ………………………… 168
完全なクラウディング・アウト … 145, 173
機会費用 ……………………………… 114
企業 ……………………………………… 8
企業の市場価値 ………………………… 58
企業物価指数(CGPI) ………………… 29
技術進歩 ……………………………… 235
基準貸付利率 ………………………… 136
基準割引率 …………………………… 136
帰属価値 ………………………………… 17
期待インフレ率(期待物価上昇率)
　　………………………………… 222, 225
期待で調整されたフィリップス曲線
　　…………………………… 222, 225, 226
キチンの波 ……………………………… 36
規範的分析 ……………………………… 11
規模に関する収穫一定 ……………… 238
逆L字型の総供給曲線 ……………… 188
逆資産効果 …………………………… 53, 211
q理論による投資関数 ………………… 58
供給ショック ………………… 200, 214
業況判断指数(DI) …………………… 40
極端なケインジアンの状況 ……… 188, 198
均衡GDP ………………… 67, 87, 134, 157
　　──の決定式 ………… 68, 73, 88, 90, 95

均衡為替レート ……………………… 163
均衡実質賃金 ………………………… 184
均衡成長 ……………………………… 240
均衡予算乗数 …………………………… 92
均衡利子率 …………………… 121, 134
均衡労働雇用量 ……………………… 184
銀行の銀行 …………………………… 108
金融機関 ………………………………… 10
金融市場 ………………………………… 10
金融収支 ……………………………… 154
金融政策 ………………… 135, 147, 171, 194
金利政策 ……………………………… 136
クズネッツの波 ………………………… 36
クライン(L. Klein) …………………… 63
クラウディング・アウト ……… 100, 143
　　──効果 ………………………… 143
景気基準日付 …………………………… 34
景気循環 ………………………………… 33
景気動向指数 …………………………… 37
景気変動 ………………………………… 33
経済学 …………………………………… 1
経済主体 ………………………………… 8
経済循環 ………………………………… 10
経済成長 ……………………………… 229
経済成長率 …………………………… 230
経済の安定化 ………………………… 83, 94
計算単位 ……………………………… 103
経常移転収支 ………………………… 153
経常収支 ……………………………… 152
経常所得 ………………………………… 47
ケインジアン ………………………… 12, 42
　　──の交差図 ……………………… 65
　　──の状況 ……………………… 187
ケインズ(J. M. Keynes) … 2, 12, 47, 63, 113
ケインズ型消費関数 ……… 47, 64, 87, 128
　　──貯蓄関数 ……………………… 50
ケインズ経済学 ……………………… 12, 42
ケインズの貨幣需要関数 ……… 117, 131

ケインズの投資関数 ………………… 57, 129
減価 …………………………………… 160
限界消費性向(MPC) …… 47, 66, 68, 77, 87
限界税率 ………………………………… 95
限界貯蓄性向(MPS) ……………… 50, 68, 77
限界輸入性向 ………………………… 156
現金残高方程式 ……………………… 125
現金通貨 ……………………………… 104
現在価値 ………………………………… 55
建設循環 ………………………………… 36
ケンブリッジ方程式 ………………… 125
倹約のパラドックス …………………… 80
公開市場操作 ………………………… 136
交換方程式 …………………………… 124
好況 …………………………………… 33
公共資本 ……………………………… 244
公共投資 ………………………………… 84
広義流動性 …………………………… 106
公債 ……………………………………… 86
恒常所得 ………………………………… 52
　　──仮説 ……………………………… 52
公正 ……………………………………… 11
構造的失業 …………………………… 206
後退(リセッション) …………………… 33
公定歩合 ……………………………… 136
公的資本形成 ……………………… 46, 84
高度経済成長 ……………… 4, 210, 231
効率性 …………………………………… 11
効率単位で測った労働量 …………… 238
合理的期待 …………………………… 225
　　──マクロ理論 ………………… 12, 42
コールレート ………………………… 136
国債 ……………………………………… 86
国債依存度 ……………………………… 98
国際収支 ……………………………… 152
国債費 ………………………………… 100
国税 ……………………………………… 85
国内企業物価指数 ……………………… 30

国内総支出(GDE) ……………………… 22
国内総資本形成 ………………………… 22
国内総所得(GDI) ……………………… 21
国内総生産(GDP) ……………… 3, 14, 20
国富(正味資産) ………………………… 17
国民経済計算(SNA) …………………… 16
国民純生産(NNP) ……………………… 25
国民所得(NI) …………………………… 25
国民総生産(GNP) ……………………… 24
コストプッシュ・インフレーション … 214
固定為替レート制 …………………… 173
固定基準年方式 ………………………… 19
固定資本減耗 …………………………… 21
古典派経済学 …………………………… 12
古典派の状況 ……………………… 184, 198
古典派の総供給曲線 ………………… 186
雇用者報酬 ……………………………… 21
コンソル公債の価格 ………………… 116
コンドラチェフの波 …………………… 35
コンポジット・インデックス(CI) …… 37

サ 行

サージェント(T. Sargent) …………… 225
サービス収支 ………………………… 153
在庫循環 ………………………………… 37
在庫投資 …………………………… 46, 54, 61
最終生産物 ……………………………… 9
　　──市場 ……………………………… 9
　　──の総額 ………………………… 14
財政 ……………………………………… 82
財政支出 ………………………………… 84
財政収入 ………………………………… 85
財政政策 …… 89, 94, 135, 140, 147, 171, 194
財政投融資 ……………………………… 84
裁量的財政政策 ………………………… 96
サムエルソン(P. Samuelson) ……… 63, 65
サムエルソン＝ヒックス型の景気循環
　理論 ………………………………… 41

索引

三面等価の原則 …………………… 23
Jカーブ効果 ……………………… 167
資源配分 …………………………… 1
事後 ………………………………… 65
自国通貨建てレート ……………… 160
資産効果 ……………………… 53, 145
資産需要 ………………………… 114
支出(需要)面から見たGDP ……… 22
市場 ………………………………… 9
市場価格表示の国民所得 ………… 25
市場経済 …………………………… 7
事前 ………………………………… 65
自然失業率 ……………………… 221
　──仮説 ……………………… 221
失業 ……………………………… 203
　──とインフレーションのトレード・
　　オフ ………………………… 219
実質貨幣供給 ……… 120, 131, 178, 195
実質GDP ……………… 4, 18, 64, 230
実質賃金 ……………… 181, 207, 221
実質利子率 ………………… 195, 212
実証的分析(事実解明的分析) …… 11
実物的景気循環(リアル・ビジネス・
　サイクル)理論 …………… 12, 41
実物的ショック ………………… 41
GDPギャップ ………………… 69, 96
GDPデフレーター ……………… 30
自動安定装置 …………………… 94
支払準備率 ……………………… 109
資本移転等収支 ………………… 153
資本係数 …………………… 59, 237
資本-産出比率 …………………… 59
資本収支 ………………………… 154
資本ストック …………………… 234
　──調整原理 …………………… 60
　──調整原理の投資関数 ……… 60
資本の再取得価格 ……………… 58
資本の成長率 ……………… 239, 245

資本-労働比率 ……………… 238, 245
社会保障移転 …………………… 84
社会保障負担 …………………… 86
収穫一定 ………………………… 243
収穫逓減の法則 …………… 180, 238
収穫逓増 ………………………… 243
周期 ……………………………… 34
住宅投資 …………………… 46, 54
需給ギャップ …………………… 69
ジュグラーの波 ………………… 36
主循環 …………………………… 36
需要インフレーション ………… 213
需要ショック ……………… 42, 196
循環的失業 ……………………… 205
準通貨 …………………………… 105
準備預金制度 ……………… 109, 136
準備率操作 ……………………… 136
純付加価値 ……………………… 25
シュンペーター(J. Schumpeter) … 35, 235
純輸出 ………………… 22, 46, 236
生涯所得 ………………………… 51
小国 ……………………………… 168
小循環 …………………………… 36, 61
上昇期(拡張期) ………………… 33
乗数 ……………………… 73, 77, 111
乗数過程 ………… 74, 92, 111, 158
乗数効果 …………………… 41, 72
乗数公式 ………… 73, 76, 77, 92
乗数の決定式 …………………… 77
譲渡性預金(CD) ………………… 105
消費支出 ……………… 45, 47, 236
消費者物価指数(CPI) …………… 5, 29
消費習慣 ………………………… 52
消費乗数 ………………………… 73
消費の乗数公式 ………………… 73
商品貨幣 ………………………… 103
上方転換点 ……………………… 34
所得収支 ………………………… 153

所得分配	1
新古典派経済学	12
新古典派成長理論	237
人的資本	244
人的投資	234
信用乗数	112
心理説	41
水平なIS曲線	148
数量方程式	124
スタグフレーション	200, 214
ストック	17
政策のタイムラグ	148
生産可能性曲線	229
生産技術や知識の外部性	244
生産面から見たGDP	20
生産物	8
生産物市場と貨幣市場の同時均衡	134
生産物市場の均衡条件	65, 88, 129, 156, 177
生産要素	8
——市場	9
成長政策(戦略)	201
政府	9, 82
政府最終消費支出	22, 46, 84
政府支出	46, 84, 86, 236
政府支出乗数	90
政府支出の乗数公式	90
政府の銀行	108
世界金融危機	5
絶対所得仮説	47
設備投資	46, 54
——循環	36
先行指数	37
潜在的失業	204
増価	161
総供給(AS)	20, 65, 179
——曲線	184, 213, 233
——の拡大	215
総需要(AD)	22, 44, 65, 86, 155
——曲線	177, 213, 233
——の不足	215
総需要拡大政策	97
総需要縮小政策	97
総需要政策	194, 208
——の長期無効論	224
——の無効論	226
総需要−総供給分析	177, 184, 212
相対所得仮説	52
租税	85
租税関数	95
租税乗数	91
租税の乗数公式	91
租税負担率	85
ソロー(R. Solow)	236, 237

タ 行

第一次所得収支	153
第二次所得収支	153
太陽黒点説	41
谷(底)	34
短期	63
短期フィリップス曲線	222
遅行指数	38
地方債	86
地方税	85
中間生産物	9
中立命題	227
長期の経済成長率の決定式	246
長期波動	35
長期フィリップス曲線	223
直接税	85
貯蓄	49
——と投資の均等関係	250
賃金の硬直性	187
賃金と価格の硬直性	187
通貨	102

定常状態 …………………………… 240
ディフュージョン・インデックス(DI)
　……………………………………… 37
ディマンドプル・インフレーション … 213
適応的期待 ………………………… 225
適度な経済成長 …………………… 83
デニソン(E. Denison) …………… 236
デフレーション(デフレ) ……… 6, 20, 209
デフレ・ギャップ ………………… 69, 97
デフレ・スパイラル ……………… 212
デモンストレーション(誇示)効果 …… 53
天然資源 …………………………… 235
等価定理 …………………………… 227
投機的需要 ………………………… 114
投資支出 ……………………… 46, 54, 236
投資需要曲線 ……………………… 57
投資需要の利子弾力性 ……… 139, 145
投資乗数 …………………………… 73
投資の限界効率 …………………… 55
投資の乗数公式 …………………… 73
投資の調整速度 …………………… 60
投資の二重性 ……………………… 236
投資の予想収益 …………………… 55
投資のわな ……………………… 139, 147
トービン(J. Tobin) ……………… 58, 63
トービンの q …………………………… 58
独立消費 ……………………………… 48, 71
独立投資 ……………………………… 71, 129
独立輸入 ……………………………… 156
取引需要 ……………………………… 113
ドルの供給曲線 …………………… 162
ドルの需要曲線 …………………… 161

ナ　行

内生的成長理論 …………………… 243
内生変数 ………………………… 170, 173
内部収益率 ………………………… 56
日銀短観 …………………………… 39

ニュー・ケインジアン ………… 12, 42, 193

ハ　行

パーシェ型物価指数 ……………… 27
ハイパー・インフレーション …… 209, 211
ハイパワード・マネー …………… 106
ハンセン(A. Hansen) …………… 36
ヒストリカルDI …………………… 38
ヒックス(J. Hicks) ……………… 128
標準的なケインジアンの状況 ……… 190
標準的なケインジアンの総供給曲線 … 192
ビルト・イン・スタビライザー …… 94
フィリップス(A. W. Phillips) …… 218
フィリップス曲線 ………………… 219
付加価値 …………………………… 15
　──の総額 …………………… 14
不換紙幣 …………………………… 103
不完全雇用 ………………………… 64
不完全雇用均衡 …………………… 69
不況 ………………………………… 34
物価 ………………………………… 26
物価一定 …………………………… 64
物価指数 …………………………… 26
物価上昇率(インフレ率) …… 5, 210, 219
物品貨幣 …………………………… 103
物々交換 …………………………… 102
フリードマン(M. Friedman) …… 52, 221
フレミング(J. M. Fleming) ……… 168
フロー ……………………………… 17
分配(所得)面から見たGDP ……… 21
平均消費性向(APC) ……………… 47
平均貯蓄性向(APS) ……………… 50
閉鎖経済 ………………… 127, 158, 177
ペティ＝クラークの法則 ………… 234
変動為替レート制 …………… 161, 170
貿易・サービス収支 ……………… 153
貿易収支 …………………………… 153
　──の決定式 ………………… 159

法定貨幣 …………………………… 104
補助金 ……………………………… 84
ポリシー・ミックス ……………… 148

マ 行

マーシャル＝ラーナー条件 ……… 165, 166
マーシャルのk ……………………… 125
マクロ経済学 ………………………… 2
マクロ経済政策 …………………… 194
マクロ経済の均衡 …… 66, 135, 186, 189, 192
マクロ生産関数 ……… 180, 185, 238, 245
摩擦的失業 ………………………… 205
マネーストック …………………… 104, 107
マネタリー・ベース ……………… 106, 111
マネタリズム ……………………… 12, 42
マンキュー（N. G. Mankiw） …… 193
マンデル（R. Mundell） ………… 168
マンデル＝フレミングの命題 …… 175
マンデル＝フレミング・モデル … 168
ミクロ経済学 ………………………… 1
ミクロ的な雇用政策 ……………… 208
民間最終消費支出 ………………… 22
無限等比数列の和（無限等比級数）
　 ………………………… 76, 110, 116
名目GDP ………………………… 4, 18, 64
名目貨幣 …………………………… 103
名目賃金 …………………… 181, 212, 218
　――の下方硬直性 ……………… 190
名目利子率 ………………………… 212
メニュー・コスト ………………… 188, 211
モジリアニ（F. Modigliani） …… 51

ヤ 行

山（ピーク） ……………………… 34
有効需要の原理 …………… 63, 80, 86
輸出 ………………………………… 46, 155
輸出の価格弾力性 ………………… 165
輸出の乗数公式 …………………… 158

輸出物価指数 ……………………… 30
輸入 ………………………………… 46, 156
輸入関数 …………………………… 156
輸入の価格弾力性 ………………… 165
輸入の乗数公式 …………………… 158
輸入物価指数 ……………………… 30
要素費用表示の国民所得 ………… 25
預金準備率（支払準備率） …… 109, 136
預金創造の過程 …………………… 111
預金通貨 …………………………… 105
欲望の二重の一致 ………………… 102
予備的需要 ………………………… 114
45度線図 …………………………… 65

ラ 行

ライフサイクル仮説 ……………… 51
ラスパイレス型物価指数 ………… 27
利子 ………………………………… 119
利子率の均等関係 ………………… 169
流動性 ……………………………… 103, 118
流動性選好 ………………………… 119
流動性選好理論 …………………… 119
流動性のわな …………… 123, 138, 147
ルーカス（R. Lucas） …… 193, 225, 243
レベロ（S. Rebelo） ……………… 244
連鎖方式 …………………………… 20
労働供給関数 ……………………… 183
労働供給曲線 ……………………… 183
労働市場の均衡条件 ……………… 184
労働需要関数 ……………………… 182
労働需要曲線 ……………………… 182
労働の限界生産物 ………………… 180
労働の成長率 ……………………… 239
労働力 ……………………………… 234
　――人口 ………………………… 203
ローマー（P. Romer） …………… 243

編著者紹介

嶋村紘輝（しまむら ひろき）

1944年　埼玉県深谷市に生まれる
1963年　熊谷高校卒
1967年　早稲田大学第一商学部卒
1972年　同大学院商学研究科博士課程修了
1975年　ミネソタ大学大学院経済学部博士課程修了
1993〜94年，2008年　オックスフォード大学visiting scholar
現在　早稲田大学商学学術院教授　博士（商学）

主要著書

『入門経済学〈第2版〉』中央経済社，1996年
『マクロ経済学―理論と政策―』成文堂，1997年
『新版 ミクロ経済学』成文堂，2005年
『入門マクロ経済学』（共著）中央経済社，1999年
『入門ミクロ経済学』（共著）中央経済社，2002年
『図解雑学 ミクロ経済学』（共著）ナツメ社，2003年
『入門ビジネス・エコノミクス』（共著）中央経済社，2006年
『経済と消費者』（共編著）慶應義塾大学出版会，2009年
『日本の成長戦略』（共編著）中央経済社，2012年

マクロ経済学　　　　　　　　　　　　　商学双書2

2015年 1月20日　初版第1刷発行
2018年 4月20日　初版第2刷発行

編著者　嶋　村　紘　輝
発行者　阿　部　耕　一

〒162-0041　東京都新宿区早稲田鶴巻町514番地
発行所　　　株式会社　成文堂
電話 03(3203)9201(代)　FAX 03(3203)9206
http://www.seibundoh.co.jp

製版・印刷・製本　シナノ印刷
©2015 H. Shimamura　　printed in Japan
☆乱丁・落丁本はお取替えいたします☆　検印省略
ISBN978-4-7923-4250-0 C3033

定価（本体2,500円＋税）